Ce Même Corps Le Bouddha

Dhamma Bouddha

Published by Dhamma Bouddha, 2024.

CE MÊME CORPS LE BOUDDHA

First edition. December 2, 2024.

ISBN: 979-8230716853

Written by Dhamma Bouddha.

Table des Matières

Le rugissement du lion

TOUS LES ÊTRES SONT, DÈS LE DÉBUT, DES BOUDDHAS.

C'EST COMME L'EAU ET LA GLACE :

EN DEHORS DE L'EAU, PAS DE GLACE, EN DEHORS DES ÊTRES VIVANTS, PAS DE BOUDDHAS.

NE SACHANT PAS QU'IL EST PROCHE, ILS LE CHERCHENT AU LOIN.

QUELLE PITIÉ !

IL EST COMME CELUI QUI, DANS L'EAU, CRIE SA SOIF ; IL EST COMME L'ENFANT D'UNE MAISON RICHE QUI S'EST ÉGARÉ PARMI LES PAUVRES.

SI NOUS TOURNONS EN ROND DANS LES SIX MONDES, C'EST PARCE QUE NOUS SOMMES SUR LES CHEMINS OBSCURS DE L'IGNORANCE.

CHEMIN SOMBRE SUR CHEMIN SOMBRE, QUAND ÉCHAPPERONS-NOUS À LA NAISSANCE ET À LA MORT ?

LA MÉDITATION ZEN DU MAHAYANA EST AU-DELÀ DE TOUT ÉLOGE.

LE DON DE SOI, LA MORALITÉ ET LES AUTRES PERFECTIONS, LA PRISE DU NOM, LE REPENTIR, LA DISCIPLINE ET LES NOMBREUSES AUTRES ACTIONS

JUSTES SE RAMÈNENT TOUS À LA PRATIQUE DE LA MÉDITATION.

PAR LE MÉRITE D'UNE SEULE SÉANCE, IL DÉTRUIT D'INNOMBRABLES PÉCHÉS ACCUMULÉS.

COMMENT POURRAIT-IL Y AVOIR DE MAUVAISES VOIES POUR LUI ?

MES BIEN-aimés : Je vous aime. L'amour est mon message - qu'il soit aussi le vôtre. L'amour est ma couleur et mon climat. Pour moi, l'amour est la seule religion. Tout le reste n'est qu'inepties, tout le reste n'est rien d'autre que des rêves qui font tourner l'esprit. L'amour est la seule chose substantielle dans la vie, tout le reste n'est qu'illusion. Laissez l'amour grandir en vous et Dieu grandira de lui-même. Si vous manquez d'amour, vous manquerez Dieu et tout le reste.

Il n'y a pas de chemin vers Dieu sans amour. Dieu peut être oublié - si l'on se souvient de l'amour, Dieu apparaîtra comme une conséquence. C'est la conséquence de l'amour. C'est le parfum de l'amour et rien d'autre. En fait, il n'y a pas de Dieu, mais seulement la piété. Il n'y a pas de personne comme Dieu nulle part. Laissez tomber toutes les attitudes enfantines, ne continuez pas à chercher un père. La divinité est, Dieu n'est pas. Quand je dis que la divinité est, je veux dire que tout ce qui est est plein de Dieu. Le vert des arbres, le rouge et le doré, tout est divin.

Ce corbeau qui pleure, cet oiseau qui vole, cet enfant qui rit, ce chien qui aboie, tout est divin.

Rien d'autre n'existe.

Dès que vous demandez "Où est Dieu ?", vous posez une mauvaise question. Car Dieu ne peut être indiqué nulle part. Il n'est pas dans une direction particulière, il n'est pas une chose particulière, il n'est pas un être particulier. Dieu est l'universalité. Si vous demandez où Dieu n'est pas, vous avez posé la bonne question.

Mais pour poser cette bonne question, il faut préparer le terrain de son cœur. C'est ce que j'entends par amour - préparer le sol de votre cœur. Si vous êtes plein d'amour, le monde est plein de Dieu - ils vont de pair, ils font partie d'une même symphonie.

Dieu est l'écho de l'univers. Lorsque vous êtes amoureux, l'écho est là. Lorsque vous n'êtes pas amoureux, comment peut-il y avoir un écho ? C'est seulement vous qui êtes reflété encore et encore de millions de façons, c'est vous qui êtes renvoyé à vous-même encore et encore. Si vous êtes amoureux, Dieu l'est. Si vous n'êtes pas amoureux, que dire de Dieu ? - Même vous ne l'êtes pas.

Je me demandais ce que je devais vous offrir aujourd'hui. Parce que c'est mon anniversaire, j'ai été incarné dans ce corps ce jour-là. C'est le jour où j'ai vu pour la première fois le vert des arbres et le bleu du ciel. C'est le jour où, pour la première fois, j'ai ouvert les yeux et vu Dieu tout autour de moi. Bien sûr, le mot "Dieu" n'existait pas à ce moment-là, mais ce que je voyais, c'était Dieu. Je me demandais ce que je devais vous offrir aujourd'hui. Je me suis alors souvenu d'une phrase de Bouddha : SABBA DANAM DHAMMA DANANA JNATI - le don de la vérité surpasse tous les autres dons. Et ma vérité, c'est l'amour.

Le mot "vérité" me semble un peu trop sec et désertique. Je ne suis pas très en phase avec le mot "vérité" - il me semble trop logique, trop "capiteux". Il donne l'impression d'être de la philosophie, pas de la religion.

Cela vous donne l'idée que vous avez conclu - que vous êtes arrivé à une conclusion, qu'il y a eu un syllogisme derrière, une argumentation, une logique et un raisonnement. Non, "vérité" n'est pas mon mot, c'est "amour

est ma parole. L'amour est du cœur. La vérité est partielle, seule la tête est impliquée. Dans l'amour, vous êtes impliqué dans votre totalité - votre corps, votre esprit, votre âme, tout est impliqué.

L'amour fait de vous une unité - et non pas une union, rappelez-vous, mais une unité. Car dans une union, ceux qui s'unissent restent séparés. Dans une unité, ils se dissolvent, ils deviennent un, ils se fondent l'un dans l'autre. C'est ce moment que j'appelle le moment de vérité, lorsque l'amour vous a donné l'unité. Tout d'abord, l'amour vous donne l'unité au plus profond de vous-même. Vous n'êtes alors plus un corps, plus un esprit, plus une âme. Vous êtes simplement un - sans nom, sans définition, sans classification. Vous n'êtes plus déterminés, définissables, compréhensibles.

Un mystère, une joie, une surprise, une jubilation, une grande fête.

Tout d'abord, l'amour vous donne une unité intérieure. Et lorsque l'unité intérieure s'est produite, la seconde se produit d'elle-même - vous n'avez rien à faire pour cela. Vous commencez alors à tomber en unité avec le tout qui vous dépasse. La goutte disparaît alors dans l'océan et l'océan disparaît dans la goutte. C'est à ce moment-là, ce moment d'orgasme entre vous et le tout, que vous devenez un bouddha. C'est à ce moment-là que la bouddhéité vous est communiquée. Ou, mieux, révélée à vous - vous avez toujours été cela, inconscient.

Mon mot est amour. C'est pourquoi je dis : "Mes bien-aimés, je vous aime : Mes bien-aimés, je vous aime et je voudrais que vous remplissiez le monde entier d'amour. Que ce soit notre religion. Pas le christianisme, pas l'hindouisme, pas l'islam, pas le jaïnisme, pas le bouddhisme, mais l'amour. L'amour sans aucun adjectif. Pas l'amour chrétien - car comment l'amour peut-il être chrétien ? C'est tellement stupide. Comment l'amour peut-il être hindou ? C'est ridicule. L'amour est simplement l'amour. Dans l'amour, on peut être un Christ, on peut être un Bouddha, mais il n'y a pas d'amour bouddhiste et il n'y a pas d'amour chrétien.

Dans l'amour, vous disparaissez, votre esprit disparaît. Dans l'amour, vous vous détendez complètement. C'est l'enseignement que je vous donne, j'enseigne l'amour. Et il n'y a rien de plus élevé que l'amour.

J'ai alors pensé que je devais vous offrir quelque chose de beau en ce jour. Et je me suis souvenu du Chant de la méditation de Hakuin. C'est une toute petite chanson, mais c'est un grand cadeau. Hakuin est l'un des plus grands maîtres zen. Son chant contient tout : toutes les Bibles, tous les Corans et tous les Védas. C'est un petit chant de quelques lignes, mais il est comme une graine - très petite, mais si vous la laissez pénétrer dans votre cœur, elle peut devenir un grand arbre.

Il peut devenir un arbre Bodhi - il aura un grand feuillage et beaucoup d'ombre et des milliers de personnes pourront s'asseoir et se reposer sous lui. Il aura de grandes branches et de nombreux oiseaux pourront venir y faire leur nid.

Voyez : Je suis devenu un arbre. Vous êtes les gens qui sont venus faire leur nid sur mon arbre. Vous pouvez aussi devenir cela. Tout le monde DEVRAIT le devenir - parce que si vous ne le devenez pas, vous continuerez à manquer votre accomplissement. Si vous ne devenez pas un grand arbre qui a atteint son feuillage, ses fleurs et ses fruits - qui est comblé - vous resterez dans le mécontentement. L'angoisse continuera à ronger ton cœur, la misère s'attardera autour de toi. La félicité ne sera qu'un mot, sans signification. Dieu ne sera que du charabia.

Lorsque vous êtes comblé, il y a la grâce et il y a Dieu. Dans votre épanouissement, vous réalisez la bénédiction de l'existence.

Il s'agit d'un chant de méditation. Hakuin l'a appelé " chant " - oui, c'est un chant. Si la méditation n'a pas de chant, elle est morte - elle ne bat pas, elle ne respire pas. C'est une chanson et une danse : chantez-la et dansez-la. Mais n'y pensez pas - vous passerez alors à côté des messages, vous passerez à côté du contenu. Vous ne trouverez cette chanson et son sens que lorsque vous chanterez et danserez. Lorsque la musique de la vie vous aura envahi, vous aura possédé.

Le chant de Hakuin est si petit et pourtant si vaste qu'il en est incroyable. Comment un homme peut-il condenser tant de vérité, tant d'amour et tant de perspicacité en si peu de mots ? Mais Hakuin était un homme de peu de mots, un homme de silence. Pendant des années, il ne parlait pas du tout, puis il prononçait un mot ou deux.

Un jour, l'empereur du Japon l'a invité à prononcer un sermon au palais. La reine, le roi, le premier ministre, les ministres, les hauts fonctionnaires et les généraux s'étaient rassemblés avec un grand respect pour l'écouter. Hakuin est arrivé, s'est arrêté un instant, a regardé autour de lui et a quitté la salle. Le roi était perplexe. Il demanda à son premier ministre : "Que se passe-t-il avec cet homme ? Nous étions venus pour l'écouter.

L'ancien premier ministre a dit,

C'est le plus grand sermon que j'aie jamais entendu. Vous lui aviez demandé de venir vous enseigner le silence. Il l'a fait !

Il est resté là en silence, il a SAUVEGARDÉ le silence. Que demander de plus ? Qu'exigez-vous de plus ?

Pendant ces quelques secondes, il n'a fait que se taire. Il était le silence absolu. Il était silence, palpitant, pulsant. Mais vous vouliez entendre des mots".

Mais sur le silence, on ne peut rien dire. Et tout ce qui sera dit sur le silence sera faux. Comment peut-on dire quelque chose sur le silence ? Dire quelque chose reviendrait à le falsifier. C'est pourquoi Lao Tseu dit qu'on ne peut rien dire sur le Tao - et si l'on dit quelque chose, dans le fait même de le dire, c'est devenu faux. Le Tao est silencieux. Mais ce silence n'est pas celui d'un cimetière. C'est le silence d'un jardin où les arbres sont vivants et respirent, mais où règne un silence absolu. Ce n'est pas un silence mort, c'est un silence vivant. C'est pourquoi il l'a appelé "le chant de la méditation".

Le Bouddha dit : Mon approche de la réalité n'est pas une croyance mais une vision. Sa religion a été qualifiée de "IHI PASSIKA : Venez et voyez", et non de "Venez et croyez". Et non "Venez et croyez". Le Bouddha dit : "Venez et voyez, IHI PASSIKA" : C'est ici, présent - il suffit de venir et de voir. Il ne vous demande pas de croire. Il est le seul grand maître au monde à avoir abandonné la croyance - et en abandonnant la croyance, il a transformé la religion d'une stature enfantine très basse en une chose très mûre. Avec Bouddha, la religion est devenue jeune.

Sinon, c'était puéril. C'était une sorte de croyance - la croyance est une superstition, la croyance est due à la peur. Et la croyance est aveugle. Bouddha a donné des yeux à la religion. Il a dit : "Voyez, et il n'est pas nécessaire de croire : Voyez, et il n'est pas nécessaire de croire.

Et lorsque vous aurez vu, il ne s'agira plus d'une croyance, mais d'une connaissance.

Dans ce chant de Hakuin, vous verrez la façon de voir - comment ouvrir les yeux. Parce que la vérité est toujours là, a toujours été là. Il ne s'agit pas de produire la vérité. Le Bouddha dit :

YATHA BHUTAM - C'est le cas ! Il est déjà là, il vous fait face ! Il est à l'est, il est à l'ouest, il est au nord, il est au sud. Il vous entoure - il est à l'extérieur et il est à l'intérieur. Mais vous devez le voir : IHI PASSIKA. Vos yeux sont fermés, vous avez oublié comment les ouvrir. La méditation n'est rien d'autre que l'art d'ouvrir les yeux. L'art de nettoyer vos yeux. L'art de faire tomber la poussière qui s'est accumulée sur le miroir de votre conscience. C'est naturel, la poussière s'accumule. L'homme a voyagé et voyagé pendant des milliers de vies - la poussière s'accumule. Nous sommes tous des voyageurs, beaucoup de poussière s'est accumulée - à tel point que le miroir a complètement disparu. Il n'y a que de la poussière sur de la poussière, des couches et des couches de poussière, et vous ne pouvez pas voir le miroir. Mais le miroir est toujours là - il ne peut pas être perdu, parce qu'il est votre nature même. S'il peut être perdu, alors il ne sera plus votre nature. Ce n'est pas que vous ayez un miroir : vous ÊTES le miroir. Le voyageur est le miroir - il ne peut pas le perdre, il peut seulement l'oublier. Tout au plus l'oubli.

Vous n'avez pas perdu votre bouddhéité. La capuche de bouddha signifie que le miroir est dépoussiéré. Le miroir à nouveau frais, réfléchissant, fonctionnant à nouveau - voilà ce qu'est la bouddhéité. La capuche de bouddha signifie une conscience qui s'est éveillée. Le sommeil n'est plus, les rêves ne sont plus et les désirs ont disparu. La poussière s'accumule, c'est naturel. Mais vous vous accrochez à la poussière - votre désir fonctionne comme une colle.

Et quel est votre désir ? Il faut le comprendre. Si vous avez compris votre désir, vous avez tout compris. Parce que dans la compréhension du désir, le désir cesse. Et lorsque le désir cesse, vous avez soudain une sensation totalement nouvelle de votre être ; vous n'êtes plus l'ancien. Qu'est-ce que le désir ?

Que cherchez-vous ? Que cherchez-vous ?

Le bonheur. La félicité. Joie. C'est ce que vous cherchez. Et vous le cherchez depuis des millénaires, et vous ne l'avez pas encore trouvé. Il est temps, le BON moment, de réfléchir à nouveau, de méditer à nouveau. Vous avez cherché si fort, vous avez essayé si fort - peut-être manquez-vous quelque chose juste parce que vous essayez ? Peut-être est-ce le fait d'essayer qui vous éloigne du bonheur ? Pensons-y, méditons-y. Accordez une petite pause à votre recherche, récapitulez.

Vous avez cherché pendant de nombreuses vies. Vous ne vous souvenez pas des autres vies, ce n'est pas nécessaire - mais dans cette vie, vous avez cherché ce qui ferait l'affaire. Et vous ne l'avez pas trouvé. Et personne ne l'a jamais trouvé en cherchant. Quelque chose ne va pas dans la recherche même. En cherchant, vous vous oubliez naturellement ; vous commencez à regarder partout, partout ailleurs. Vous regardez au nord, à l'est, à l'ouest et au sud, dans le ciel et sous la mer, et vous continuez à chercher partout.

La recherche devient de plus en plus désespérée, car plus on cherche et plus on ne trouve pas, plus l'anxiété est grande : "Vais-je y arriver cette fois-ci, ou vais-je encore la rater ?

De plus en plus de désespoir, de plus en plus de misère, de plus en plus de folie. Vous devenez fou. Et le bonheur reste toujours aussi éloigné, il s'éloigne même de vous. Plus vous cherchez, moins vous avez la possibilité de l'obtenir. Parce qu'il est en vous.

Le bonheur est la fonction de votre conscience lorsqu'elle est éveillée. Le malheur est la fonction de votre conscience lorsqu'elle est endormie. L'inconscience est votre miroir chargé de poussière, de bagages et de passé. Le bonheur, c'est quand le fardeau est tombé et que le miroir a été retrouvé. Et de nouveau, votre miroir peut refléter les arbres, le soleil, le sable, la mer et les étoiles. Lorsque vous êtes redevenu innocent, lorsque vous êtes redevenu innocent, lorsque vous avez à nouveau les yeux d'un enfant - c'est dans cette clarté que vous êtes heureux.

J'ai lu quelques lignes de Michael Adam. Elles sont magnifiques.

Peut-être que le fait d'essayer rend même malheureux. Peut-être que tout le vacarme de mes désirs a empêché l'étrange oiseau de s'approcher de mon épaule. J'ai essayé si longtemps et si fort de trouver le bonheur. J'ai cherché si loin. J'ai toujours imaginé que le bonheur était une île sur la rivière. Peut-être est-ce la rivière. J'ai pensé que le bonheur était le nom d'une auberge au bout de la route. Peut-être est-ce la route. J'ai cru que le bonheur était toujours pour demain, et demain, et demain. Peut-être est-il ici.

C'est peut-être le cas maintenant. J'ai cherché partout ailleurs.

Donc : ici et maintenant.

Mais ici et maintenant, c'est clairement le malheur. Peut-être que le bonheur n'existe pas. Peut-être que le bonheur n'existe pas, qu'il n'est qu'un rêve créé par un esprit malheureux. Il ne peut certainement pas être tel que je l'imagine avec tristesse. Ici et maintenant, il n'y a pas de bonheur. Le bonheur n'existe donc pas. Je n'ai donc pas besoin de me perdre dans ce qui n'est pas. Je peux donc oublier le bonheur ; je peux cesser de m'en préoccuper et me préoccuper plutôt de quelque chose que je connais, que je peux sentir et dont je fais pleinement l'expérience. Le bonheur est un rêve futile : maintenant, c'est le matin. Je peux me réveiller et rester avec le malheur, avec ce qui est réel sous le soleil en ce moment. Et maintenant, je vois combien mon malheur est dû au fait que j'essayais d'être heureux ; même moi, je peux voir que le fait d'essayer est le MALHEUR. Le bonheur n'essaie pas....

Enfin, je suis ici et maintenant. Enfin, je suis ce que je suis. Je suis sans prétention, à l'aise. Je suis malheureux - et alors ? Mais est-ce cela que j'ai fui ? Est-ce vraiment le malheur ?...

Pensez-y, méditez-y.

Et lorsque je cesse d'essayer d'être heureux ou quoi que ce soit d'autre, lorsque je ne cherche plus, lorsque je ne me soucie plus d'aller quelque part, d'obtenir quoi que ce soit, alors il semble que je sois déjà arrivé dans un endroit étrange : Je suis ici et maintenant. Quand je vois que je ne peux rien faire, que tout ce que je fais est le même rêve, au moment où je vois cela, mon esprit, le vieux rêveur et vagabond, est pour l'instant immobile et présent.

Naturellement. Si vous ne cherchez pas, si vous ne désirez pas, si vous ne rêvez pas, pendant un moment, l'esprit tombe dans le silence. Il est immobile. Il n'y a rien à désirer, rien à faire, rien à attendre et rien à frustrer. Pendant un moment, l'esprit arrête sa poursuite constante.

Dans ce moment d'immobilité, vous vous trouvez dans un endroit étrange, dans un espace inconnu, jamais connu auparavant. Une nouvelle porte s'est ouverte. Pour l'instant, l'esprit est immobile et présent.

Pour l'instant, ici et maintenant, le monde réel se montre, et voyez : ici et maintenant est déjà et toujours tout ce que j'avais cherché et tenté d'obtenir ailleurs et à part. Plus que cela : J'ai chassé des ombres ; la réalité est ici, dans ce lieu ensoleillé, dans ce cri d'oiseau, maintenant. C'est ma recherche de la réalité qui m'en a éloigné ; le désir m'a assourdi. L'oiseau chantait ici pendant tout ce temps.

Si je suis immobile et insouciant pour trouver le bonheur, il semble que le bonheur puisse me trouver. Il est, si je suis vraiment immobile, aussi immobile que la mort - si je suis complètement mort, ici et maintenant.

Le bonheur vous tombe dessus tout à coup. Lorsque le désir disparaît, le bonheur apparaît. Lorsque les efforts cessent, vous voyez pour la première fois qui vous êtes. Cette connaissance est ce que Bouddha veut dire :

Venez voir - IHI PASSIKA. D'où vous appelle-t-il ? "Viens et vois" ? Il vous appelle à partir de vos désirs. Vous vous êtes éloignés de votre foyer, vous avez perdu votre base. Vous n'êtes pas là où vous semblez être. Votre rêve vous a emmené dans des mondes lointains - imaginaires, illusoires, votre propre création.

Les zen ont un mot spécial pour désigner la méditation, ils l'appellent "FU-SHO". FU-SHO signifie "non produit".

Vous ne pouvez pas le produire, vous ne pouvez rien faire pour l'apporter. Vous devez être passif, dans un état de non-action - puis cela vient. Elle arrive soudainement, de nulle part, du néant. Et c'est dans cette venue, dans cette douche de silence et d'immobilité, que se trouve la transformation. Ce n'est rien de spécial, disent les gens du zen. Comment cela pourrait-il être spécial ? C'est la nature de tout le monde, alors comment cela peut-il être spécial ? C'est tout à fait ordinaire, tout le monde l'a. Vous pouvez le savoir, vous pouvez ne pas le savoir - c'est une chose différente - mais vous l'avez. Pas un seul instant vous ne l'avez manqué. Pas un seul instant elle ne vous a été enlevée. Il est là, couché et couché, et il attend que vous reveniez à la maison.

Un autre mot utilisé par les zen pour désigner la méditation est "WU-SHI". Il signifie "rien de spécial" ou "pas de problème".

Et maintenant, cette chanson de Hakuin.

TOUS LES ÊTRES SONT DÈS L'ORIGINE DES BOUDDHAS.

Cette phrase suffit. C'est le début, le milieu et la fin. Elle est tout. L'alpha et l'oméga.

TOUS LES ÊTRES SONT DÈS L'ORIGINE DES BOUDDHAS.

Vous êtes des bouddhas. Jamais, à aucun moment, vous n'avez été autrement. Vous ne pouvez pas. Vous ne pouvez pas vraiment vous éloigner de votre bouddhéité, vous ne pouvez que rêver. Vous pouvez seulement rêver que vous êtes partis, mais tout en rêvant, vous restez ici maintenant. Il est impossible de perdre sa bouddhéité, parce que Dieu est impliqué dans chaque chose et chaque être. Et lorsque Hakuin dit : "Tous les êtres sont dès le départ des bouddhas", ne pensez pas qu'il ne parle que des êtres humains.

Les animaux sont inclus, de même que les oiseaux, les arbres et les rochers. Tout ce qui est est inclus.

Le mot anglais "being" vient d'une racine sanskrite "BHU". BHU signifie "ce qui croît". Tout ce qui croît est Dieu. Les arbres poussent, les oiseaux poussent, les rochers poussent. Tout ce qui pousse est Dieu. Et tout pousse à son propre rythme. N'oubliez pas que la racine du mot "être" est BHU. Il signifie simplement ce qui respire, ce qui croît, ce qui a de la vie - aussi rudimentaire, aussi primitif soit-il.

Tout est compris.

TOUS LES ÊTRES SONT DÈS L'ORIGINE DES BOUDDHAS.

Et que signifie un bouddha ? Bouddha" signifie une conscience qui est revenue à elle-même - qui n'erre plus dans les rêves, qui ne pense plus à l'avenir, qui ne pense plus au passé. Une conscience qui n'est pas possédée par des souvenirs ou par l'imagination. Une conscience qui s'est débarrassée du passé et de l'avenir, une conscience qui n'a que le présent. Une conscience qui vit dans l'instant, tout à fait ici et maintenant. Alerte, éveillée, rayonnante.

Tous les êtres sont des bouddhas. Les zen appellent cette phrase "le rugissement du lion". Il s'agit de . D'un seul coup, Hakuin vous a délivré, vous a sauvé de vous-même. Il n'y a plus besoin de salut. Une seule phrase suffit à vous libérer de toute servitude. Vous êtes un bouddha. Mais n'oubliez pas que vous n'êtes pas un bouddha dans un sens particulier. Tout le monde l'est - votre chien, votre vache, votre buffle et votre âne, tout le monde l'est ! Ne prenez donc pas cela dans un sens égoïste, en disant "je suis un bouddha". N'en faites pas une question d'ambition, ne vous lancez pas dans un voyage d'ambition. Tout est Bouddha. La vie est Bouddha, l'être est la bouddhéité, l'existence est la bouddhéité.

Pensez-y. L'une des plus grandes déclarations jamais faites :

TOUS LES ÊTRES SONT DÈS L'ORIGINE DES BOUDDHAS.

Hakuin a terminé en une phrase. Le reste du chant sera une répétition, en fait. Il s'adresse à ceux qui ne peuvent pas comprendre la première phrase. On dit que lorsque Hakuin écrivait ce chant et qu'il a écrit sa première phrase - "Tous les êtres sont dès le début des Bouddhas" - un de ses disciples était assis là et il a dit : "Arrêtez maintenant, il n'y a plus rien à dire. Il n'y a plus rien à dire. Il a quitté la pièce, le disciple a quitté la pièce. Il a dit : "Maintenant, il n'y a plus rien à dire. Vous avez terminé dès la première phrase - ce devrait être la DERNIÈRE phrase !

Mais la chanson est belle. Elle vous aidera, à partir de différentes directions, à parvenir à la même vérité. Elle vous aidera à voir le point de vue depuis différents points d'observation, depuis différentes fenêtres. Vous verrez le même Bouddha assis de chaque fenêtre du temple. Mais c'est une bonne chose, car d'une fenêtre à l'autre, il peut y avoir plus de lumière qui tombe sur le Bouddha, d'une fenêtre à l'autre, le vert des arbres peut se refléter sur le visage du Bouddha, d'une autre fenêtre, une étoile peut regarder le Bouddha, d'une autre fenêtre, quelque chose d'autre - un oiseau peut être assis et chanter une chanson.

TOUS LES ÊTRES SONT DÈS L'ORIGINE DES BOUDDHAS.

L'univers est fait d'une chose appelée "Dieu". Dieu n'est donc pas à la fin. Dieu est au début, au milieu et à la fin. Seul Dieu est. Mais permettez-moi de vous rappeler que lorsque j'utilise le mot "Dieu", je veux parler de la piété.

C'EST COMME L'EAU ET LA GLACE :
À PART L'EAU, PAS DE GLACE,
EN DEHORS DES ÊTRES VIVANTS, PAS DE BOUDDHAS.

Hakuin dit : C'est comme l'eau et la glace. Il n'y a pas de différence entre l'eau et la glace, et pourtant il y a une sorte de différence. Si vous êtes allé au marché pour acheter de la glace, vous n'achèterez pas d'eau. Vous achèterez de la glace - vous insisterez. Si quelqu'un vous dit : "Prenez cette eau", vous répondrez : "Je suis venu pour la glace". Il y a une certaine différence. Mais pas beaucoup, pas vraiment - seulement en surface. La glace fondra et deviendra de l'eau, et l'eau peut geler et se transformer en glace. Ce sont deux phases d'un même phénomène.

Vous êtes comme de la glace et Bouddha est comme de l'eau. Vous êtes gelé, il a fondu. Et je le répète : il n'y a pas d'autre alchimie que l'amour pour vous aider à fondre. L'amour fait fondre, parce que l'amour est chaleur. Les gens ne fondent que dans l'amour. Quand ils ne sont pas amoureux, ils deviennent froids, et dans le froid, ils gèlent. Et vous avez dû le constater, même dans vos petites habitudes. Lorsque vous aimez, vous coulez. Lorsque vous coulez, vous rayonnez. Lorsque vous aimez, vous vous développez. Lorsque vous n'aimez pas, vous rétrécissez.

Lorsque vous aimez, vous êtes entouré de chaleur. Lorsque vous n'aimez pas, vous êtes entouré d'un vent froid - vous êtes gelé, et toute personne qui s'approche de vous sera gelée.

Il y a des gens qui, s'ils vous regardent avec leurs yeux froids, vous donnent des frissons. Et il y a des gens qui, lorsqu'ils vous regardent avec leur chaleur, avec leur amour, vous donnent soudain l'impression d'être chez vous.

Il y a des yeux qui vous donnent le sentiment d'être chez vous, et d'autres qui vous fixent et vous font prendre conscience que vous êtes un étranger ici.

À PART L'EAU, PAS DE GLACE,

EN DEHORS DES ÊTRES VIVANTS, PAS DE BOUDDHAS.

La capuche de Bouddha n'est donc rien d'autre qu'un état de fusion. Frozen Ness a disparu. Votre définition a disparu. Vous n'êtes plus limité, vous n'êtes plus confiné. Au plus profond de vous, vous n'êtes plus. Parce que si vous ÊTES, il y aura une sorte de congélation en vous. Si vous ÊTES, vous ne pouvez pas circuler - quelque chose vous empêche, quelque chose est coincé et quelque chose fait obstruction. Lorsque vous n'êtes pas du tout.... C'est pourquoi, lorsque deux amoureux s'étreignent profondément, il n'y a pas deux personnes. Il n'y a qu'une seule énergie, qui tourne. Lorsque deux amants s'embrassent profondément, il arrive un moment où la femme oublie si elle est une femme ou un homme et où l'homme oublie s'il est un homme ou une femme. Si ce moment n'est pas arrivé, c'est que vous n'avez pas aimé.

Dans l'amour profond, vous disparaissez. Il y a toujours quelque chose, une sorte de présence - mais personne n'est présent.

Il n'y a pas de centre comme la glace gelée, il n'y a pas de soi. C'est pourquoi le Bouddha a beaucoup insisté sur le fait que votre moi est la cause première qui vous empêche d'être un Bouddha. Le sentiment que "je suis" vous rend glacé, glacial et froid. Si ce sentiment disparaît, il n'y a pas de problème. La glace fondra.

C'EST COMME L'EAU ET LA GLACE :

À PART L'EAU, PAS DE GLACE,

EN DEHORS DES ÊTRES VIVANTS, PAS DE BOUDDHAS.

La doctrine bouddhiste parle des trois corps du Bouddha. Il faut les comprendre. Le premier corps est appelé le corps de vérité, le corps universel, le corps divin. On peut l'appeler Dieu. Le deuxième corps est appelé le corps de félicité - le pont entre le premier et le troisième. On peut l'appeler l'âme.

Le troisième corps est le corps physique.

Vous ne connaissez que votre corps physique. Vous n'avez pas connu votre deuxième corps, le corps de félicité. Et si vous ne connaissez pas le deuxième corps, vous ne pourrez pas connaître le troisième, le plus profond - votre corps universel, votre corps cosmique, votre corps de Bouddha.

Il s'agit de la trinité bouddhiste - le père, le fils et le Saint-Esprit. Ou encore, c'est le TRIMURTI bouddhiste - les trois visages de Dieu. Bouddha dit que chacun possède ces trois corps. Le premier, le corps physique, est très figé. Le deuxième est dans un état de liquidité. Et le troisième est vaporeux. La glace doit d'abord fondre en eau, puis l'eau doit s'évaporer. Avez-vous observé ? La glace a une définition, des limites ; l'eau n'a pas de définition, pas de limites. Vous versez l'eau dans n'importe quelle cruche, dans n'importe quel pot, elle prend la forme du pot. Elle n'est pas résistante, elle n'est pas agressive, elle ne se bat pas. Elle est liquide, elle s'adapte.

L'homme de compassion et d'amour est comme l'eau, il s'adapte. Il n'a pas de résistance, il n'impose sa forme à personne. Il s'adapte, il est accommodant, il est spacieux.

Et puis la troisième, quand l'eau s'est évaporée, a disparu et est devenue invisible. On ne peut même plus la verser dans un pot. Elle fait désormais partie du ciel, elle est entrée dans l'éternel, dans l'infini.

Ce sont les trois états de l'eau, et ce sont aussi les trois états de la conscience. Vous êtes devenu trop grossier parce que vous vous êtes trop identifié à votre premier corps. C'est comme si un homme s'était trompé lui-même en croyant que les murs de sa maison étaient sa maison. Les murs de la maison ne sont pas la maison, il faut aller un peu plus loin. Vous devez trouver le noyau le plus profond de votre être - et ce noyau est invisible. Ce noyau le plus profond est presque comme le vide.

Le premier corps est l'essence, le deuxième corps est la forme, le troisième corps est l'action. Les personnes qui ne vivent que dans le corps physique ne vivent que dans l'action - ce qu'il faut faire, ce qu'il ne faut pas faire. Toute leur vie n'est qu'oscillation, balancement, entre ceci et cela. Leur vie consiste à faire ; ils ne connaissent rien d'autre.

Le deuxième corps est celui de la forme. Un homme commence à entrevoir le non-agir. C'est ce qui se passe dans la méditation - lorsque vous êtes assis en silence et que vous ne faites rien, une grande joie surgit. Elle vient de nulle part, sans raison. Vous ne savez pas d'où elle vient, mais une grande joie surgit, comme à partir de rien. Miraculeusement, magiquement. C'est la deuxième chose, la forme. La joie prend forme.

Et puis il y a le troisième. Si vous continuez à suivre et à avancer vers l'intérieur, vous atteindrez un jour l'essence. C'est ce que Bouddha appelle le corps de vérité. Là, il n'y a ni action ni non-action. Tout a disparu, toute la dualité a disparu, vous avez atteint l'essence même de l'existence.

Cette essence est libératrice. Cette essence est le nirvana. Et vous ne devez aller nulle part pour la trouver, vous la portez en vous.

TOUS LES ÊTRES SONT DÈS L'ORIGINE DES BOUDDHAS.

C'EST COMME L'EAU ET LA GLACE :

À PART L'EAU, PAS DE GLACE,

EN DEHORS DES ÊTRES VIVANTS, PAS DE BOUDDHAS.

NE SACHANT PAS QU'ELLE EST PROCHE, ILS LA CHERCHENT AU LOIN. QUELLE PITIÉ !

Et si vous continuez à chercher au loin ce qui est proche, vous continuerez à manquer. Personne n'est fautif. Avant d'aller le chercher aux quatre coins du monde, rentre d'abord en toi-même. Si tu ne le trouves pas là, alors tu peux aller où tu veux. Mais les gens ne vont pas à l'intérieur, ils commencent par l'extérieur. Et l'extérieur est vaste - vous pouvez continuer encore et encore, vous pouvez chercher partout sur la terre. Et les gens cherchent. Les gens viennent me voir et me disent : "Nous avons cherché toute notre vie. Nous sommes allés ici et là, au Japon, à Ceylan, en Birmanie et en Thaïlande, et nous avons cherché partout en Orient. Et nous ne l'avons pas encore trouvé".

L'Orient est en vous ! Il n'est pas en Thaïlande, il n'est pas en Inde. Et vous ne le trouverez nulle part. Tout au plus, si vous rencontrez par hasard un homme éclairé, il vous jettera à vous-même. Non pas qu'il vous le donnera. Personne ne peut vous la donner. Elle est déjà là, il n'y a pas besoin de la donner.

Et parce que dans le monde moderne, la communication est devenue facile, les voyages sont devenus faciles, les gens deviennent encore plus fous. Ils sautent d'une ville à l'autre, d'un aéroport à l'autre. Ils deviennent fous. Or, pour rentrer chez soi, il n'est pas nécessaire d'entrer dans un avion, dans un train ou dans une voiture. Il suffit d'entrer en soi. Et il n'y a pas besoin de billet - aucun billet n'est nécessaire. Et personne n'est là pour vous en empêcher ; c'est votre territoire.

Je l'ai entendu :

Un groupe d'Américains est arrivé sur le mont Vésuve pendant l'une de ses éruptions les plus spectaculaires. L'un des Américains s'exclama d'un ton impressionné : "C'est vraiment l'enfer !

Sapristi ! dit le guide italien. Comment vous, les Américains, vous voyagez !

Maintenant, même l'enfer est en danger, effrayé par les touristes.

Les gens continuent à chercher et à rechercher quelque chose qui n'a pas besoin d'être cherché, qui ne peut être trouvé que lorsque la recherche s'arrête. Et je ne dis pas qu'il faut s'efforcer d'arrêter la recherche, car c'est vous qui l'avez commencée. Si vous vous efforcez de l'arrêter, vous êtes passé à côté de l'essentiel. Il suffit de voir l'intérêt de la chose, à savoir que s'efforcer vous éloigne de vous, que s'efforcer crée de plus en plus de tension. Voir le fait - IHI PASSIKA. En voyant cela, les efforts disparaissent et il y a soudain un calme. C'est dans ce calme que l'on entrevoit pour la première fois la félicité. Vous entrerez dans votre deuxième corps. Et lorsque vous serez entré dans le deuxième corps, il sera de plus en plus facile, très lucide, de vous glisser dans le noyau le plus central - le corps essentiel, le corps de la vérité.

Une fois que vous avez goûté un peu de votre bonheur intérieur, vous savez où chercher vraiment, où aller maintenant. Disparaissez au plus profond de votre être et vous le trouverez. Cherchez et vous manquerez. Ne cherchez pas et vous trouverez.

NE SACHANT PAS QU'IL EST PROCHE, ILS LE CHERCHENT AU LOIN. QUELLE PITIÉ

C'EST COMME QUELQU'UN DANS L'EAU QUI CRIE SA SOIF ;

C'EST COMME L'ENFANT D'UNE MAISON RICHE

QUI S'EST ÉGARÉ PARMI LES PAUVRES.

Et a oublié qu'il est riche - il est peut-être devenu un mendiant. Vous êtes riches, infiniment riches. Vous êtes tous des empereurs et des impératrices, des dieux et des déesses. Il suffit de le reconnaître. Ne vous lancez pas trop dans la mendicité - c'est le désir qui crée le mendiant. Même un homme comme Alexandre est un mendiant, parce que le désir est là. Un homme comme Napoléon est un mendiant, parce que le désir est là. Voyez les personnes les plus riches de cette terre et vous ne verrez que des mendiants et rien d'autre. Et parfois, il arrive que vous rencontriez un mendiant et que vous voyiez l'empereur assis sous l'arbre - sans rien, sans rien posséder.

Il suffit de se posséder soi-même pour posséder tout le monde. Soyez le maître de vous-même et vous serez le maître de tout. Si vous possédez des choses, vous resterez un mendiant. Les gens changent, mais ne se transforment pas vraiment. Vous possédez une chose, puis vous commencez à en posséder une autre, puis vous en possédez une troisième. Parfois, on commence à posséder des choses d'un autre monde, mais rien ne change.

Il s'agit simplement d'un changement de forme. Quelqu'un possède de l'argent et quelqu'un commence à posséder la vertu. C'est la même chose, il n'y a pas de grande différence.

Je l'ai entendu :

Un dimanche matin, de bonne heure, le fermier Giles aperçoit une bande de gros corbeaux noirs qui dévorent son champ de choux de printemps.

Dans une colère noire, il s'est précipité sur le terrain et a commencé à le parcourir de long en large, secouant ses poings, s'arrachant les cheveux, écumant la bouche et hurlant toutes sortes d'insultes à l'encontre des oiseaux qui le gougnaient.

Le révérend Goodbody, qui passait à vélo, a été surpris par le spectacle et choqué d'entendre des cris forts et violents : "Dégagez, bande de voleurs ! Allez vous faire voir, salauds de Noirs avides !". Il s'arrêta immédiatement et fit signe au fermier en colère.

Embarrassé et rougeaud, Giles s'est approché avec un humble "Bonjour, Révérend".

Cela ne va pas du tout, Giles, dit le bon vicaire. Si tôt le jour du sabbat, des dames pourraient être présentes. Ces volailles sont elles aussi des créatures de Dieu. Si vous souhaitez qu'ils quittent votre propriété, faites-le avec amour et compassion. Dites "Chut, chut, chut, chut", et ces bâtards noirs et avides iront se faire voir !

Mais quelle différence cela fait-il ? Vous et vos prêtres, vous et vos soi-disant religieux, êtes tous dans le même bateau.

Je ne dis pas qu'il faut commencer à s'efforcer d'arrêter de s'efforcer, sinon vous changerez simplement le nom de votre folie et vous resterez le même. Vous changerez simplement l'étiquette de votre névrose. Il y a des gens qui sont avides d'argent et d'autres qui sont avides de Dieu. Cela ne fait aucune différence, ce sont les mêmes personnes. L'avidité est l'avidité. Il n'y a pas de différence entre ce qu'est l'avidité et ce qu'est l'avidité. La cupidité est la cupidité.

Il suffit de comprendre que s'efforcer n'a pas de sens, qu'aller n'importe où n'a pas de sens. Ce n'est pas moi qui le dis, c'est vous qui devez le voir : IHI PASSIKA. Vous devez le voir, vous ne devez pas le croire. Croire ne sert à rien ; croire n'est qu'un badigeon à la surface. VOIR apporte la transformation.

C'EST COMME QUELQU'UN DANS L'EAU QUI CRIE SA SOIF...

Hakuin dit : Vous pleurez de bonheur, et vous êtes comme un poisson dans l'eau qui cherche de l'eau et qui crie : " J'ai soif ". Vous l'avez ! Et vous mendiez partout.

C'EST COMME L'ENFANT D'UNE MAISON RICHE

QUI S'EST ÉGARÉ PARMI LES PAUVRES.

LA CAUSE DE NOTRE PASSAGE DANS LES SIX MONDES

EST QUE NOUS SOMMES SUR LES CHEMINS SOMBRES DE L'IGNORANCE.

CHEMIN SOMBRE SUR CHEMIN SOMBRE,

QUAND ÉCHAPPERONS-NOUS À LA NAISSANCE ET À LA MORT ?

Quel est le chemin obscur de l'ignorance ? Regarder vers l'extérieur. Plus on regarde loin, plus il y a de ténèbres.

Parce que la lumière brûle à l'intérieur de vous. En regardant de plus en plus près, il y a de plus en plus de lumière. C'est pourquoi nous appelons un Bouddha "illuminé" - il a appris à connaître et à réaliser sa lumière. C'est une lumière perpétuelle - sans carburant, elle est là, elle ne peut pas s'épuiser. Les soleils s'épuisent, les lunes s'épuisent et les étoiles s'épuisent. Mais la lumière qui brûle en vous en tant que conscience est inépuisable. Elle est éternelle.

Il était une fois un vieux roi qui vivait dans un palais. Au centre d'une table en or, dans la salle principale, brillait un grand et magnifique bijou. Chaque jour de la vie du roi, la pierre étincelait davantage.

Un jour, un voleur déroba le bijou et s'enfuit du palais, se cachant dans la forêt. Alors qu'il contemplait la pierre avec une joie profonde, l'image du roi y apparut à sa grande surprise.

Je suis venu vous remercier, dit le roi. Vous m'avez libéré de mon attachement à la Terre. Je pensais être libéré lorsque j'ai acquis ce joyau, mais j'ai ensuite appris que je ne serais libéré que lorsque je le transmettrais, avec un cœur pur, à quelqu'un d'autre.

Chaque jour de ma vie, j'ai poli cette pierre, jusqu'au jour où le joyau est devenu si beau que tu l'as volé, que je l'ai transmis et que je suis libéré.

Le bijou que vous tenez est la compréhension. Vous ne pouvez pas ajouter à sa beauté en le cachant et en laissant entendre que vous le possédez, ni même en le portant avec vanité. Sa beauté vient de la conscience que les autres en ont. Honorez ce qui lui donne de la beauté.

C'est pourquoi les bouddhas continuent à vous donner tout ce qu'ils ont atteint, à vous secouer. Parce que la beauté de la chose réside dans le partage. C'est pourquoi Hakuin a chanté cette chanson. C'est pourquoi je suis ici, partageant mon être avec vous, ma joie avec vous, ma célébration avec vous. C'est quelque chose qui doit être partagé pour rester vivant. C'est quelque chose qui doit être donné. Plus on le donne, plus on en a.

Ne soyez jamais avare de votre amour et de votre compréhension. Partagez-les. Et vous en aurez de plus en plus. Ne l'accumulez pas, sinon vous le manquerez. Un jour, vous constaterez qu'il a disparu et qu'il ne reste que de la puanteur. Au lieu de parfum, il y aura de la puanteur. Partagez votre amour avec tout le monde et n'importe qui. Ne posez pas de conditions à votre amour. Et la meilleure façon de partager est de partager votre compréhension, de partager votre méditation.

C'est ce que fait Hakuin dans cette chanson. Il partage sa bouddhéité. Ce qu'il a connu, il le chante, il en fait l'éloge. Il le fait comprendre aux personnes qui n'ont pas encore atteint la bouddhéité, mais qui peuvent l'atteindre.

Peut-être que quelqu'un entend la chanson, quelqu'un est frappé par elle, poignardé en plein cœur par elle. C'est un rugissement de lion : quelqu'un peut être réveillé de son sommeil.

LA CAUSE DE NOTRE PASSAGE DANS LES SIX MONDES

EST QUE NOUS SOMMES SUR LES CHEMINS SOMBRES DE L'IGNORANCE.

CHEMIN SOMBRE SUR CHEMIN SOMBRE,

QUAND ÉCHAPPERONS-NOUS À LA NAISSANCE ET À LA MORT ?

La naissance signifie l'attachement au corps physique. La mort signifie la frustration de cet attachement au corps. Se libérer de la naissance et de la mort signifie se libérer du corps physique. Mais comment peut-on se libérer du corps physique ? Si vous ne connaissez pas le second corps, vous ne pourrez pas vous libérer du corps physique. Il ne s'agit donc pas de se libérer du corps physique ; la question fondamentale est de savoir comment entrer dans le second corps. Une fois que vous êtes dans le deuxième corps, vous êtes libéré du premier. Et une fois que vous êtes dans le troisième, vous êtes également libéré du deuxième.

C'est pourquoi on ne voit pas Bouddha rire. Ce n'est pas qu'il n'ait pas ri, mais il n'a pas été montré en train de rire. Parce que dans le troisième corps, le corps de la vérité, même la félicité n'a pas de sens. Tout d'abord, le corps, le corps physique, est le corps de la misère. Attaché au corps physique, on reste malheureux.

Le deuxième corps est le corps de félicité. Une fois que vous l'atteignez, toute misère disparaît, vous êtes dans la félicité.

Mais la félicité est l'opposé de la misère - elle fait partie de la dualité. Le corps de la vérité va au-delà des deux, il est transcendantal. La misère a disparu, alors à quoi bon conserver la félicité ? Lorsqu'il n'y a plus de misère, la félicité n'a plus de raison d'être. Lorsque la pauvreté a disparu, à quoi bon conserver la richesse ? On peut même en être dépossédé.

Lorsque toute dualité disparaît - le plaisir et la douleur, le bonheur, le malheur, le jour et la nuit, la vie et la mort - alors, pour la première fois, vous êtes en Dieu.

LA MÉDITATION ZEN DU MAHAYANA
EST AU-DELÀ DE TOUTES NOS LOUANGES.
ET LA MORALITÉ ET LES AUTRES PERFECTIONS,
PRISE DU NOM, REPENTANCE, DISCIPLINE,
ET LES NOMBREUSES AUTRES BONNES ACTIONS,
TOUS REVIENNENT À LA PRATIQUE DE LA MÉDITATION.

Hakuin dit : Tout ce qui a été fait au nom de la religion à travers les âges peut être réduit à une seule chose, et c'est la méditation - DHYANA. Et qu'est-ce que le DHYANA ? Prendre conscience de son corps physique - le premier DHYANA, la première étape de la méditation. Devenir attentif à son corps physique. Observez-vous en train de marcher, de manger, de courir, de parler, d'écouter.

Observez. Et en regardant, vous verrez que vous êtes différent du corps physique. Car celui qui regarde ne peut pas être celui qui est regardé, celui qui observe ne peut pas être celui qui est observé, celui qui voit ne peut pas être celui qui est vu, celui qui connaît ne peut pas être celui qui est connu.

Observez le corps physique et le second corps apparaîtra. Il est là, mais vous commencerez à le sentir. Vous commencerez à le reconnaître, il commencera à vous pénétrer. C'est la première étape de la méditation : observer le corps physique. La deuxième étape, et la dernière, consiste à observer le corps de félicité. Observez votre extase.

Et vous verrez soudain que celui qui regarde ne peut pas être celui qui est regardé. L'extase est là, mais je suis loin d'elle. La félicité est là, mais je suis celui qui la connaît.

Ensuite, on commence à entrer dans le troisième corps, le corps de la vérité. On devient alors un pur témoin - SAKSHIN. Et c'est la libération. Hakuin dit que c'est par la méditation que l'on découvre, ou que l'on REDécouvre, sa bouddhéité.

PAR LE MÉRITE D'UNE SEULE SÉANCE

IL DÉTRUIT LES INNOMBRABLES PÉCHÉS ACCUMULÉS.

COMMENT POURRAIT-IL Y AVOIR DE MAUVAISES VOIES POUR LUI ?

Et cela peut se produire en une seule séance. Hakuin ne prêche pas la voie graduelle, Hakuin prêche la voie soudaine. Cela peut arriver en un seul instant. Cela peut se produire maintenant. Il n'est pas nécessaire de le remettre à demain. Qui sait ? Il se peut que demain ne vienne jamais. Il ne vient jamais, en fait. Il peut se produire à l'instant même. Si votre conscience est lucide, si votre conscience est là, claire, cristalline, cela peut se produire à l'instant même. CETTE séance même, et vous pouvez devenir un bouddha. Et personne n'entrave le chemin, si ce n'est vous-même. Personne n'est l'ennemi sauf vous, et personne n'est l'ami non plus.

PAR LE MÉRITE D'UNE SEULE SÉANCE

IL DÉTRUIT LES INNOMBRABLES PÉCHÉS ACCUMULÉS.

Hakuin dit : Ne vous inquiétez pas des péchés et de votre karma passé. En une seule séance de méditation, tout cela peut être brûlé. Le feu de la méditation est si puissant qu'il peut brûler tout votre passé en un seul instant. Il n'y a pas lieu de s'inquiéter du karma passé : "J'ai fait quelque chose de mal, je dois donc souffrir. J'ai fait quelque chose, je dois donc aller en enfer". Si vous voulez y aller, vous DEVEZ y aller ! Mais ce ne sont que des rationalisations que vous essayez de trouver. Si vous le souhaitez, c'est votre souhait - il sera exaucé.

Cette existence est très obligeante. Elle continue à obliger - si vous voulez aller en enfer, elle vous soutient. Elle dit : "Allez-y ! Je suis tout à fait avec vous.

Mais si vous décidez que "ça suffit et que j'ai assez souffert", un seul instant de méditation suffit à brûler tous vos millions de vies passées et vos millions de vies futures. Vous êtes libéré.

Commencez à méditer. Le poing sur le corps. Puis sur vos sentiments intérieurs de félicité, de joie. Et allez vers l'intérieur.

Et un jour, le chant de Hakuin éclatera en vous aussi. Tu fleuriras. Et si vous ne fleurissez pas, vous n'avez pas vécu, ou vous avez vécu en vain. Vous êtes ici pour fleurir. Et si vous ne portez pas beaucoup de fruits et beaucoup de fleurs, vous continuerez à manquer le sens de la vie.

Les gens viennent me voir et me demandent : "Quel est le sens de la vie ?" Comme si le sens était là, quelque part, vendu sur le marché. Comme si le sens était une marchandise. Le sens doit être CRÉÉ. Il n'y a pas de sens dans la vie. Le sens n'est pas une chose donnée, il doit être créé. Il doit devenir votre travail intérieur. C'est alors qu'il y a un sens - et un GRAND sens.

Aimez et méditez et vous atteindrez le sens. Et vous atteindrez la vie, une vie abondante.

Le dernier alléluia

La première question :

Question 1 :

LA CONSCIENCE ÉCLAIRÉE EST-ELLE MOINS ÉPICÉE QUE LA CONSCIENCE ORDINAIRE ?

LA CONSCIENCE EST UNE. On ne peut pas la diviser en deux. La conscience est indivisible. On ne peut pas dire "conscience ordinaire" et "conscience éclairée" - la conscience est synonyme d'illumination.

L'homme ordinaire n'est pas conscient, il est inconscient. Il croit qu'il est conscient, mais cette croyance l'empêche de le devenir. Si un homme malade croit qu'il est en bonne santé, il n'y a pas de remède pour lui, pas de médicament, pas de remède. Si un homme qui ne sait rien de l'amour pense qu'il est un amoureux, il ne connaîtra jamais rien de l'amour. L'homme ordinaire vit dans l'inconscience parce qu'il croit qu'il est déjà conscient. Il s'est dupé lui-même, il s'est trompé lui-même.

La conscience est toujours l'illumination. Être conscient signifie être un bouddha. Et cette possibilité existe en chacun de nous. Pourtant, les gens continuent à vivre de manière inconsciente parce qu'ils croient qu'ils sont déjà conscients, qu'il n'y a donc rien à faire, qu'il n'y a rien à transformer. Ils continuent à penser que c'est tout ce qu'ils ont. Ce n'est même pas le début ; le voyage n'a pas commencé. Vous dormez profondément. Mais vous pouvez faire un voyage en rêve - vous pouvez aller dans votre rêve jusqu'au coin le plus éloigné de la terre, et vous pouvez continuer à croire que vous êtes un voyageur. Et pendant tout ce temps, vous êtes endormi ici, maintenant.

Ici, vous êtes endormi. C'est ce qu'est l'inconscience. Vous pouvez être conscient du passé - mais le passé n'est plus, et cette conscience est donc celle de l'absence. Vous pouvez être conscient de l'avenir, mais l'avenir n'est pas encore là. Cette conscience est une pseudo-conscience. La seule conscience est celle du présent, de l'instant présent. Si vous êtes complètement présent à ce moment, totalement présent à ce moment, alors vous êtes conscient. Et dans cette intensité même, vous devenez une flamme de lumière. Une flamme sans fumée. C'est ce qu'est l'illumination.

Ne divisez donc pas la conscience en deux ; elle ne peut pas être divisée. La conscience n'a qu'un seul goût - celui d'être consciente. La conscience ne connaît ni passé, ni futur, ni autre temps, ni autre monde.

Un grand poète, Paul Eluard, a dit : "Il y a un autre monde. Mais cet autre monde est caché dans celui-ci".

C'est vrai, c'est exactement ce qui se passe. Dieu est, mais pas ailleurs - il est caché dans ce moment.

Jésus dit à ses disciples : Regardez les lys dans la fuite. Ils ne se fatiguent pas, ils ne pensent pas au lendemain.

Imaginez des lys dans un champ, et Jésus parlant à ses disciples, indiquant ces lys. Et il dit : "Même Salomon, dans toute sa gloire, n'était pas vêtu comme l'un d'entre eux". Quelle est la beauté d'une pauvre fleur de lys ? Et quelle est la richesse d'une pauvre fleur de lys ? Elle est tout à fait ici et maintenant - elle ne connaît pas d'autre temps ni d'autre espace. Elle ne connaît pas d'autre monde. Son intensité, sa totalité, son intégralité, la rendent plus belle que Salomon dans toute sa gloire Oui, même vos plus grands empereurs sont pauvres devant une fleur de lys. Le lys existe dans l'instant.

Au moment où vous existez dans l'instant, vous êtes conscient. La conscience est du présent ; la conscience est une sorte de présence. Sinon, vous vivez comme un robot, une machine. Obsédé par vos habitudes, vous les répétez encore et encore et encore. Et comme elles sont mécaniques, elles ne vous satisfont jamais. La roue continue donc de tourner. Insatisfait, vous souhaitez un avenir meilleur. Insatisfait du passé, vous projetez un avenir. Mais le futur est projeté à partir du passé - il ne peut que lui ressembler. Peut-être un peu différent ici et là, mais pas beaucoup. Une chose modifiée, un peu décorée, améliorée, mais toujours essentiellement la même. Vous serez à nouveau insatisfait, et vous projetterez à nouveau.

L'homme est en proie à un profond mécontentement et continue à projeter un paradis ailleurs. Ce paradis n'arrive jamais, il ne peut pas arriver. Le paradis est déjà venu, il est déjà là. L'homme n'a jamais quitté le jardin d'Eden. Ce qui s'est réellement passé quand Adam a mangé le fruit de l'arbre de la connaissance, c'est qu'il s'est endormi. Et il a commencé à rêver qu'il avait été expulsé, qu'il avait été jeté hors du jardin d'Eden, que Dieu était en colère, qu'il avait trahi. Il a commencé à se sentir coupable, il a commencé à se sentir pécheur. Et il a créé son propre cauchemar.

Sinon, en fait, Adam n'a jamais quitté un seul instant le jardin d'Eden. Car où pourrait-il aller ? Tout le monde est le jardin d'Eden, le paradis est partout. C'est le monde de Dieu - où Dieu peut-il expulser Adam ? Où ? Il n'y a pas d'autre monde, l'expulsion est impossible. C'est la seule existence qui existe.

Ma compréhension de la parabole biblique est donc qu'Adam s'est endormi, il est devenu inconscient. La connaissance s'est avérée être une sorte de poison. La connaissance rend toujours les gens inconscients. Parce que la connaissance devient un contenu dans leur conscience, et le contenu entoure leur conscience comme la poussière entoure un miroir. Et plus il y a de connaissances, plus il y a de poussière. Et un jour, le miroir est complètement perdu - il y a des couches et des couches de poussière et il est très difficile de chercher le miroir.

Et vous êtes cet Adam et cette Ève. Ce n'est pas quelque chose qui s'est produit dans le passé, ce n'est pas de l'histoire, c'est déjà en train de se produire. Cela s'est toujours produit et cela se produira toujours. Accumulez la connaissance, mangez de l'arbre de la connaissance, et vous devenez inconscient.

Quelle est alors la manière de devenir conscient ? Abandonner les contenus, les pensées, les connaissances.

Déchargez-vous. Laissez votre esprit se vider, laissez votre esprit devenir sans esprit. Et soudain, vous serez surpris de constater que vous n'êtes jamais allé ailleurs, que vous avez été au paradis.

C'est ce qui est arrivé à Gautam Buddha. Le jour où il a été illuminé, savez-vous quels ont été ses premiers mots ? Il a dit : "Merveilleux ! Merveilleux ! J'ai toujours été ainsi. Merveilleux ! Merveilleux !

Avec moi, c'est toute l'existence qui s'est éclairée". Il dit alors deux choses : "Je suis surpris ! Qu'est-ce que j'ai cherché, qu'est-ce que j'ai cherché ? Et j'ai toujours été cela ! Et la deuxième chose, c'est qu'il était surpris de voir que "tout le monde cherche la même chose que moi, et tout le monde est vraiment illuminé".

Tous les êtres sont des bouddhas depuis le tout début. Vous avez été un bouddha au début, vous êtes un bouddha au milieu, vous serez un bouddha à la fin. La bouddhéité est essentielle. Ce n'est pas quelque chose d'accidentel qui arrive puis disparaît, qui arrive parfois, qui n'arrive pas. C'est votre nature profonde. C'est vous.

Vous me demandez : LA CONSCIENCE ÉCLAIRÉE EST-ELLE MOINS SPICIEUSE QUE LA CONSCIENCE ORDINAIRE ?

Première chose : il n'y a pas de conscience ordinaire. L'ordinaire, c'est l'inconscience. Il n'y a qu'une seule conscience, et c'est la conscience éclairée. Mais dire "conscience éclairée" est répétitif, car les deux mots signifient la même chose : "éclairée" et "conscience". Il n'est donc pas nécessaire d'utiliser deux mots, le mot "conscience" suffit.

Elle est certainement plus épicée, parce qu'elle est multidimensionnelle. L'inconscience est unidimensionnelle, elle est très étroite. La conscience est ouverte, elle est large.

La conscience est comme le ciel, elle ne connaît pas de frontières. Naturellement, elle est plus épicée - absolument épicée.

Seul un bouddha jouit du monde. Pas vous, vous ne faites que rêver à votre plaisir. Votre plaisir est tout au plus une sorte de divertissement. Vous essayez d'oublier vos malheurs en vous divertissant, et vous appelez cela du plaisir. Seul Bouddha sait ce qu'est le plaisir. Ce n'est pas un divertissement. Une fois que vous êtes conscient, vous voyez que vous êtes heureux. La félicité vient comme une ombre à la conscience. Une fois que vous savez qui vous êtes, vous avez tout ce dont vous pouvez rêver, tout ce dont vous avez jamais rêvé. Et bien plus encore. Infiniment plus.

Seuls ceux qui se sont éveillés connaissent le vert des arbres, le rouge et l'or. Et seuls ceux qui se sont éveillés connaissent la beauté des océans, du sable et du soleil. Seuls ceux qui se sont éveillés connaissent l'immense joie de l'amour, de la relation, de la communication, du partage. Seuls ceux qui se sont éveillés savent quelle bénédiction est cette existence. Ils savent. Les autres ne font que chercher, chercher, tâtonner dans l'obscurité de leur être.

Mais la question est pertinente, pour une certaine raison. Au fil des âges, de nombreuses religions ont existé sur terre - inventées par l'homme, inventées dans son inconscience, inventées en fonction de sa misère, inventées à partir de sa misère. Et elles ont essayé de dépeindre le summum de la conscience comme s'il était terne, mort, sans aucun piment, sans aucune joie. Les chrétiens disent que Jésus n'a jamais ri. Il est tout simplement ridicule.

Si Jésus ne peut pas rire, qui d'autre ? Pensez-vous pouvoir rire ? Oui, vous riez parfois, mais votre rire est superficiel. Il est tout au plus sur les lèvres, ou s'il est très profond, il va jusqu'à la gorge. Il ne vient pas du cœur, il ne vient pas des tripes, il ne vient pas du noyau. Elle est juste là, superficielle, peinte. C'est superficiel.

Seul Jésus peut rire. Et quand Jésus rit, il est le rire - non pas qu'il rit. Quand vous riez, vous riez. Quand Jésus rit, il est le rire. Quand vous dansez, vous dansez. Quand Jésus danse, il est la danse. Quand vous aimez, VOUS aimez. Quand j'aime, je suis simplement l'amour. Je n'existe pas en dehors de lui, sinon il y aurait une division, une scission. Lorsque vous riez, vous vous tenez à l'écart et vous riez - le rire est un acte, votre être tout entier n'y est pas impliqué.

Et les chrétiens disent une chose très stupide, que Jésus n'a jamais ri. Pourquoi disent-ils cela ? A cause de leurs misères, de leurs angoisses, de leur insignifiance, ils ont représenté Jésus triste, sombre, sérieux, grave. Et à cause de cela, vos églises sont devenues des cimetières ; la joie de vivre n'y existe plus. Et à cause de cela, vos écritures sont devenues comme celles que l'on trouve dans les musées - un serpent dans l'alcool. Il vivra longtemps. Mais un serpent sur l'herbe vivant au soleil, sur le rocher, se reposant l'après-midi, faisant une sieste, un serpent se déplaçant sur un arbre ou se balançant avec les branches d'un arbre, un serpent ALICE. Et un serpent au musée, à l'hôpital, au laboratoire scientifique, dans l'alcool. Le serpent à l'alcool, ou disons le serpent alcoolique, vivra longtemps, parce qu'il est mort.

Le vrai serpent, le serpent vivant, ne vivra pas longtemps, parce qu'il est vivant - la mort viendra. Mais pour le serpent alcoolique, il n'y a pas de mort.

Jésus est mort. Il était une fleur - éclose le matin, elle disparaissait le soir. Mais le Christ inventé par les chrétiens vit. C'est un serpent alcoolisé, mis en bouteille, une pièce de musée. Il peut vivre pour toujours et à jamais. Vos écritures sont mortes ; elles sont comme des papillons épinglés. Vous pouvez collectionner des papillons et continuer à les épingler - ils ressemblent à des papillons, mais n'en sont pas. Car qu'est-ce qu'un papillon s'il n'est pas libre, s'il n'est pas vivant, s'il n'erre pas d'une fleur à l'autre, s'il n'est pas un vagabond sur les ailes - qu'est-ce que c'est ? Ce n'est rien. C'est un cadavre.

Il en va de même pour vos Bibles, vos Védas et votre Coran. Ce sont des choses inventées. Jésus, le vrai Jésus, n'est qu'un prétexte. Et vous avez imposé au vrai Jésus votre propre Jésus qui ne rit jamais. Jésus était un homme totalement différent. Je ne peux pas imaginer qu'il ne rit pas. Il se déplaçait avec de belles personnes. Il ne se déplaçait pas avec des saints, souvenez-vous, il se déplaçait avec de belles personnes. Il y avait aussi des ivrognes, des joueurs et des prostituées. Il se déplaçait avec de vraies personnes, des personnes authentiques. Il ne se déplaçait pas avec des pseudo-saints, il se déplaçait avec des pécheurs.

Les saints sont des papillons épinglés. Les pécheurs sont vivants - un serpent reposant sur le rocher dans le soleil de l'après-midi.

Les pécheurs peuvent parfois devenir des saints, mais leur sainteté a alors une qualité totalement différente.

Ils ne peuvent appartenir à aucune église, à aucune secte. Ils ne peuvent pas appartenir - comment un saint peut-il appartenir ? Le saint est comme un parfum, libre, se déplaçant au gré des vents - il ne peut pas appartenir. Jésus n'a jamais appartenu à personne. C'est pourquoi les Juifs étaient en colère contre lui - ils voulaient qu'il appartienne à quelqu'un.

Les vrais saints ne seront pas reconnus comme saints, aucune église ne les sanctifiera comme saints. Et les saints qui sont sanctifiés par l'église sont vraiment des saints bidons, des saints de charabia, des saints faux, artificiels, synthétiques, en plastique. Oui, ils ne rient pas, c'est vrai. Mais Jésus n'est pas ce genre de saint. Il rit, il boit, il mange bien, il aime... Il était un véritable homme de la terre, très terrestre, enraciné dans la terre.

Et la terre n'est pas contre le ciel. Observez les arbres : l'arbre ne peut s'élever dans le ciel que s'il s'enfonce dans la terre. Telle est la règle, telle est la loi. Un homme qui est profondément enraciné dans la terre peut aller profondément en Dieu - pas autrement. Un homme qui peut rire, s'amuser et être joyeux peut prier. Ses racines dans la terre lui donneront suffisamment de nourriture pour prier. Il sera reconnaissant, et c'est seulement à ce moment-là qu'il pourra prier.

Dieu n'a d'importance que s'il est le fruit de votre reconnaissance. Mais comment être reconnaissant si l'on ne peut même pas rire ? Les églises sont devenues des cimetières.

Votre question est donc pertinente. Vous craignez peut-être que si vous devenez illuminé, votre vie ne soit plus aussi épicée. Je vous promets qu'elle sera plus épicée. Pour l'instant, vous ne rêvez que de joies. Elles ne sont pas vraiment là, pas vraiment. Elles n'existent que dans votre imagination.

Je vous promets de vraies joies, un vrai amour, de l'authenticité. Et lorsqu'un homme est authentique, il n'est pas seulement sage.

Les simples sages ne sont pas assez sages. Le vrai sage - je l'appelle "l'autre sage" - le vrai sage a toujours assez de courage pour s'amuser un peu, pour faire des bêtises. La vraie sagesse comporte toujours une part de folie. De même, le vrai fou a toujours une part de sagesse en lui. Car l'homme véritable est toujours la rencontre des contraires. La rencontre de la terre et du ciel, la rencontre de l'été et de l'hiver, la rencontre du jour et de la nuit, la rencontre de la sagesse et de la folie.

La folie n'est pas tout à fait mauvaise non plus. Elle a quelque chose de beau en elle - elle a de l'espièglerie, elle n'est pas sérieuse. Elle n'est pas ambitieuse, elle est innocente. Le vrai sage a donc une part de folie en lui - elle est toujours présente, elle rend sa vie piquante. L'homme vraiment silencieux a une chanson à chanter. D'où ce Chant de méditation de Hakuin.

On n'associe pas la méditation et la chanson dans son esprit. Le chant de la méditation ? Le chant d'amour est acceptable, mais le chant de méditation ? Le chant de Salomon est acceptable, mais le chant de la méditation ? La méditation semble ne pas chanter, la méditation semble être sérieuse, la méditation semble être silencieuse. Et le chant ? Le chant n'est pas silencieux, il est expressif, jubilatoire, dansant. Mais la vraie méditation a toujours une chanson à chanter, une danse à danser. Elle est épicée.

C'est pourquoi tant de gens sont perplexes. Les religieux en particulier, parce qu'ils sont les moins religieux, sont très perplexes ici. La méditation et la danse, le sannyas et l'amour vont de pair. J'essaie de créer une rencontre entre les opposés. Et lorsque deux opposés se rencontrent, il y a une grande félicité. Ce n'est que lorsque deux opposés se rencontrent qu'il y a félicité. Un homme rencontre une femme et il y a un orgasme et de la joie. La vie rencontre la mort et il y a une grande extase, si vous savez comment la permettre. Le moment de la mort est le plus grand moment d'extase - si vous savez comment le permettre, si vous savez comment vous y détendre, comment vous y abandonner.

Ici, l'amour rencontrera le renoncement. Ici, la méditation rencontrera la prière. Ici, le silence et le son seront ensemble.

Le silence seul est pauvre, le son seul l'est aussi. Le son seul est un bruit, le silence seul est une mort. Quand le silence et le son se rencontrent, il y a de la musique. La musique est la rencontre du silence et du son. Il y a un rythme entre le son et le silence, d'où la musique. La grande musique contient toujours du silence et du son. Et la grande méditation contient aussi du son et du silence.

N'ayez pas peur. Je ne vous enseigne pas une religion qui est négative pour la vie. Je vous enseigne une religion qui est absolument positive pour la vie. La vie est Dieu.

La deuxième question :

Question 2 :

POURQUOI LA RELIGION DE BOUDDHA A-T-ELLE ÉTÉ TOTALEMENT DÉRACINÉE DE L'INDE ?

Pour une raison simple. Parce que le public peut tout pardonner, sauf le génie.

La troisième question :

Question 3 :

QU'EST-CE QUE L'AMOUR ? JE PENSE QUE CE QUE J'APPELLE L'AMOUR ET CE QUE VOUS APPELEZ L'AMOUR SONT TOTALEMENT DIFFÉRENTS.

Oui, Vidya, ils doivent être totalement différents. Quand je parle d'amour, il y a le sens de la conscience en lui. Quand tu parles d'amour, il s'agit de l'obscurité de l'inconscience. Ce sont deux mondes différents.

Je dois utiliser les mêmes mots que vous. C'est dommage, mais que faire ? Je dois utiliser les mêmes mots. Non pas que je ne puisse pas inventer mes propres mots, mais alors vous ne comprendrez pas du tout ce que je dis. Pour l'instant, vous avez au moins l'impression de comprendre, mais cela disparaîtra et je passerai pour un fou.

Rappelez-vous toujours que vos mots sont utilisés dans un sens totalement différent. Lorsque vous m'écoutez, soyez donc attentifs à ce fait. Ne sautez pas immédiatement sur les mots et ne leur donnez pas votre couleur. C'est une habitude très mécanique. Vous entendez le mot "amour" et vous savez immédiatement ce que je veux dire. Vous n'avez pas besoin d'écouter, vous pouvez vous endormir, vous pouvez dormir un peu - parce que je parle d'amour et que vous savez déjà ce qu'est l'amour.

Vous ne savez pas ce qu'est l'amour. Votre vie ne prouve pas que vous le savez. Si vous connaissez l'amour, vous avez connu tout ce qui vaut la peine d'être connu ; alors il ne reste plus rien. Si vous avez connu l'amour, vous avez connu Dieu, vous avez connu la bouddhéité. Vous avez connu le corps essentiel, le corps de vérité. L'amour existe dans ces trois corps. L'amour physique que vous connaissez, c'est le sexe - l'engouement du corps. Il n'a pas de profondeur, il est aussi profond que le corps physique. C'est ce que vous appelez l'amour, c'est ce que vous appelez tomber amoureux.

Oui, il s'agit d'une chute.

Il y a ensuite une deuxième sorte d'amour, l'amour du corps de félicité. Vous n'en savez rien. Ce n'est pas une chute. C'est une immobilité, un repos. On ne tombe pas, mais on s'enracine, on s'enracine. Vous perdez tout flottement, vous perdez toute vague, vous devenez une piscine silencieuse. C'est ce qu'il faut entendre par amour.

Et il y a un troisième type d'amour qui vient du corps essentiel. Cet amour devrait être appelé prière. On s'y élève, on n'y tombe jamais. Le premier amour est une chute. Le deuxième amour est un stabilisateur, un ancrage, un centrage. Et le troisième amour est une élévation dans le ciel - il vous donne des ailes.

Lorsque je parle d'amour, j'entends à la fois le deuxième et le troisième. Parce que pour que le troisième se produise, le deuxième sera nécessaire. Mais je ne suis pas contre le premier, je ne suis pas contre l'amour physique - parce que si vous ne tombez pas plusieurs fois, vous ne pourrez pas avoir les pieds sur terre. C'est pourquoi je suis tout à fait pour. Tombez autant de fois que vous le pouvez, afin d'apprendre à ne pas tomber. C'est la seule façon d'apprendre - on apprend par les erreurs et les fautes. Un enfant commence à apprendre à marcher, il tombe souvent. Si la mère est très opposée aux chutes, l'enfant ne pourra jamais marcher seul, il restera infirme toute sa vie.

C'est ainsi que des millions de personnes sont restées infirmes. Parce que la société, les prêtres et les parents continuent d'insister sur le fait que l'amour physique a quelque chose de pécheur : Évitez-le ! Alors bien sûr, on ne tombe pas - mais un homme qui ne peut pas tomber ne saura pas se tenir debout sans tomber. Un enfant qui ne peut pas se permettre de tomber de temps en temps ne pourra pas marcher du tout - il restera infirme et devra utiliser des béquilles.

Le mariage est une béquille - les infirmes s'en servent dans le monde entier. Parce qu'ils ne peuvent pas tomber amoureux, ils se contentent de quelque chose de synthétique, de plastique. Tombez autant de fois que vous le pouvez, prenez plaisir à tomber et apprenez l'art de la chute, car ce n'est qu'ainsi que vous pourrez un jour apprendre à vous tenir debout sans tomber.

C'est à partir du premier amour qu'il faut trouver le deuxième. Et du deuxième, il faut trouver le troisième quand on a commencé à se tenir debout tout seul, enraciné profondément dans la terre, dans le sol. Cette terre est belle.

Cette terre est une opportunité, une grande opportunité d'expérimenter. Votre présence ici est expérimentale - vous devriez expérimenter autant que possible, vous ne devriez gaspiller aucune occasion d'expérimenter.

Et chaque expérience vous apportera un peu de sagesse. Elle vient à la dure. Un homme qui essaie de rester toujours en sécurité n'apprendra rien, n'apprendra jamais.

J'ai entendu parler de cela : Un général était venu visiter l'armée à Poona. Il demanda à des soldats : "Comment faites-vous avec l'eau de Poona ?" Ils répondirent : "Nous la faisons d'abord bouillir. Ils répondirent : "Nous la faisons d'abord bouillir. Ensuite, nous la purifions. Et puis, par sécurité, nous buvons de la bière".

Alors pourquoi s'en préoccuper ? Les gens essaient d'être en sécurité, ils essaient de rester toujours en sécurité. Ils n'explorent pas, ils ne dépassent pas les limites. Et la frontière a été fixée par les prêtres et les politiciens - par les ennemis, par les empoisonneurs. Naturellement, votre vie n'a pas de saveur, pas de ton.

Il est placide, il est plat, il n'a pas de sang, pas d'os, il est pâle. Vous êtes comme une bougie qui meurt. Votre vie n'est rien d'autre qu'un long processus de mort lente. Vous ne vivez jamais.

Je suis tout à fait favorable à ces trois amours. Apprenez les voies du premier, les voies du corps. Et puis allez au-delà, car il y a beaucoup plus. Ne restez pas confiné dans ce corps. C'est un passage pour atteindre le deuxième corps, le corps de félicité. Et oui, parfois, lorsque vous êtes profondément dans l'amour physique, alors aussi une certaine félicité vous envahit depuis le deuxième corps. Lorsque vous faites l'amour avec une femme ou un homme et que vous vous sentez soudain en extase, cela ne vient pas de la femme, rappelez-vous, cela ne vient pas de l'homme, rappelez-vous. La femme n'a rien à vous donner, l'homme non plus. Tout ce qui est possible entre un homme et une femme est une sorte d'absorption de l'un par l'autre. Ils s'oublient l'un l'autre pendant un moment. La conscience de soi disparaît, l'ego disparaît, c'est tout.

Dans cette disparition, quelque chose du deuxième corps, qui est en vous, commence à couler, parce que l'ego n'y fait plus obstacle. Parce que vous êtes tellement absorbé par la femme ou par l'homme, par la femme, par l'homme, que vous vous êtes oublié, que vous êtes dans une sorte d'état d'ébriété. Vous n'êtes pas un soi à ce moment-là, pas un ego - quelque chose s'échappe du deuxième corps. C'est pourquoi vous vous sentez en état de félicité, c'est ce que l'on appelle l'orgasme sexuel. En fait, cela n'a rien à voir avec le sexe. Une fois que vous en avez compris le processus, vous pouvez en avoir autant que possible sans avoir de relations sexuelles. Il suffit de s'asseoir et de se balancer pour que l'orgasme commence à se répandre.

Vous pouvez atteindre cet orgasme sans chercher une femme ou un homme. Mais il faut apprendre grâce à l'homme et à la femme. Je ne suis pas contre, je suis pour. C'est beau et c'est bien dans la mesure où cela va, mais cela ne va pas assez loin. Il faut aller au-delà. Vous devez trouver la véritable source de la félicité, d'où elle vient. Elle ne vient pas de la femme, elle ne vient pas de l'autre, elle vient de votre cœur le plus profond. Mais l'idée fausse est naturelle, parce que vous êtes tellement absorbé par la femme que vous pensez que cela vient de la femme. Et parce que la femme est tellement absorbée par vous, elle pense que cela vient de son homme.

Elle ne vient pas du tout de l'autre, elle vient de votre noyau le plus profond. Mais vous n'êtes pas conscient de ce noyau. Devenez de plus en plus conscient. En faisant l'amour, prenez conscience de l'origine de la félicité, de sa direction, et allez dans cette direction. Et l'amour peut devenir l'une des plus grandes méditations. C'est pourquoi le Tantra - toute l'approche du Tantra - est ainsi.

Et une fois que vous avez appris à atteindre l'orgasme grâce à votre propre corps de félicité, vous êtes libéré de l'autre I votre dépendance n'existe plus. Et lorsque vous n'êtes plus dépendant de la femme ou de l'homme, votre amour devient non possessif. Ce n'est qu'à ce moment-là que votre amour n'est plus politique. Vous ne réduisez pas la femme à une chose ; la liberté reste intacte. Dans le sexe, la liberté ne peut pas rester intacte.

Plus vous vous adonnez au sexe, plus vous devenez dépendant de l'autre, parce que vous pensez que la source de joie est l'autre. Maintenant, vous avez peur que quelqu'un prenne la source de joie - que la femme s'en aille ou que l'homme s'en aille, ou qu'il tourne le dos. C'est la peur. Et c'est à cause de la peur que l'on commence à posséder, à cause de la peur que l'on devient jaloux. L'amour sexuel ne peut pas aller au-delà de la jalousie, la jalousie est ancrée en lui.

Une fois que vous savez que la félicité vient de votre propre cœur, la possessivité disparaît. Vous aimez alors sans rien exiger, vous aimez sans conditions.

Et lorsque vous êtes enraciné dans le second, et que les chutes et les trébuchements dans l'amour ont cessé, vous vous rapprochez de ma signification de l'amour. Une fois que tu t'es établi, enraciné, et que tu as commencé à jouir de ton propre corps de félicité, un jour tu vois soudain que quelque chose d'autre, une bénédiction bien plus grande que la félicité elle-même, t'atteint. Des rayons de quelque chose, qui sont plus heureux que la félicité elle-même, vous atteignent. Et ils proviennent de votre sanctuaire intérieur. Vous commencez alors à les rechercher et vous commencez à vous élever. La chute disparaît et l'arbre commence à pousser vers le ciel.

Et lorsque vous atteignez la source de votre être - le corps essentiel, le corps de Bouddha, le corps de vérité - l'amour est comblé. Mon mot "amour" a le sens ultime de cette expérience.

Mais il est naturel, Vidya, que tu comprennes à ta manière. Gardez un peu de place pour moi aussi, juste un peu de place. Tu comprends à quatre-vingt-dix-neuf pour cent à ta façon, je l'accepte : laisse-moi seulement un pour cent d'espace. Et bientôt, tu verras que ce 1% a vaincu tes 99%. Mais pour l'instant, c'est naturel.

Un homme est entré dans un bar d'un quartier farouchement catholique d'Irlande du Nord. Il porte à la boutonnière un petit Union Jack, emblème des extrémistes protestants. Un grand crocodile à l'aspect vicieux est attaché par une chaîne à sa main gauche. Le silence s'est installé dans le bar lorsque l'homme s'est approché du comptoir.

Il a demandé à l'homme du bar : "Est-ce que vous servez des protestants dans ce bar ?

Oui, monsieur, oui, monsieur", bredouille nerveusement l'homme du bar en regardant la bouche béante du crocodile.

Dans ce cas, je prendrai une pinte de bière pour moi et deux protestants pour mon crocodile.

Les gens ont des significations différentes....

Dans le sud des États-Unis, un chauffeur de bus fait monter des gens dans son bus. Il a demandé à un homme noir de quelle couleur il était. L'homme a répondu : "Noir". Le chauffeur de bus lui a répondu : "Non, vous êtes vert.

Dans mon bus, tout le monde est vert. Je ne crois pas au noir et blanc".

Il a ensuite demandé à une femme blanche de quelle couleur elle était. Elle a répondu. Blanche". Le chauffeur de bus a répété. Non, vous êtes verte. Tout le monde dans mon bus est vert. Je crois en une seule couleur ; l'humanité entière est d'une seule couleur.

Puis il a crié dans le bus : "Tout le monde a compris ? Tout le monde dans ce bus est vert. Maintenant, tous les verts foncés à l'arrière et tous les verts clairs à l'avant".

Il suffit de changer les mots pour que rien ne change. Vous pouvez remplacer mes mots par les vôtres, cela ne changera pas grand-chose. Le sens restera le même.

Je ne dis donc pas de changer de mots. Je dis de devenir un peu plus vigilant, afin de me laisser un peu d'espace en vous. C'est le sens du sannyas. Vous me laissez un peu d'espace en vous, vous devenez un hôte et vous me permettez d'être un invité en vous. Et bientôt, l'invité est tel que l'hôte disparaîtra et l'invité possédera la maison.

La troisième question :

Question 4 :

BIEN-AIMÉ MAÎTRE, JE MOURRAI POUR TOI, JE PENSE, MAIS JE NE CROIS PAS UN SEUL MOT DE CE QUE TU DIS, PAS UN SEUL MOT.

Bien, Anand Geet. Mourir est toujours facile, vivre est difficile. Devenir un martyr est très facile, n'importe quelle personne stupide peut le faire. En fait, seuls les stupides deviennent des martyrs. Sinon, qui voudrait devenir martyr ? Mais il est plus facile de mourir, parce que cela se produit en un seul instant. Et une fois que vous êtes mort, vous êtes mort, il n'y a plus rien à faire. Mais le vrai problème, c'est de vivre, car la vie est longue.

Vous dites : JE MOURRAI POUR TOI, JE PENSE.

Et je sais que vous ne pouvez même pas mourir, parce que ce "je pense" n'est pas fiable. La pensée n'est jamais fiable, seuls les sentiments le sont. La pensée est trompeuse. Les gens viennent me voir et me disent : "Maître, je t'aime, JE PENSE" Comment l'amour peut-il naître de la pensée ? Ce n'est pas possible. C'est comme essayer d'extraire de l'huile du sable. Les pensées n'ont pas d'amour. Les pensées peuvent avoir beaucoup de haine, beaucoup de colère, de rage, mais elles n'ont pas d'amour ; vous ne pouvez pas leur enlever l'amour.

Et lorsque vous dites : "Je pense que j'aime", vous êtes trompé par l'esprit. L'amour est un sentiment. Et lorsque vous dites : "Je mourrai pour toi, je pense", ce que vous dites en réalité, c'est que vous m'aimez et que vous êtes prêt à mourir pour moi. Mais ce n'est pas possible par la pensée. Au dernier moment, la pensée dira : "Que fais-tu ? C'est ta vie. Et en réalité, vous ne le pensez pas.

Et vous dites : JE NE CROIS PAS UN SEUL MOT DE CE QUE VOUS DITES, PAS UN SEUL MOT.

Car si vous croyez ce que je dis, vous devrez le vivre. Et je ne suis pas ici pour vous sacrifier sur un quelconque autel, parce que TOUS les autels doivent être détruits et tous les temples rasés. Tous les autels ont été dangereux pour l'homme - parce que l'homme a été tué sur de nombreux autels, hindous, chrétiens et mahométans, mais l'homme a toujours été tué.

Je ne vous enseigne pas que vous devez vous offrir. Non, je vous enseigne la vie, pas la mort. Et si vous connaissez la vie, vous connaîtrez aussi la mort, car la mort est l'aboutissement de la vie. Elle n'est pas contre la vie, elle est le crescendo du chant de la vie. C'est le dernier alléluia.

Je vous enseigne la vie. Mais si vous me faites confiance, vous aurez des problèmes. Tu devras te transformer, tu devras passer par de nombreuses mutations. C'est pourquoi ton esprit dit : "Je ne crois pas un mot de ce que tu dis, même si je suis prêt à mourir pour toi". Tu n'es pas prêt à laisser une seule de mes paroles devenir une graine dans ton cœur, et tu es prêt à mourir pour moi ? Tu n'es pas prêt à m'accepter comme hôte en toi, et tu es prêt à mourir pour moi ?

En premier lieu, je ne veux pas que vous mouriez, je veux que vous viviez. Et que vous viviez de manière authentique. La mort viendra en son temps. Quand le moment est venu, la mort est belle. Quand le fruit est mûr, il tombe de lui-même.

Lorsque l'on a vécu pleinement sa vie, la mort est une joie, car elle permet de se détendre à nouveau dans l'univers.

La vague disparaît à nouveau dans l'océan pour se reposer - pour une autre vie, pour une autre vague à naître.

C'est comme si vous aviez vécu toute la journée et que la nuit arrivait. La nuit est si belle. Vous pouvez aller au lit et tout oublier - l'agitation, l'anxiété, le travail, la fatigue. Chaque nuit, vous tombez dans une petite mort. Et bienheureux sont ceux qui tombent vraiment dans la mort chaque nuit, parce que le matin, ils ressuscitent. Ils renaissent. Ils sont à nouveau frais, ils sont à nouveau prêts à faire beaucoup de choses que la vie exige de faire. Ils ne sont plus épuisés, leur cœur danse à nouveau, ils sont frais.

Et ils sont prêts à sauter dans la tourmente de la vie et à vivre un autre jour.

C'est ainsi que vous mourrez dans ce corps et que vous vous reposerez dans la terre et dans le ciel, pour un certain temps. Et lorsque vous serez prêt à renaître, un autre jour, une autre résurrection, un autre corps, vous reviendrez. Cela continuera jusqu'à ce que vous ayez terminé le travail qui vous a été confié, jusqu'à ce que vous ayez accompli votre destin. Jusqu'à ce que vous réalisiez que le corps physique n'est pas vous. Que même le corps de félicité n'est pas vous. Que vous êtes un Bouddha.

Le jour où vous reconnaissez cela - non pas verbalement, non pas intellectuellement, non pas "je pense", mais totalement, entièrement, la reconnaissance est absolue, il n'y a aucun doute à ce sujet, aucune incertitude, ce n'est pas une conclusion logique mais une expérience, une expérience existentielle, vous en êtes le témoin - alors vous disparaissez. Vous ne reviendrez pas sur cette terre sous une forme corporelle. Vous naîtrez alors en Dieu, sans corps.

Vous deviendrez alors Dieu. Vous flotterez dans l'éternité. Vous serez alors une fleur de lotus, invisible aux yeux ordinaires. Tu seras alors un parfum pur pour toujours et à jamais.

Mais jusqu'à ce qu'il soit atteint, chaque mort est une nouvelle naissance. Et rappelez-vous, je suis ici pour vous apprendre à vivre CE moment, CE jour. Si vous mourez maintenant, vous ne serez pas mûrs, et la mort sera une douleur et une souffrance. Et la mort n'aura pas de sens. Les gens vivent de manière insensée et meurent de manière insensée.

Et parce que les gens vivent sans aucun sens, ils peuvent être exploités. Parce que votre vie est si vide de sens, n'importe qui peut venir et vous donner une mort pleine de sens. Il peut dire "Meurt pour l'islam" ou "Meurt pour le christianisme", ou pour l'amour du Christ ou pour l'amour de Bouddha, meurs ! Et il vous donne un sens. Vous n'avez pas de sens et vous dites : "D'accord, la vie n'a pas de sens. La vie n'a pas de sens, laissez-moi essayer ceci. Peut-être que cela me donnera un sens". C'est une sorte de suicide. Et l'Islam, Bouddha et le Christ ne sont que des rationalisations du suicide. Vous vous suicidez, avec de belles paroles autour de vous.

Non, je ne veux pas être un autel pour toi. Personne ne doit mourir pour moi. Mes sannyasins doivent vivre pour moi.

Et la vie est difficile. Parce qu'il ne peut s'agir d'une impulsion momentanée ; ce n'est pas impulsif. Si je dis "Meurs !", tu peux sauter d'une montagne - cela se produit dans un moment d'impulsion. Et une fois que vous avez sauté, vous ne pouvez plus revenir en arrière. C'est fini. Mais lorsque vous devez vivre, vous pouvez faire mille fois marche arrière. Et vous pouvez revenir en arrière un million de fois. Parce que la vie ne peut pas être impulsive.

Et je ne vous enseigne pas l'impulsivité, je vous enseigne la transformation. Alors s'il vous plaît, personne ne doit mourir pour moi. Jamais. Si vous m'aimez, vivez pour moi, aimez pour moi. Que votre vie soit une chanson, une joie, une célébration.

Lorsque vous êtes heureux, vous êtes avec moi, lorsque vous dansez, vous êtes avec moi, lorsque vous aimez, vous êtes avec moi. C'est mon travail, c'est ma mission.

Mais dans un autre sens, je comprends. Il est très difficile de croire en mes paroles. Presque impossible. Je dis "presque" parce qu'il y a des gens qui ont confiance. C'est pourquoi je dis "presque" - c'est possible, mais c'est ardu, difficile. Parce que ce que je dis est d'un autre monde. Je vous apporte le message, l'évangile, d'un autre monde. Bien que ce monde soit caché dans CE monde, il n'en est pas moins un autre pour vous. C'est une réalité distincte. Vous ne l'avez pas connu, vous ne l'avez pas vu, comment pouvez-vous avoir confiance ? En ce sens, je peux comprendre. Comment pouvez-vous croire ? Mais je ne dis pas non plus qu'il faut croire, car la croyance n'est d'aucune aide. Toutes les croyances sont nuisibles, la croyance en tant que telle est un poison.

Je ne dis pas qu'il faut croire en moi. Je dis simplement : Regardez-moi, ressentez-moi, et si le désir d'expérimenter se fait sentir, expérimentez avec moi. IHI PASSIKA : Venez et voyez. C'est exactement ce que je voudrais vous dire, comme Bouddha l'a dit à ses disciples : IHI PASSIKA. Je ne dis pas venez et croyez, je dis venez et voyez. C'est déjà arrivé ici. La rose a fleuri - approchez-vous de moi et vos narines seront pleines de son parfum. Venez et voyez !

Et si vous pouvez voir ma rose, vous atteindrez une grande confiance dans votre propre rose. Ce ne sera pas une confiance en ma rose, car cela ne sert à rien. Voir qu'un homme comme toi - aussi fragile que toi, fait de corps, d'os et de sang comme toi, aussi vulnérable à la mort que toi - un homme comme toi a fleuri, te donnera confiance en toi-même. Alors pourquoi cela ne pourrait-il pas vous arriver ? C'est mon travail, de vous rapprocher.

Sannyas n'est rien d'autre qu'une invitation à s'approcher un peu plus - un peu plus, pour pouvoir voir, pour pouvoir sentir. Et grâce à cette vision, une confiance est appelée à naître. Non pas en moi, mais en vous-même - que cela peut vous arriver à vous aussi. C'est ce que Bouddha appelle "SHRADDHA". Ce mot ne peut être traduit.

Il a été traduit par "foi", "croyance", "confiance", mais toutes les traductions passent à côté de l'essentiel. Le mot SHRADDHA de Bouddha signifie confiance - pas seulement confiance, pas seulement croyance, pas seulement foi, mais confiance.

Confiance en qui ? La confiance en votre propre être - que si cela peut arriver à un homme, cela peut arriver à tous. En voyant que cela peut arriver à quelqu'un, une confiance s'installe en vous : "Cela peut m'arriver à moi aussi".

Ce n'est qu'à ce moment-là que vous comprendrez ce que je dis. Avant cela, c'est difficile. Si vous pouvez éviter les malentendus, c'est tout ce que je peux attendre de vous. Je n'attends pas de vous que vous compreniez, mais que vous évitiez les malentendus. Écoutez-moi comme vous écoutez de la musique pure. Que faites-vous lorsque vous écoutez de la musique pure ? Vous écoutez simplement. Vous n'essayez pas de comprendre, vous n'essayez pas de savoir ce que c'est, quelle est la signification. On ne se préoccupe pas de la signification, on écoute. Que faites-vous lorsque vous écoutez le chant d'un oiseau dans la faucheuse, tôt le matin ? Vous écoutez simplement. Vous en êtes ravi, vous en ressentez la joie.

Ici, je suis aussi un oiseau qui chante le matin. Écoutez-moi comme vous écoutez de la musique. Ou le vent qui passe à travers les pins. Écoute simplement comme cela. Dans cette écoute, vous serez à mon écoute. D'abord, les malentendus disparaîtront. Et lorsque les malentendus seront devenus impossibles, la compréhension naîtra d'elle-même. Vous n'avez pas besoin de l'apporter, vous ne pouvez pas l'apporter. Elle vient, elle descend sur vous.

Sinon, il y a forcément des malentendus. J'ai entendu :

Un grand réalisateur et sa femme étaient en safari dans la jungle africaine lorsque, alors qu'ils marchaient sur un sentier étroit dans la partie la plus dense de la brousse, un énorme lion bondit sur eux, saisit sa femme dans ses énormes mâchoires et commença à la traîner. Elle cria à son mari : "Tire, John ! Tire !

Je ne peux pas", a-t-il crié en retour. Je n'ai plus de pellicule !

Aujourd'hui, un réalisateur est un réalisateur.

Un homme et sa femme, en visite à Londres, nourrissaient les pigeons à Trafalgar Square. L'un des pigeons se posa sur la tête du mari, se soulagea et s'envola. Eh bien, ne restez pas là à ne rien faire", dit le mari à sa femme avec colère. Donnez-moi du papier. Donne-moi du papier !

Ne soyez pas ridicule, dit la femme. Ce pigeon doit être à des kilomètres d'ici.

Vous avez compris ? Et le dernier :

Pour la fête des mères, le professeur a donné à la classe un sujet de composition : "Il n'y a qu'une seule mère".

C'était le sujet. Un enfant a écrit : "Hier, je suis tombé d'un arbre et je me suis fait mal au genou. Ma mère m'a entendu pleurer et est venue m'embrasser. La douleur a disparu ! Il n'y a qu'une seule mère !

Un autre enfant a écrit : "Hier, mes amis me battaient. Je suis rentré à la maison en pleurant. Ma mère m'a embrassé et m'a dit qu'elle m'aimait. Il n'y a qu'une seule mère !

Et le petit John écrit : "Hier, je suis rentré à la maison très affamé. Ma mère m'a dit : "Va à la cuisine. Sur la table, il y a deux bananes". Et j'ai dit : "Il n'y en a qu'une, maman !" '

La cinquième question :

Question 5 :

BIEN VENUE MAÎTRE : IL Y A TANT DE CHOSES POUR LESQUELLES IL FAUT ÊTRE RECONNAISSANT - LE NOM "PRASADAM" ÉTAIT VRAIMENT BEAU, CAR IL A FAIT PRENDRE CONSCIENCE DE TOUT CE QUI VIENT COMME UN DON DE DIEU. LA FOI GRANDIT CHAQUE JOUR DANS LA VALEUR DE NE PAS FAIRE ET DE RECEVOIR DAVANTAGE. POURTANT...

L'OPINION RÉPANDUE DANS LE MONDE ENTIER PAR LES SOCIÉTÉS DE VENTE, LES ATHLÈTES, LES MUSICIENS, LES ARTISTES, ETC., EST QUE LA SEULE VOIE VERS LE SUCCÈS CONSISTE À SE CONCENTRER SUR L'OBJECTIF EN PERMANENCE, EN TOUTE CONSCIENCE, TOTALEMENT, ET À TRAVAILLER AUSSI DUR QUE POSSIBLE POUR ATTEINDRE "L'OBJECTIF". LES DEUX SYSTÈMES ONT ÉTÉ EXPÉRIMENTÉS COMME ÉTANT VRAIS ET EFFICACES. POURTANT, ILS SEMBLENT ÊTRE DIAMÉTRALEMENT OPPOSÉS SUR LE PLAN PHILOSOPHIQUE.

POURRIEZ-VOUS NOUS FAIRE PART DE VOS COMMENTAIRES ?

La question est posée par Swami Prem Prasadam. Son nom signifie "don, grâce". La grâce ne peut être produite, fabriquée. Elle vient, elle se produit, il suffit d'y être réceptif. C'est une sorte de non-faire ; c'est lorsque vous êtes passif, inactif. En fait, lorsque vous n'êtes pas, lorsque vous êtes absent - le PRASADAM, la grâce, le don. Lorsque vous n'existez que comme un bambou creux, Dieu commence à jouer de vous comme d'une flûte. Mais seulement lorsque vous êtes un bambou creux. Dieu ne vient que comme un cadeau, jamais autrement.

Et Prasadam a été une grande entreprise, de sorte qu'il a l'idée qu'il faut "se concentrer de manière unique, continue, sur l'objectif - totalement, et travailler aussi dur que possible pour atteindre l'objectif".

Je comprends maintenant son problème. Dans le monde, à la recherche de futilités, l'attitude des hommes d'affaires est parfaitement correcte. L'argent ne viendra pas comme un cadeau. Si vous vous asseyez simplement sous un arbre Bodhi, en silence, et que vous guettez le moment où l'argent arrivera de toutes les directions et vous inondera, cela n'arrive pas. Il ne viendra jamais. Assis sous l'arbre de la bodhi, personne ne s'approchera de vous et vous dira : "S'il vous plaît, venez et devenez président de l'Union européenne : "S'il vous plaît, venez et devenez le président des États-Unis". Cela n'arrivera pas non plus.

Dans les choses du monde, qui sont des futilités, il faut travailler dur. C'est la loi du monde, parce que dans le monde, il faut être en compétition. Et il y a des millions de personnes qui se précipitent pour l'argent, le pouvoir et le prestige - vous n'êtes pas seul, c'est un monde de compétition. Vous devez vous concentrer, vous précipiter follement. Avec violence. Légalement ou illégalement, peu importe. Si vous réussissez, tout ce que vous avez fait sera considéré comme légal. Si vous échouez, tout ce que vous avez fait sera considéré comme illégal. Si vous réussissez, tout va bien. Le succès apporte la sainteté. Souvenez-vous d'une seule chose : n'échouez pas. Et si vous ne voulez pas échouer, soyez absolument fou - plus vous êtes fou, mieux c'est. Vous pourrez alors vaincre d'autres personnes qui ne sont pas aussi folles.

Seuls les fous réussissent en politique, dans l'argent, dans le monde du pouvoir. Les violents réussissent.

Mais qu'est-ce que leur succès ? Ils réussissent, mais en quoi consiste exactement leur succès ? Lorsqu'ils réussissent, ils se rendent compte que toute leur vie a échoué. Vous avez entendu le proverbe "Rien ne réussit comme le succès" ? C'est totalement absurde. Moi, je dis : "Rien n'échoue comme la réussite" : Rien n'échoue comme le succès. Car lorsque vous avez réussi, vous savez qu'il n'y a rien. Vous avez couru après des ombres. Vous êtes devenu premier ministre ou président - et maintenant ? Et vous avez gaspillé toute votre vie. Demandez à Morarji Desai : quatre-vingt-deux ans de gâchis, et maintenant il est devenu premier ministre. Et alors ?

Qu'est-ce qui est atteint ? Rien. Le succès n'est que le point culminant de l'échec de toute une vie. Maintenant, il a complètement échoué.

Dans le monde, le succès n'est qu'une apparence de réussite. C'est une façon de se distraire de sa recherche intérieure. C'est une façon de s'éviter soi-même, de s'échapper de soi-même. Et au bout du compte, vous serez perdant.

Si vous voulez avancer vers Dieu, vous n'avez pas besoin d'action, ni de folie, ni de concentration. De quoi a-t-on besoin ? Une seule chose : il faut s'abandonner. Il faut de la passivité, il faut devenir féminin. Vous devez devenir une matrice - une réceptivité, une pure réceptivité. Et lorsque vous êtes totalement réceptive - à tel point que vous ne désirez même pas Dieu, parce que dans le désir il y a aussi l'action ; à tel point que vous n'attendez même pas Dieu, parce que dans l'attente il y a aussi l'action - lorsque tout désir et toute attente ont disparu, lorsque vous êtes là, juste silencieuse, sans même attendre Dieu, Il vient.

En fait, dire "Il vient" n'est pas correct - Il surgit en vous. Même cela n'est pas tout à fait exact - vous découvrez soudain, dans cette attente, que vous êtes Lui. TATTVAMASI - c'est toi.

L'esprit de Prasadam est orienté vers un but, c'est l'entraînement de toute sa vie. Naturellement, il est très confus. Il est arrivé dans un monde très étrange et est devenu un sannyasin. Maintenant, j'enseigne la reddition et il ne sait que se battre, comment se battre. C'est un guerrier - il connaît toute la stratégie et la technologie du combat, de la guerre. Et il est en difficulté. Ce petit monde, mon monde, fonctionne sur une ligne totalement différente. Pas de stratégie, pas de technique, pas de combat. J'essaie de créer un autre monde - un petit monde, mais pour des gens qui sont prêts à se rendre, à s'effacer. Qui sont prêts à devenir des nuls et qui peuvent travailler à partir de leur nullité.

C'est alors que Dieu viendra à vous. Le but et Dieu ne peuvent exister ensemble. Dieu ne peut pas devenir votre objectif.

Rappelez-vous, c'est ce que l'on craint - que le Prasadam fasse de Dieu le but. Ensuite, il y a une synthèse - il utilisera alors tout ce qu'il sait de son expérience passée. Mais vous n'avez pas compris. Dieu ne peut jamais être le but ! Et aucun but ne peut vous donner Dieu. L'esprit orienté vers un but est un esprit non religieux, l'esprit du monde. L'esprit religieux ne connaît pas de but.

Regardez les lys dans les champs : ils ne peinent pas, ils ne filent pas, ils ne moissonnent pas, ils ne pensent pas au lendemain.

Et même Salomon n'était pas comme l'un d'eux, dans toute sa gloire il n'était pas vêtu comme l'un d'eux. Le lys connaît le chemin de Dieu.

Prasadam, devient un lys.

Les objectifs naissent pour éviter ce qui est. Pour éviter la vie, pour éviter l'amour, pour éviter la mort. Leur seul but est d'éviter. Ce sont des distractions. Ils refusent de voir, d'entendre, d'être. Lorsque vous en aurez fini avec les objectifs et les idéologies qui les perpétuent, vous n'aurez plus besoin de Dieu, de nirvana ou de vérité. Tout ce dont vous avez besoin, c'est de porridge pour le petit-déjeuner, d'un toit contre la pluie et de l'instant présent. C'est en refusant le fait, le mensonge de la vie, que vous avez besoin de Dieu comme but, de la vérité comme but, du nirvana comme but. Ce ne sont pas des objectifs, ce sont des cadeaux. Lorsque vous êtes présent, ils se produisent.

Et la dernière question :

Question 6 :

POURQUOI L'HOMME CONTINUE-T-IL À VIVRE DANS LE MÊME CERCLE RÉPÉTITIF, ENCORE ET ENCORE ET VIE APRÈS VIE ?

C'est simple. Parce que vous ne vivez pas vraiment. C'est pourquoi vous voulez répéter. Si vous vivez vraiment, vous n'aurez pas besoin de répéter. Si vous avez aimé et su ce qu'est l'amour, vous n'aurez pas besoin de répéter ; vous en aurez fini avec lui. Chaque fois qu'une chose a été totalement connue, vous en avez fini avec elle.

Lorsque quelque chose reste inconnu, on a envie. Si c'est naturel, on continue à désirer. Vous n'avez pas aimé dans cette vie, vous désirerez une autre vie. Vous n'avez pas aimé CETTE femme, vous désirerez une autre femme. Vous n'avez pas aimé CET homme, vous désirerez un autre homme, dans un autre monde, sur une autre planète.

Si vous n'avez pas été capable de voir, de reconnaître et de réaliser qui vous êtes dans CETTE vie, vous aurez envie d'une autre vie. L'incomplet a envie d'être complété, c'est pourquoi.

Vous comprendrez alors mon point de vue. C'est pourquoi je dis : Vivez totalement ! Vivez pleinement ! Quoi que vous vouliez faire, faites-le ! N'évitez pas et ne refoulez pas, sinon vous devrez revenir. Et revenir, et revenir.

Méditez sur cette beauté :

Seul et visitant Londres pour la première fois, l'homme d'affaires hèle un taxi et demande aux chauffeurs de l'emmener dans un endroit où il pourra oublier sa solitude. Une fois déposé, le visiteur a sonné à la porte de la maison indiquée par les taxis. Une fenêtre à hauteur d'œil s'est ouverte et une voix féminine très sexy a demandé à l'homme ce qu'il voulait.

Je veux me faire baiser", répond le visiteur.

D'accord, monsieur, dit la femme, mais comme il s'agit d'un club privé, vous devrez glisser dans la boîte aux lettres un droit d'entrée de vingt livres.

Le visiteur a suivi les instructions, la fenêtre s'est refermée et il a attendu. Le temps passe mais rien ne se passe.

Au bout de cinq minutes, il commença à frapper sur la porte et le panneau s'ouvrit à nouveau. Je veux me faire baiser", dit l'homme.

Quoi, encore ? dit la voix.

C'est le seul moment pour le cœur

La première question.

Question 1 :

QU'EST-CE QUE LA MATURITÉ ?

La MATURITÉ, c'est savoir qu'il n'y a rien à faire. La maturité est l'acceptation de l'existence telle qu'elle est : YATHA BHUTAM. La maturité consiste à ne pas désirer que les choses se passent autrement. La maturité, c'est se détendre avec le tout. L'immaturité, c'est le conflit, la lutte. La partie qui se bat avec le tout est immature. La maturité, c'est la partie qui se met au diapason du tout, qui parvient à un accord harmonieux avec le tout - non pas dans la défaite, mais dans la compréhension. Rien ne peut être fait. S'en rendre compte, c'est faire preuve de maturité.

Et aussi : Rien n'a d'importance. Vous admettez au plus profond de votre cœur que rien n'a d'importance. Tout est bon tel quel, c'est la maturité. Sinon, les gens restent des enfants. Quand on désire, on est enfantin. Tout désir est une plainte contre l'existence. Tout désir est un mécontentement à l'égard de la façon dont vous êtes, de l'être que vous êtes. Et tout désir entraîne une frustration dans son sillage, parce qu'il ne peut être satisfait. Le désir introduit l'avenir et perturbe le présent. Le désir crée l'idée du "moi", sinon il n'y a pas de "moi". Si vous allez à l'intérieur de vous, vous n'y trouverez personne, c'est le silence total. C'est ce que Bouddha veut dire lorsqu'il parle d'ANATTA, le non-soi. Connaître le non-soi, c'est la maturité.

Socrate dit : Connais-toi toi-même. Et Bouddha dit : Quand tu te connaîtras, tu ne te trouveras pas.

Il n'y a de soi que dans l'ignorance. Si tu ne sais pas, tu es. Si tu sais, tu disparais. La lumière de la connaissance suffit à disperser les ténèbres de l'ego.

Chaque désir renforce l'idée que "je suis". Et je dois m'affirmer, je dois montrer au monde qui je suis. Je dois prouver, je dois me justifier, je dois me défendre, je dois me battre. Et non seulement me battre, mais aussi gagner. L'ambition, c'est l'immaturité.

Il est très rare de trouver une personne mûre. Si vous pouvez trouver une personne mûre, vous avez trouvé un Bouddha.

Autrement, tous ont des désirs différents. Quelqu'un désire de l'argent et quelqu'un désire la moksha. Quelqu'un désire le pouvoir et quelqu'un désire Dieu. Et quelqu'un veut prouver dans le monde extérieur que "je suis quelqu'un" et quelqu'un veut prouver dans le monde intérieur que "je suis quelqu'un". L'idée d'évoluer est immature.

Hakuin a raison lorsqu'il dit : "Dès le début, tous les êtres sont des bouddhas". Reconnaître cela, accueillir cela, c'est la maturité. Il n'y a rien à faire pour grandir, il n'y a nulle part où aller, il n'y a pas de but. Penser à des objectifs, c'est penser à des jouets. La croissance spirituelle, l'évolution spirituelle, le progrès spirituel, tout cela n'est que de la bouse de vache. Vous êtes déjà là où vous voulez aller, donc vous ne pourrez jamais y arriver si vous essayez d'y arriver. Parce que vous y êtes déjà, l'effort même est ridicule, absurde. D'où tant de misère dans le monde, parce que vous essayez d'atteindre un endroit où vous êtes déjà.

Naturellement, vous ne pouvez pas l'atteindre. Si vous n'y parvenez pas, vous devenez paniqué. En ne parvenant pas à l'atteindre, on devient de plus en plus frustré. Ne pas atteindre, c'est devenir de plus en plus anxieux et angoissé.

Si vous ne parvenez pas à l'atteindre, vous commencez à créer un enfer autour de vous - que vous êtes un échec, que vous n'êtes personne.

Plus on est désespéré, plus on fait d'efforts pour atteindre. Et vous ne pouvez pas atteindre ce que vous êtes déjà. Reconnaître cela est une illumination soudaine. L'illumination n'est pas graduelle, elle est soudaine.

C'est en un seul moment de perspicacité, c'est un flash. Mais les gens continuent à travailler sur eux-mêmes. Qu'ils travaillent au marché ou au monastère, ils travaillent tout de même.

Mon enseignement est le suivant : Abandonnez l'idée de travail. Gurdjieff appelait son système "Le travail" et j'appelle mon système "Le jeu". L'idée même de travail est dangereuse, elle vous donne de plus en plus d'ego. Et ce n'est pas un hasard si de nombreux disciples de Gurdjieff sont devenus fous et sont morts dans d'atroces souffrances. La raison en est qu'il essayait de transposer la réalisation orientale dans la terminologie occidentale. Et pour l'Occident, le mot "jeu" est un gros mot. L'Occident est depuis longtemps accro au travail ; il est intoxiqué par le travail.

Le mot "jeu" semble enfantin à l'esprit occidental. Le travail semble plus adulte - je ne le qualifie pas de mature, mais d'adulte. Gurdjieff essayait de transplanter quelque chose de l'Orient dans l'esprit occidental. Naturellement, il a dû utiliser des concepts, des mots et un langage occidentaux. Et ce qui s'est passé a été vraiment très fatal. Le jeu est devenu un travail.

Si vous me comprenez, ne serait-ce qu'un instant, cela suffira - si, ne serait-ce qu'un instant, l'idée vous vient que pourquoi vous vous dépêchez ? pourquoi vous dépêchez-vous ?

Détendez-vous dans ce moment, laissez ce moment ETRE. Et soudain, tout commence à exploser en vous. À ce moment-là, vous êtes mûr. Et ce moment peut devenir votre compréhension tacite. Vous vivez alors comme un homme ordinaire, mais vous vivez de manière extraordinaire. Vous vivez sur le marché, mais vous n'en faites plus partie. D'une manière subtile, vous l'avez transcendé, sans aucun effort. Sans effort, vous l'avez transcendé. Vous pouvez continuer à jouer à des jeux, mais ce ne sont que des jeux, vous n'êtes plus sérieux.

Tout cela n'est qu'un drame - c'est bien, profitez-en, mais ne vous laissez pas submerger par lui. Dès que vous êtes sérieux, vous êtes possédé par le monde. Le sérieux est l'indication que le monde vous a possédé.

L'insouciance est l'indication que le monde n'a plus de pouvoir sur vous.

La personne vraiment éveillée a un grand sens de l'humour. On dit de Bodhidharma que lorsqu'il est devenu illuminé, il a ri pendant de nombreux mois, sans s'arrêter, du ridicule de la situation, du fait que les gens sont déjà là et qu'ils essaient de l'atteindre. Dans leur effort même, ils continuent à manquer.

Et chaque fois que quelqu'un interrogeait Bodhidharma sur l'illumination, soit il le frappait, soit il riait. Que faire d'autre ? Cet homme mérite d'être frappé. Lorsque quelqu'un demandait à Bodhidharma comment devenir un bouddha, il le giflait immédiatement. Et l'homme a dit : "Qu'est-ce que vous faites, Monsieur ? Je suis venu pour devenir un bouddha". Il lui répondit : "C'est moi qui te crée. Si un bouddha vient me demander comment devenir un bouddha, que dois-je faire ? Je vais le frapper !

Peut-être que cette gifle vous ramène à la maison. C'est pourquoi les zen ont jeté les disciples, les ont battus. Et c'est arrivé parfois, c'est arrivé. Un maître a jeté un disciple par la fenêtre. Et lorsque le disciple est tombé sur le sol, le dos brisé, il est devenu illuminé.

Parce que dans cette douleur, pour la première fois, il était dans le présent. Dans cette douleur intense, l'avenir a disparu, ainsi que la bouddhéité et toutes les autres absurdités. Dans cette douleur intense, pendant un seul instant, il n'y a pas eu de pensée. Il est devenu insouciant, et il a compris tout ce qu'il fallait faire.

Le maître est arrivé en courant et l'a regardé, et il riait là - avec un dos cassé !

Il se prosterna devant le maître, lui toucha les pieds et lui dit : "Je vous suis très reconnaissant. Je n'aurais pas pu faire moins. Vous l'avez fait au bon moment, je l'ai mérité.

Rappelez-vous que Dieu vous a rendu parfait. Dieu ne fait jamais rien d'imparfait. Dieu NE PEUT PAS faire quelque chose d'imparfait. Les gens disent que Dieu est omnipotent, je dis non. Parce qu'il ne peut rien faire d'imparfait. Comment l'imperfection peut-elle naître de la perfection ? C'est impossible. Seule la perfection naît de la perfection. Ce monde est parfait et vous êtes un être parfait. Écoutez Hakuin : "Depuis le tout début, tous les êtres sont des bouddhas". C'est ainsi que cela devrait être. C'est ainsi. Et vous essayez de devenir un bouddha, vous essayez de devenir parfait. Vous créez votre propre misère. Puis vous échouez. Et quand vous échouez, vous êtes malheureux.

Il n'est pas nécessaire de s'arrêter, il suffit d'arrêter d'essayer de réussir. Et quand je dis "arrêter d'essayer de réussir", je ne dis pas "s'efforcer d'arrêter".

Un maître zen avait l'habitude de jouer à un petit jeu avec ses disciples, en particulier avec les nouveaux disciples. Il faisait tomber son mouchoir et disait au disciple : "Essaie de le ramasser. ESSAYEZ de le ramasser. Naturellement, le disciple le ramassait et le lui donnait. Puis il le laissait tomber à nouveau, et il disait : "Essayez encore ! Essayez de le ramasser. Et cela se produisait plusieurs fois, puis le disciple comprenait - comment peut-on ESSAYER de le ramasser ? Soit on ramasse, soit on ne ramasse pas. Comment peut-on essayer de ramasser ? Et c'est ce que le maître disait - il disait : "Essayez de ramasser". Et vous échouerez, car comment pouvez-vous essayer ? Soit vous ramassez, soit vous ne ramassez pas. TENTER de ramasser ?

Et le maître indiquait que c'est ce que vous faites dans votre vie. Soyez un bouddha ou ne soyez pas un bouddha. Mais TENTER d'être un bouddha ? C'est exactement la même chose : Soyez un bouddha ou ne soyez pas un bouddha.

C'est dans ce contexte que s'inscrit la deuxième question :

Question 2 :

L'AUTRE JOUR, EN DISCUTANT AVEC UN OCTOGÉNAIRE EXTRAORDINAIRE, M. LEWIS, JE LUI AI DEMANDÉ S'IL AVAIT L'INTENTION DE PRENDRE LE SANNYAS. IL M'A RÉPONDU QUE L'IDÉE DE CHANGER DE VOIE APRÈS TRENTE ANS DE GURDJIEFF ÉTAIT UN PEU EXAGÉRÉE. IL AVAIT L'IMPRESSION QUE L'ACCENT ÉTAIT MIS SUR LE CŒUR, PAR OPPOSITION AU DÉVELOPPEMENT HARMONIEUX DE L'HOMME, CENTRÉ SUR LES TROIS ÉLÉMENTS.

La question vient de Pradeepa.

Je peux comprendre les difficultés du vieil homme. C'est un bel homme, mais trente ans de travail avec Gurdjieff représentent une lourde charge. Et maintenant, à l'âge de quatre-vingt-deux ans, il semble très difficile de se détendre. Il semble difficile de laisser tomber le travail et d'être enjoué. C'est très naturel, on peut le comprendre.

Ici, je ne vous donne aucune structure de développement, parce que je ne me préoccupe pas du tout du développement. Maintenant, il dit que cela s'oppose au développement harmonieux de l'homme en trois points. Je ne suis pas intéressé par le développement de l'homme, je suis simplement intéressé par l'éveil de l'homme - et souvenez-vous de la différence : pas par le développement. Il n'y a pas besoin de développement harmonieux, il y a seulement besoin d'être éveillé.

Vous pouvez continuer à dormir et à travailler sur vous-même. Tout travail est un sommeil, un rêve.

Vous rêvez de vous développer, vous essayez de vous hisser par vos lacets. Mais c'est un rêve. Et les gens sont très prêts à se lancer dans de nouveaux rêves parce qu'ils en ont naturellement assez des vieux rêves, des rêves répétitifs - la femme, le mari, l'argent, le pouvoir. Quelqu'un vient alors leur dire : "Que faites-vous ? Laissez cela aux mortels ordinaires. Vous êtes un être spirituel. Venez, et je vous dirai comment vous développer spirituellement". Et naturellement, on en a assez des vieux jeux, on en a fini avec les vieux jeux - il arrive un moment dans la vie de chacun où l'on peut voir qu'il s'agit d'un cercle vicieux, où l'on est dedans depuis assez longtemps pour savoir qu'il n'a pas de sens - puis quelqu'un vient et redonne de l'espoir.

Cet espoir fait renaître l'avenir ; l'imagination se met à nouveau en marche. Vous recommencez à fantasmer - maintenant la croissance spirituelle. Et vous retombez dans la même ornière.

Je n'enseigne aucun développement. Je vous enseigne simplement à être éveillés. Ouvrez simplement les yeux ! Vous êtes dans le jardin d'Eden - ouvrez simplement les yeux. Je ne suis pas ici pour vous donner un autre rêve. Si vous voulez rêver, les anciens rêves sont parfaitement bons - et vous êtes tellement en accord avec eux, pourquoi changer ? L'argent suffit, pourquoi un nouveau rêve de méditation ? Les anciens jeux sont parfaitement bons. Les nouveaux jeux vous poseront quelques problèmes - vous devrez vous tourner et vous retourner dans votre lit, puis vous installer de nouveau, et ils deviendront de nouveau vieux. Oui, la lune de miel durera quelques jours, puis ils deviendront vieux.

C'est pourquoi les gens continuent à changer de gourou, d'école, de religion. Cela ne sert à rien, c'est absolument inutile. Ce qu'il faut, ce n'est pas un nouveau rêve, ni un nouveau travail, ni un nouveau désir, ni une nouvelle ambition. Mais un réveil.

Il a raison de dire qu'il est difficile de changer de courant après trente ans de Gurdjieff. C'est difficile. Mais si vous voyez le but, c'est si simple. C'est un flash. Vous avez travaillé sans relâche et que s'est-il passé ? S'est-il vraiment passé quelque chose ? Il est difficile de se rendre compte que rien ne s'est passé, parce que cela va à l'encontre de l'ego. Trente ans de travail, et si rien ne s'est passé, les gens vous prendront pour un imbécile. Alors que faisiez-vous pendant trente ans ? Un ou deux ans, c'est bien, mais vous auriez dû vous en sortir. Qu'avez-vous fait pendant trente ans en gaspillant toute votre vie ? Cela semble très difficile à accepter. On continue donc à penser : "Oui, il se passe quelque chose, il s'est passé quelque chose". Il faut qu'il se passe quelque chose - trente ans ? Et l'on continue à se convaincre et à se défendre, et l'on pense qu'il est maintenant trop tard pour changer.

IL N'EST JAMAIS TROP TARD ! Et je ne dis pas changer. Je ne dis pas de changer de maître, je ne dis pas de changer d'école, je dis : Passer du sommeil à l'éveil. Et il ne peut s'agir d'une évolution du sommeil vers l'éveil, souvenez-vous. Soit vous êtes endormi, soit vous êtes éveillé. Il n'y a pas d'étape intermédiaire entre l'éveil et le sommeil. Soit ceci, soit cela. Ce sont deux gestalts, elles ne peuvent pas exister ensemble. Il ne peut donc pas y avoir de degrés - on ne peut pas dire : "Cet homme est éveillé à dix degrés, cet homme est éveillé à vingt degrés et cet homme est éveillé à trente degrés". On est éveillé ou on est endormi. On sait ou on ne sait pas.

Je ne dis donc pas qu'il faut changer - je ne suis pas intéressé par le changement de vos écoles, parce qu'elles seront de nouveaux rêves. C'est pourquoi je dis qu'il n'est jamais trop tard. Si vous étiez allé voir Gurdjieff à l'âge de quatre-vingt-deux ans, il vous aurait certainement dit qu'il était trop tard - "Maintenant, va végéter et finis-toi, il n'y a rien à faire". Et non seulement vous avez raté CETTE vie - parce que Gurdjieff avait l'habitude de dire que vous n'avez pas d'âme. Ce n'est donc pas seulement cette vie que vous avez ratée, mais aussi l'éternité

! Maintenant, perds-toi ! Végète encore quelques années et c'est fini. Vous n'avez pas d'âme et il est trop tard.

Pour moi, il n'est jamais trop tard, car cela peut se produire en un seul instant. Cela peut se produire sur le lit de mort - un homme est en train de mourir et de rendre son dernier souffle, et cela peut se produire et le transformer complètement. Le développement ne peut pas se produire, le développement a besoin de temps, rappelez-vous. L'évolution a besoin de temps. La transformation est possible, parce que la transformation n'a pas besoin de temps ! Et ce qui se produit dans le temps fait partie du temps. Et ce qui se passe sans temps fait partie de l'éternité.

C'est ce que je veux dire quand je dis que cela arrive en un éclair. L'illumination est comme un éclair. Elle peut survenir à tout moment, au dernier souffle. Le dernier souffle vous quitte et ne reviendra plus, et il peut se produire. Il n'y a pas besoin de temps, parce que vous êtes déjà cela. Alors, à quoi sert le temps ? Le temps est nécessaire si vous n'êtes pas cela et que vous devez le devenir. Alors naturellement, il faut faire de grands efforts, planifier, s'entraîner, chercher.

Et il a raison de dire que l'accent est mis ici sur le cœur, par opposition au développement harmonieux de l'homme en trois points. Le cœur signifie simplement l'harmonie. Du moins, c'est ce que je veux qu'il signifie, le cœur signifie simplement l'harmonie. Lorsque vous êtes en harmonie, vous êtes dans le cœur. Lorsque vous n'êtes pas en harmonie, vous n'êtes pas dans le cœur, vous êtes ailleurs. Le cœur n'est pas un centre ici - nous ne parlons pas vraiment de centres. Le cœur est un état d'harmonie. Le cœur est un état de maturité.

La tête est toujours pleine de désirs, la tête vit dans le futur. Le cœur, lui, vit dans l'immédiateté. Ici est le seul endroit et maintenant est le seul moment pour le cœur. Chaque fois que vous êtes dans le cœur, vous êtes complètement ici, radieusement ici. Tout le passé a disparu, tout le futur a disparu. Seul cet instant existe dans sa pureté cristalline. Dans son intensité, dans sa passion.

Je n'utilise pas le mot "cœur" comme Gurdjieff l'utilisait, comme un centre. Ce n'est pas un centre. Lorsque tous vos centres ont disparu en une seule unité, cette unité, je l'appelle le cœur. C'est ainsi que Bouddha utilise le mot "cœur". Lorsque Gurdjieff utilise le mot "cœur", il l'utilise de la même manière que les poètes utilisent le mot "cœur" - le centre de l'émotion et du sentiment. Lorsque j'utilise le mot "cœur", je l'utilise comme les bouddhas l'ont toujours fait. Il n'a rien à voir avec l'émotivité, les sentiments et les sensations - non, rien du tout. Le cœur est un état d'être où l'on est harmonieux, où tous les fragments ont disparu.

Et rappelez-vous que je ne dis pas qu'ils se sont intégrés en un seul. C'est ce que dit Gurdjieff, que tous vos centres doivent s'intégrer en un seul, qu'ils doivent se cristalliser. Cette chose cristallisée sera un ego cristallisé. Lorsque je dis "lorsque tous vos fragments ont disparu", je veux simplement dire qu'ils n'existent plus et qu'il ne reste que l'absence pure et simple. Il ne s'agit pas d'une cristallisation des parties, les parties ne sont plus là. Elles sont simplement tombées - ces meubles ont été retirés de votre être. Votre être n'est plus qu'un vide, un néant.

Ce néant, anatta, non-soi - cet espace pur est ce que nous appelons le "cœur" en Orient.

Cela n'a rien à voir avec l'utilisation du mot par les poètes.

Mais Lewis a pensé à Gurdjieff toute sa vie. Il n'a jamais rencontré Gurdjieff, il a manqué cette occasion. Il peut aussi manquer cette occasion.

Gurdjieff était un homme rare. Mais il travaillait dans un monde très étranger. Il avait apporté à l'Occident un grand message de l'Orient, en particulier des soufis. Et il essayait de le traduire.

Dans cette traduction, beaucoup de choses ont mal tourné - cela arrive toujours. Plus le message est élevé, plus sa traduction est difficile. Les choses banales peuvent être traduites très facilement. Et Gurdjieff n'était pas non plus l'homme qu'il fallait pour le traduire. Il n'était pas très éloquent. Toute sa vie, il a cherché - de l'Asie centrale, de l'Irak à la Mongolie, au Tibet et à l'Inde, il a cherché. Toute sa vie a été consacrée à la recherche. Et lorsqu'il est arrivé, il était trop tard pour développer le langage adéquat afin d'être tout à fait précis. Il a simplement bégayé son message, et d'autres ont dû l'interpréter.

En fait, tout ce que l'on sait de Gurdjieff ne concerne pas Gurdjieff, mais P.D. Ouspensky.

Gurdjieff s'est fait connaître grâce à P.D. Ouspensky - si P.D. Ouspensky n'avait jamais été un disciple de Gurdjieff, il n'aurait pas été connu du tout. D'une certaine manière, cela aurait été très malheureux, mais d'une autre manière, cela aurait aussi été très heureux. Car Ouspensky l'a trahi.

Ouspensky était l'homme qu'il fallait pour traduire, mais il n'avait pas de réalisation propre. Gurdjieff avait la réalisation, mais il n'avait pas la langue pour la traduire. C'était la rencontre d'un aveugle et d'un boiteux - ils se sont aidés. C'était presque comme Ramakrishna et Vivekananda. Vivekananda n'avait pas de réalisation, Ramakrishna avait la réalisation. Mais Ramakrishna n'avait aucun moyen de l'exprimer. Et Vivekananda était très éloquent, philosophique, très arrogant dans ses déclarations, très logique. C'était un philosophe. Ramakrishna était un mystique. Ramakrishna a vu Dieu, ou la vérité. Vivekananda n'a pas vu, mais il connaît le langage. Vivekananda a donc présenté Ramakrishna au monde - une présentation erronée.

Mais cela arrive parfois. Il est très rare de trouver un homme comme Bouddha, qui a vu et qui peut lui-même vous aider à voir - qui est les deux à la fois. Johnson et Boswell sont tous deux réunis. Ramakrishna et Vivekananda, tous deux ensemble. Socrate et Platon, tous deux ensemble. Gurdjieff et Ouspensky, tous deux ensemble.

C'est un phénomène très rare. Mais lorsqu'il se produit, c'est seulement à ce moment-là que les choses se passent bien.

Gurdjieff savait, et Ouspensky savait comment le faire connaître au monde. C'est comme si un homme qui a des yeux, mais qui est muet, aidait un aveugle à exprimer ce qu'il sait de la lumière. L'aveugle - qui n'a pas d'yeux, qui n'a jamais vu la lumière - utilise sa bouche comme véhicule. Il n'a pas de bouche.

Si vous lisez les propres livres de Gurdjieff, ils sont très fatigants et ennuyeux. Je n'ai jamais rencontré un homme qui ait vraiment lu un de ses livres en entier. Il faut sauter, aller de l'avant. Lorsque son premier livre a été publié pour la première fois, il s'agissait d'un ouvrage de mille pages, mais les pages n'ont pas été coupées - seules les pages d'introduction l'ont été. Le livre comportait un avis indiquant que "si vous pouvez aller jusqu'à l'introduction et que vous voulez vraiment lire le livre, coupez les autres pages. Sinon, vous pouvez le rendre à l'éditeur et vous faire rembourser".

Même en parcourant une centaine de pages de cette introduction, le voyage est très ardu. À moins d'être masochiste, il est difficile de le parcourir - à moins d'aimer la misère, alors c'est autre chose. C'est choquant.

Lire ces mille pages est presque aussi difficile que d'atteindre la lune. Très peu de gens ont essayé. Il était absolument inarticulé. Et le problème, c'est que toute sa vie s'est déroulée dans les écoles avec les maîtres, en leur présence. Il accumulait, accumulait, et puis un moment est venu où il a senti que "maintenant je sais. J'ai compris. Et je devrais aller en Occident et introduire cette grande tradition, cette grande sagesse".

Ouspensky est devenu un véhicule - mais Ouspensky l'a finalement trahi, il s'est opposé à lui. C'est également naturel. Parce qu'Ouspensky est un type d'homme totalement différent - un philosophe, un mathématicien, un scientifique, un logicien. Et peu à peu, lorsqu'il a commencé à s'exprimer et à dire des choses et que ses livres sont devenus célèbres dans le monde entier, il s'est mis à penser qu'il était lui-même arrivé - qu'il n'avait plus besoin de Gurdjieff. Il a trahi Gurdjieff. Cela arrive toujours.

Judas a trahi le Christ parce qu'il était le plus éloquent, le plus érudit, le plus cultivé. Parmi tous les disciples de Jésus, Judas était le plus cultivé, le plus sophistiqué. Les autres n'étaient que des villageois - agriculteurs, bûcherons, pêcheurs. Judas a trahi, tout comme Ouspensky. C'est une longue histoire, qui s'est toujours déroulée de cette manière. Bouddha a été trahi par son propre cousin-frère, Devadatta, qui était aussi sophistiqué et cultivé que Bouddha lui-même. Ils avaient joué ensemble dans leur enfance, ils avaient été élevés dans le même palais. Il l'a trahi. Mahavira a été trahi par son propre gendre. C'était l'homme le plus important parmi les disciples de Mahavira ; il l'a trahi.

L'homme de la connaissance, l'homme du savoir, est un homme dangereux. Car tôt ou tard, il aura l'idée que c'est moi qui suis le maître. Le monde connaît Gurdjieff à travers Ouspensky qui l'a trahi. Gurdjieff ne pouvait pas transmettre le message. Il a manqué à Lewis. Aujourd'hui, il est ici et je sens qu'il est très ouvert. L'idée est simple : "Que peut-on faire maintenant ? Si cela ne s'est pas produit en trente ans, comment cela peut-il se produire maintenant ?

Mais je vous dis que l'événement n'a pas besoin de beaucoup de temps pour se produire, il peut se produire en un instant.

Si vous pouvez vous décharger, si vous pouvez mettre de côté tout ce que vous avez appris, toutes les connaissances que vous avez accumulées, si vous pouvez à nouveau regarder les choses avec un regard neuf, c'est encore possible. C'est toujours possible. Il n'est jamais trop tard, personne ne l'est.

En Inde, nous avons un dicton : Si l'homme qui s'est perdu revient même le soir, il ne faut pas croire qu'il s'est perdu. Toute la journée est passée, le soleil se couche, le matin il s'est égaré et c'est le soir. Oui, c'est le soir de Lewis. Vous avez manqué Gurdjieff. Ne manquez pas ce fou ici. Et Gurdjieff allait vous donner une échelle qui va de plus en plus haut et que vous devez développer et travailler....

Je ne vous donne pas d'échelle, je ne vous donne pas d'escalier, je ne vous donne pas de long chemin à parcourir.

Je vous donne simplement un aperçu. Si vous pouvez la recevoir, dans cette réception même, il y aura une explosion.

La troisième question est également liée à ce sujet :

Question 3 :

DEPUIS LE DÉBUT DE VOTRE PROGRAMME, QUELS SONT LES RÉSULTATS OBTENUS PAR VOS SANNYASINS ? QUELQU'UN EST-IL DEVENU ILLUMINÉ ?

Ce sont toutes des personnes éclairées. Je n'ai pas du tout affaire à des personnes non éclairées. Je n'ai jamais rencontré de personnes non éclairées. Depuis que je suis devenu éclairé, je rencontre des personnes éclairées - des hommes éclairés, des femmes éclairées, des chiens et des ânes éclairés.

Des arbres, des rochers et des étoiles éclairés. Toute l'existence EXISTE dans l'illumination, c'est son rythme même.

De quoi parlez-vous ? DEPUIS QUE VOTRE PROGRAMME A COMMENCÉ... Et ce n'est pas un programme. C'est un phénomène chaotique très très fou, ce n'est pas un programme. C'est le chaos. Je l'appelle le chaos orange.

Et vous demandez : QUELS RÉSULTATS ONT ÉTÉ OBTENUS AVEC VOS SANNYASINS ? Cent pour cent.

Quiconque vient à moi est éclairé - que vous faut-il de plus ? S'ils persistent à ne pas s'en rendre compte, c'est leur joie. C'est leur liberté ! C'est cette liberté que toute personne éclairée devrait avoir : si elle veut se comporter d'une manière non éclairée, il faut le lui permettre. Si même cette liberté est perdue, de quel type d'illumination s'agit-il ? Quelques personnes choisissent de se comporter de manière non éclairée, c'est très bien.

Ils se comportent parfois de telle ou telle manière, ce qui est également une bonne chose.

Tout est accepté ici. Et je ne suis pas du tout axé sur les résultats. Le mot "résultat" est un mot sale - même s'il n'est pas écrit en quatre lettres, il est tout de même sale. C'est le résultat qui a empoisonné toute l'humanité.

Nous vivons le moment présent ; il a une beauté intrinsèque. Il ne doit pas être sacrifié pour un autre moment. Lorsque vous êtes axé sur les résultats, vous continuez à sacrifier le présent pour l'avenir. Et le futur n'arrive jamais - quand il arrive, c'est le présent. Vous l'investissez à nouveau, vous le sacrifiez à nouveau pour l'avenir. Vous manquez.

Nous ne sommes pas du tout axés sur les résultats. Chaque moment a sa propre beauté, et cette beauté est intrinsèque. Chaque moment est une fin en soi, ce n'est pas un moyen pour quelque chose d'autre. Nous ne sommes donc pas axés sur les résultats.

Et nous ne comptons pas qui est devenu illuminé et qui ne l'est pas. Pourquoi s'en préoccuper ? Depuis le tout début, tous les êtres sont des bouddhas.

Mais il y a des gens qui continuent à compter à l'intérieur d'eux-mêmes.

C'est ce qui s'est passé : Mulla Nasruddin recevait un invité. Il apportait des choses, puis des samosas. Il insistait de plus en plus : "Prenez-en un autre, prenez-en un autre." L'invité répondit : "J'en ai déjà pris cinq, c'est suffisant. L'invité dit : "J'en ai déjà pris cinq, c'est suffisant". Nasruddin a dit : "Pas cinq, vous en avez pris neuf, mais qui compte ?

Les gens continuent à compter au fond d'eux-mêmes et à dire : "Qui compte ?

La personne est nouvelle - Jack Vaught. Je peux comprendre sa difficulté, il doit être perplexe - qui est éclairé ? qui n'est pas éclairé ? Y a-t-il tant de personnes éclairées, est-ce possible ? Tant de bouddhas ? Parce qu'en Occident, vous avez été très avares - vous dites que Jésus est le fils unique de Dieu. Dieu est-il devenu impuissant depuis lors ? Vous êtes si avares qu'il n'y a qu'un seul fils engendré. Et qu'a-t-il fait depuis ? Nietzsche a donc raison de dire que Dieu est mort. Il ne se passe rien, il doit être mort.

En Orient, nous ne sommes pas avares. C'est pourquoi nous pouvons dire avec joie : Depuis le tout début, tous les êtres sont des bouddhas. La bouddhéité n'est pas quelque chose que l'on doit vous conférer. Cette bêtise existe également dans l'esprit chrétien - même un saint doit être reconnu par l'Église. Même le mot "saint" est laid, il vient de "sanction". Lorsque l'Église sanctionne et déclare que "cet homme est devenu un saint", cet homme devient un saint - comme s'il s'agissait d'un doctorat ou d'un doctorat en littérature. Mm ? Une université vous le confère et vous devenez alors un saint.

Ici, vous pouvez vous déclarer éclairé. Personne ne vous en empêchera. Une femme, Oma, continue de m'informer : "Je suis devenue illuminée, Maître". Il n'y a pas de problème - Oma peut devenir illuminée, tout le monde peut devenir illuminé, tout le monde EST illuminé. Mais j'ai des soupçons - parce que ses efforts continus pour m'informer créent des soupçons. Elle a besoin d'être sanctionnée. L'autre jour, Ananda Prem, la disciple d'Oma, m'a écrit une lettre dans laquelle elle dit qu'Oma dit qu'elle est devenue illuminée : "Tu peux aller demander à Maître". Mais pourquoi me demander à moi ? Qui suis-je pour vous déclarer illuminé ou non ? Si je dois vous déclarer éclairée, ce ne sera pas vraiment une illumination. Qui suis-je ? Si vous êtes devenu, vous êtes devenu. Vous avez toujours été - c'est ce que je dis. La sanction n'est pas du tout nécessaire. Aucun ordre n'est nécessaire, aucune déclaration officielle n'est nécessaire.

Et vous n'avez pas besoin de demander. Si vous demandez, c'est que vous avez des doutes. Si vous êtes devenu éclairé, vous êtes devenu éclairé. Le matin, vous ne faites pas le tour du quartier en demandant : "Suis-je réveillé ?". Sinon, les gens penseront que vous êtes fou. Vous devez être endormi !

La quatrième question :

Question 4 :

POURQUOI NE PUIS-JE PAS VIVRE SANS MISÈRE ?

Très peu de gens le peuvent. Très peu de gens peuvent se permettre de vivre sans misère. La misère vous donne un sentiment d'être, la misère vous définit. La misère vous donne l'ego, l'identité propre. La misère vous donne quelque chose à quoi vous raccrocher, vous pouvez vous y accrocher.

La félicité est très insaisissable. Vous pouvez posséder la misère, vous ne pouvez pas posséder la félicité - au contraire, c'est la félicité qui vous possède. Vous pouvez contrôler la misère, vous ne pouvez pas contrôler la félicité. Dans la félicité, vous devez disparaître, le contrôleur doit disparaître. Très peu de gens peuvent se le permettre, ils ont tellement peur d'aller vers l'inconnu. La misère est connue ; vous êtes bien connu, bien introduit. Mille et une fois, vous avez souffert de la même chose, de la même chose nauséabonde. Mais au fil du temps, vous vous y êtes habitués. Une sorte de familiarité s'est installée entre vous et la misère.

Vous demandez : Pourquoi ne puis-je pas vivre sans misère ?

Le "je" ne peut exister sans misère, c'est pourquoi. Vous ne serez pas là sans misère. Une fois que la misère a disparu, vous disparaissez.

Vous avez certainement entendu la célèbre déclaration de Descartes : Cogito ergo sum - "Je pense, donc je suis". Oui, c'est vrai dans un sens - pas dans le sens où il l'entend, mais dans un sens totalement différent. Dès que la pensée cesse, vous cessez - en ce sens, c'est vrai : je pense, donc je suis. Vous ne pouvez donc pas vous permettre de cesser de penser.

Dans la béatitude, la pensée disparaît. Dans la béatitude, il n'y a pas de pensée. La béatitude n'est pas du tout une pensée. Même lorsque vous reconnaissez que vous êtes heureux, ce n'est que plus tard que la félicité s'est envolée, que le moment a disparu. Lorsque l'oiseau s'est à nouveau envolé vers l'inconnu et que vous restez dans votre misère, alors vous vous souvenez, vous récapitulez. C'est toujours un souvenir. Oui, vous dites "j'étais heureux". Vous ne savez jamais "JE SUIS heureux". Non, personne n'a jamais su que "je suis heureux". Parce que lorsque la félicité est là, je ne suis pas là.

La félicité est si vaste qu'elle vous jette tout simplement au loin. Le flot arrive et vous disparaissez. Si vous êtes prêt à mourir, si vous êtes prêt à disparaître, si vous êtes prêt à vous perdre, alors seulement vous serez capable de laisser tomber la misère. La misère fonctionne, elle a une certaine utilité pour vous. Vous avez beaucoup investi en elle. Et parce qu'elle fonctionne, vous continuez à vous y accrocher. Par exemple, observez votre misère et voyez les investissements qu'elle représente.

Tout le monde dit "je ne veux pas être malheureux" - mais il a des investissements indirects dans ce secteur et il n'est pas prêt à les perdre.

Par exemple, si vous êtes malheureux, il est facile d'attirer la sympathie des gens. Or, c'est un investissement.

Si vous êtes malade, tout le monde fait attention à vous, tout le monde prend soin de vous. Une fois que c'est le cas, il devient très difficile d'être à nouveau en bonne santé. Parce qu'une fois en bonne santé, les soins, l'attention, la sympathie que vous receviez disparaissent également. Naturellement, ce n'est pas vous qui en bénéficiez, mais votre maladie. Maintenant que la maladie exerce un attrait subtil, pourquoi ne pas y rester ? Votre femme n'a jamais été aussi aimante que depuis son infarctus. Aujourd'hui encore, être en bonne santé et "aller de l'avant" semble être une prise de risque. Et vous connaissez votre femme - vous la connaissez, vous l'avez connue toute votre vie, elle n'a jamais été aussi prudente à votre égard, aussi attentive, aussi soucieuse de vos besoins. Aujourd'hui, elle est soudain si attentionnée ; elle est toute attentionnée. Comment pouvez-vous

vous permettre de perdre votre maladie ? Vous ne pouvez plus espérer qu'une insuffisance cardiaque, rien d'autre. Vous pouvez prier Dieu : "Maintenant, donnez-moi un arrêt cardiaque. L'infarctus a été si bon".

Vous vous accrochez à la misère parce qu'il y a un investissement quelque part, ça marche.

Un guide faisait visiter à un groupe de touristes Lambeth Palace, la résidence londonienne de l'archevêque de Canterbury. Si vous levez les yeux sur votre gauche, dit-il, vous verrez une grande baie vitrée, la troisième en partant du bout. C'est le bureau de l'archevêque".

Oh, dit l'un des visiteurs, j'aimerais bien que nous puissions apercevoir l'archevêque lui-même.

Il se baisse, ramasse une grosse pierre et la lance à travers la fenêtre. Aussitôt, un visage apparaît derrière la vitre brisée, rouge de colère et poussant des cris incohérents.

Vous voilà ! dit le guide. C'est toujours ça de pris pour le vieux garçon !

Une fois que vous savez que cela fonctionne, "ça marche toujours pour le vieux", vous avez trouvé une clé. Maintenant, vous allez continuer à utiliser cette clé. C'est pourquoi vous êtes malheureux. Lorsque vous êtes malheureux, le monde entier compatit avec vous. Lorsque vous êtes heureux, tout le monde est jaloux de vous. Lorsque vous êtes heureux, personne ne peut vous pardonner. Lorsque vous êtes malheureux, tout le monde est si poli avec vous, tout le monde est si amical, tout le monde est si généreux. Lorsque vous êtes heureux, tout le monde devient votre ennemi. Pour une petite ville heureuse, le monde entier devient un ennemi. C'est pourquoi Jésus est crucifié - il est crucifié pour avoir osé être heureux. Socrate est empoisonné - il est empoisonné pour avoir osé être heureux. Mansoor est tué, assassiné, massacré - quel est son crime ? Un simple crime, celui d'avoir été extatique.

Ces gens misérables qui nous entourent ne peuvent pas pardonner une personne en extase. Parce que cette personne extatique leur rappelle leur échec. Jésus marchant à vos côtés vous rappelle soudain que vous avez échoué. Un Mansoor chantant une chanson de joie vous fait soudain sentir coupable - que faites-vous ici ? Vous vous êtes vendu pour des choses banales, et voici cet homme plein de Dieu, plein de joie, plein de lumière. Vous ne pouvez pas tolérer cet homme. Cet homme est une épine, il fait mal. Si c'est possible pour Mansoor, pour le Christ et pour Socrate, pourquoi n'est-ce pas possible pour vous ? Détruisez cet homme et reposez-vous. Vous saurez alors que tout le monde est comme moi, voire pire que moi. Cela vous fait du bien.

C'est pourquoi les gens aiment savoir ce qui ne va pas chez les autres, ce qui ne va pas. Si vous commencez à parler de quelqu'un et que vous dites que c'est un saint, qu'il est pur et qu'il est saint, l'autre personne commencera immédiatement à critiquer. Si vous dites que c'est le plus grand des pécheurs, l'autre personne dira : "Je sais. Vous avez raison. Je ne l'ai jamais dit, mais je l'ai toujours su". Aucune preuve n'est nécessaire. Mais si vous dites que quelqu'un est saint, aucune preuve ne suffit ; personne ne le croira.

Jésus n'est pas tué par des Juifs, Jésus est tué par des gens misérables. Il aurait été tué n'importe où.

Les Juifs devraient être complètement oubliés à cet égard, ils ne l'ont pas tué. Il aurait été tué par des Grecs, il aurait été tué par des Indiens. Il aurait été tué - peu importe où, il aurait été tué n'importe où.

C'est pourquoi vous vous accrochez à la misère. Et une fois que l'on a goûté aux joies de la misère, une fois que l'on s'est accroché à la joie de la misère, c'est très difficile.

Une femme demandait une ordonnance alimentaire à l'encontre de son mari, qui l'aurait abandonnée pendant sept ans et n'aurait rien fait pour elle ou ses enfants.

Je comprends, dit le magistrat, que vous avez trois enfants, âgés respectivement de deux, quatre et six ans. Comment conciliez-vous cela avec votre allégation selon laquelle votre mari vous a abandonnée pendant sept ans ?

Eh bien, votre serviteur, répondit la femme, il revient toujours pour s'excuser.

Une fois que l'on est accroché, on retombe toujours. Cela devient une ornière. Un sillon se crée dans votre être, et chaque fois que vous n'avez rien à faire, vous commencez à vous diriger vers ce sillon. Là, vous pouvez toujours être sûr d'avoir une occupation.

Vous êtes malheureux parce que vous avez décidé de l'être - peut-être cette décision est-elle inconsciente.

Et vous devez être conscient de la décision, ce n'est qu'alors qu'elle peut être abandonnée. Car rien ne peut être abandonné à partir de l'inconscient. L'inconscient est un grand conservateur, il conserve tout.

Une fois que vous avez rendu une chose inconsciente, elle sera conservée pour toujours et à jamais, à moins que vous ne la rendiez à nouveau consciente et que vous ne la jetiez. Votre inconscient est une cave où vous n'allez jamais, et vous continuez toujours à y jeter des choses. Chaque fois que vous êtes malheureux, vous le refoulez. Vos yeux peuvent être pleins de larmes mais vous essayez de sourire - vous jetez ces larmes dans l'inconscient. Vous pouvez bouillir de colère, mais vous continuez à réprimer la colère, la sexualité, l'avidité.

Vous continuez à jeter tout cela dans le sous-sol, et c'est là que toutes ces choses créent une grande chimie. Toutes ces choses se rencontrent, se fondent les unes dans les autres - c'est presque un laboratoire d'alchimiste. Mais dans l'ordre inverse - les alchimistes transforment le métal vil en or et vous transformez l'or en métal vil, mais vous restez un alchimiste.

Vous devez faire entrer votre misère dans la conscience. Vous devez y faire face. Et vous devez voir quels sont vos investissements dans ce domaine. Et si vous décidez que ces investissements en valent la peine, c'est tout à fait normal. Alors, soyez malheureux, mais n'en faites pas toute une histoire. Si vous pensez que la misère ne vaut pas ces investissements, qu'elle est stupide, alors le simple fait d'en voir la stupidité permet d'y mettre fin. Voir totalement quelque chose, reconnaître son absurdité, c'est l'abandonner. Il n'est alors pas nécessaire de le laisser tomber - dans cette vision même, il tombe. Voir, c'est transformer. IHI PASSIKA, dit Bouddha : Venez et voyez.

La sixième question :

Question 5 :

BIEN-AIMÉ MAÎTRE, IL SEMBLE QUE LES MOMENTS MALHEUREUX SOIENT LES SEULS MOMENTS OÙ JE PEUX RESSENTIR DE LA JOIE.

Il s'agit d'Anand Anshumali. Alors, faites-le à votre façon. La joie est une bonne chose, je suis tout à fait favorable à la joie. Si vous ne ressentez de la joie que lorsque vous êtes malheureux, alors ayez-en - autant que possible.

Mais c'est une joie morbide, une perversion. La perversion, c'est le masochisme. Il y a des gens qui ne se sentent heureux que lorsqu'ils se font mal, lorsqu'ils ont vraiment mal. Ils savent alors qu'ils SONT. Ils savent alors qu'ils sont, qu'ils existent. La douleur les rend un peu plus conscients d'eux-mêmes.

Mais il s'agit là d'une fausse piste. Ces pistes sont disponibles. Il y a des gens qui ne ressentent de la joie que lorsqu'ils sont malheureux - ce n'est qu'une partie. Il y a des gens qui se sentent très malheureux quand ils ont de la joie - c'est une autre partie de la même perversion. Si Anshumali continue à grandir dans la direction de son choix, le second viendra bientôt.

Mais n'oubliez pas : que vous faites-vous à vous-même ? La joie est disponible sans aucun malheur, sans être altérée par le malheur, sans être polluée par une quelconque misère. Pourquoi ne pas l'avoir ? Lorsque l'air pur et frais est disponible, pourquoi continuer à vivre dans un bidonville ? Pourquoi continuer à chercher de l'air pollué ? Mais les gens peuvent s'habituer à l'air vicié.

J'ai entendu parler d'un homme qui est sorti de chez lui un matin tôt - il était cinq heures, le plus beau moment de la journée. Mais de toute sa vie, il n'était jamais sorti à ce moment-là. C'était un ivrogne. Il restait éveillé presque toute la nuit, puis il s'endormait. C'était par hasard, il y avait du bruit à l'extérieur. À quatre heures, il venait de s'endormir et il y a eu du bruit, une maison était en feu ou quelque chose comme ça, et il a été dérangé dans son sommeil, alors il est sorti. C'était l'odeur fraîche du matin, l'odeur fraîche du sol et de l'air, du soleil qui se prépare à se lever, des oiseaux et des arbres. C'était le parfum du matin. Il demanda au gardien : "Quelle est cette odeur ?" Il ne connaissait qu'une seule odeur, celle de l'alcool. C'était si nouveau, si étrange, si peu familier.

Il n'aimait vraiment pas ça.

Le gardien dit : "Monsieur, ce n'est que de l'air frais".

Vous pouvez vous habituer à votre misère. Ainsi, chaque fois qu'il arrive, vous vous sentez détendu - le vieil invité est venu, vous le savez bien. Mais cela devient une perversion. Et personne ne peut vous en sortir si vous n'en voyez pas l'intérêt. Et je ne dis pas que vous devez en sortir, je ne m'immisce jamais dans la vie de qui que ce soit. Si vous vous sentez bien, c'est ainsi que cela doit être. Avec toutes mes bénédictions, vous pouvez avoir autant de malheur que vous le souhaitez.

Mais si vous me comprenez, si la misère peut être si joyeuse, combien la joie sera joyeuse. Pensez-y. Si la maladie peut être joyeuse, combien sera la santé. Pensez-y.

La septième question :

Question 6 :

POURQUOI VEUT-ON SE MARIER ?

Je ne sais pas exactement. Parce que je n'ai jamais voulu le faire, je n'ai aucune expérience. Vous ne devriez pas me poser des questions aussi difficiles. Mais je suppose - ce ne sont que des suppositions - que c'est parce que les gens aiment vivre dans des institutions, dans des prisons. Les gens ne veulent pas vivre une vie ouverte, ils veulent vivre une vie fermée.

C'est pourquoi ils veulent se marier.

Je suppose que les gens ne s'aiment pas, c'est pourquoi ils veulent se marier. L'amour n'est pas suffisant, c'est pourquoi la loi est nécessaire pour aider. Si l'amour suffit, il n'y a pas lieu de se marier. Si vous avez confiance en votre amour, c'est suffisant ; il n'y a pas besoin d'autre chose pour vous garder ensemble. Le mariage consiste à trouver des moyens de rester ensemble. Parce que vous ne pouvez pas faire confiance à votre amour pour vous garder ensemble. Les gens qui n'aiment pas veulent se marier. Bien que les gens soient très rusés, ils disent : "Nous voulons nous marier parce que nous aimons". Mais pourquoi vouloir se marier si l'on aime ? L'amour est plus que suffisant - comment le mariage peut-il aider ? Il peut détruire, il ne peut pas améliorer.

L'idée même du mariage est le début du divorce. Dès que vous pensez à vous marier, prenez garde : vous avez déjà commencé à planifier le divorce. La peur arrive, la peur du divorce arrive - et avant qu'elle ne s'empare de vous, vous voulez vous marier. Il y aura donc la loi, la police, le tribunal et la société pour vous empêcher d'échapper à cette femme ou pour empêcher cette femme de vous échapper.

L'amour est suffisant, plus que suffisant. Et si l'amour ne peut pas vous garder ensemble, alors rien ne peut vous garder ensemble. Et rien ne devrait vous unir.

Les gens aiment se marier parce qu'ils ne supportent pas le bonheur. Ils veulent du malheur. Lorsque vous voyez un couple, un homme et une femme, complètement malheureux, vous pouvez être sûr qu'ils sont mariés - mais il faut qu'ils soient complètement malheureux. Il est très difficile de voir un couple marié heureux, quelles que soient ses prétentions. Ils peuvent montrer qu'ils sont heureux, mais ce n'est pas la vérité. Il faut les voir lorsqu'ils ne font pas semblant, lorsqu'ils ne se présentent pas en public. Ils sont toujours en train de se disputer, de se battre, de se mettre au cou l'un de l'autre.

Les gens ne supportent pas le bonheur. L'amour est une telle joie qu'il est insupportable. Il est si insupportable qu'on veut l'écraser. Et le mariage est le moyen le plus sûr de l'écraser. Tous les mariages sont destructeurs de l'amour. L'idée même est destructrice. L'amour devrait être votre seule confiance.

Je suppose que les hommes se marient parce qu'ils pensent être trop fatigués, et les femmes parce qu'elles sont curieuses. Tous deux sont déçus. Les hommes veulent se marier parce qu'ils ont très peur des femmes. Lorsque vous êtes marié, vous ne devez avoir peur que d'une seule femme, c'est la sécurité. Si vous n'êtes pas marié, toutes les femmes vous font peur. Une fois marié, votre femme vous protège, elle devient une grande protection autour de vous. Alors vous n'êtes plus ouvert ; alors elle vous protège contre vous-même.

Les femmes veulent se marier parce qu'au fil du temps, les hommes les ont rendues si impuissantes sur le plan économique qu'elles sont toujours à la recherche d'une sécurité économique. Une fois que l'impuissance des femmes aura disparu et que la femme sera aussi indépendante que l'homme sur le plan économique, je ne pense pas que le mariage survivra ; personne ne l'aimerait. Et il est bon que le mariage disparaisse du monde. C'est l'une des plus grandes calamités.

Et je ne dis pas que le fait d'être ensemble dans un amour intime et de vivre ensemble toute sa vie est une erreur. Je ne dis pas cela. Mais ce ne doit être que pour l'amour, et pour rien d'autre. Il ne doit pas y avoir de motif économique, ni de motif de sécurité. Il ne doit y avoir rien d'autre, ce doit être de l'amour à l'état pur. Oui, l'amour comporte de nombreux dangers - mais c'est ainsi que l'amour vit, à travers les dangers. L'amour reste vivant à travers les dangers. Les dangers ne sont pas mauvais, ils font circuler les choses et l'amour reste une aventure. Il est courageux d'aimer, il est lâche de se marier.

Et si la question est une question personnelle, si la question est votre question - parce que vous l'avez posée : POURQUOI VEUT-ON SE MARIER ? Si ce "quelqu'un", c'est vous, alors je vous suggère de ne jamais vous marier et de vivre toujours dans l'amour Si vous voulez vivre toujours dans l'amour, ne vous mariez jamais, sinon vous commencerez à vivre dans la haine Parce que personne ne peut aimer son propre prisonnier Et personne ne peut aimer son propre geôlier non plus Lorsque vous êtes mariés, vous devenez cela - l'un devient le geôlier, l'autre le prisonnier Et tous deux commencent à se haïr Alors la vie a des frictions et pas de grâce.

Et la dernière question :

Question 7 :

JE CROIS EN DIEU, ET CE N'EST PAS PAR PEUR. POURQUOI DITES-VOUS QUE TOUTE CROYANCE EST DUE À LA PEUR ?

Alors pourquoi croyez-vous ? Vous ne savez pas. Si vous savez, il n'est pas nécessaire de croire. Toute croyance est le fruit de l'ignorance. Croire, c'est ignorer. Bouddha sait, il ne croit pas. Je sais, je ne crois pas du tout. Mais pourquoi croyez-vous ? D'où vient votre croyance ? Elle ne vient pas de votre expérience - alors d'où vient-elle ? Elle ne peut provenir que de deux sources, qui sont fondamentalement les mêmes : la peur ou l'avidité. Soit vous avez peur, soit vous êtes avide. Ce sont les deux aspects d'une même pièce, la peur et l'avidité.

L'avidité est le fruit de la peur, et l'avidité engendre la peur. Les deux vont de pair. Donc, soit vous avez peur de l'enfer, soit vous êtes avide de paradis. Sinon, pourquoi croyez-vous en Dieu ? Comment pouvez-vous croire en Dieu ? Votre croyance même dit simplement que vous êtes seul à avoir peur ; vous avez besoin d'une protection. Vous avez besoin d'un père, vous avez besoin de quelqu'un qui contrôle votre destin, vous avez besoin de quelqu'un vers qui vous tourner.

Et toute croyance est basée sur la peur, et vos dieux ne sont rien d'autre que vos peurs personnifiées. Vos dieux ne disent rien sur le Dieu, ils disent simplement quelque chose sur votre pathologie, sur votre esprit.

Un homme très religieux, profondément endormi, a fait un rêve. Dans son rêve, Dieu lui est apparu et lui a dit : "J'ai une nouvelle pour toi - une mauvaise nouvelle et une bonne nouvelle. Laquelle veux-tu entendre en premier ?

La bonne nouvelle", dit l'homme.

La bonne nouvelle, c'est que lorsque vous mourrez, vous irez au paradis.

L'homme, très heureux, dit : "Et quelle est la mauvaise nouvelle ?

Dieu dit : "La mauvaise nouvelle, c'est que tu es attendu là-bas pour demain".

Même au sujet du Ciel, vous avez peur. Vous avez peur de mourir.

Un alpiniste est tombé d'un rocher abrupt et, dans sa chute, il s'est accroché à une branche et est resté suspendu.

Aidez-moi, aidez-moi", crie-t-il. Y a-t-il quelqu'un au-dessus de moi ?

Soudain, une voix forte et profonde retentit dans l'abîme : "Je vais t'aider, mon fils, mais j'ai d'abord besoin de ta foi et tu dois me faire confiance. Mais j'ai d'abord besoin de ta foi et tu dois me faire confiance.

L'homme répondit : "Bien sûr, je ferai tout ce que tu veux, mon Seigneur. Je vous fais confiance, je vous crois.

Alors, répondit la voix, lâchez la branche.

Un silence profond s'ensuivit et l'homme cria à nouveau : "Hé ! Y en a-t-il un autre au-dessus de moi ?

Même si Dieu vient à vous et vous dit : "Lâchez ! Meurs, disparais", tu lui tourneras le dos. Disparais !", tu lui tourneras le dos.

Vous commencerez à chercher un autre dieu.

Toutes les croyances sont enracinées dans la peur. Une personne vraiment religieuse ne naît que lorsque toutes les peurs et toutes les croyances sont brûlées, et que les écritures et les idoles sont détruites. Lorsque vous êtes libéré des croyances, vous êtes prêt pour la vérité.

Sur les ailes du vent

La première question :

Question 1 :

POURQUOI AI-JE PLUS PEUR DE LA VIE QUE DE LA MORT ?

LA MORT EST INCONNUE. On ne peut pas avoir vraiment peur de ce que l'on ne connaît pas du tout.

La peur est une relation - il faut connaître quelque chose pour en avoir peur. Personne n'a vraiment peur de la mort. Et lorsque quelqu'un dit "j'ai peur de la mort", il dit simplement qu'il a peur de perdre la vie. La mort est absolument inconnue. Tout le monde a donc peur de la vie - c'est la vie qui pose problème, pas la mort. C'est la vie qui vous donne de l'angoisse et des nuits sans sommeil.

Et qu'est-ce que la peur de la vie ? Il existe de nombreuses peurs, mais elles peuvent être ramenées à quelques craintes fondamentales. La première est que la vie vous échappe et que vous n'avez pas encore vécu. C'est la panique, la panique fondamentale - que la vie vous échappe, qu'à chaque instant vous avez de moins en moins de vie. Et vous n'avez pas encore vécu. Une grande peur s'installe : allez-vous rater votre coup ? Serez-vous capable de réussir cette fois-ci ? Et qui sait ? Il n'y aura peut-être pas d'autre fois. La vie ne se reproduira peut-être pas - qui sait ? Il semble que ce soit la seule vie, et chaque jour, elle se transforme en un terrain vague. D'où la peur.

Deuxièmement, c'est la vie qui, en fin de compte, amène la mort. La mort est le crescendo de la vie, la touche finale. Si vous avez peur de la mort, c'est aussi fondamentalement une peur de la vie - que la vie entraîne un jour la mort. Que les arbres seront là, que les fleurs seront là, que le printemps viendra, que l'herbe sera verte et que vous ne serez plus là.

Et pendant que vous êtes ici, vous n'êtes pas très présent non plus. Et tôt ou tard, l'herbe poussera sur votre tombe. Et vous ne pourrez plus marcher dessus. Et même si vous pouvez marcher dessus et apprécier la sensation, les gouttes de rosée, la fraîcheur et le matin ensoleillé, vous n'en profitez pas. C'est parce que vous ne pouvez pas en profiter que vous avez peur de la vie. Et la vie se transforme en mort, en inconnu. Le connu disparaît toujours dans l'inconnu. La lumière disparaît toujours dans l'obscurité.

La vie vous conduira donc un jour à la porte de la mort. Mais pourquoi ne vivez-vous pas ? Qu'est-ce qui vous empêche de vivre ? Vous avez des conditions, c'est ce qui vous empêche de vivre. Vous avez des conditions : "Si CELA arrive, alors seulement je serai heureux". Et la vie ne va pas vous obliger. Vous devez vous abandonner à la vie. Vos conditions ne vous permettent pas de vous abandonner ; vous devez laisser tomber les conditions. Vous devez dire : "Quoi qu'il arrive, je vais en profiter. Je vais jouir sans condition.

Vous êtes amoureux d'une femme ou d'un homme, et aussitôt mille et une conditions sont posées : Je n'aimerai que si ces conditions sont remplies : tu ne regarderas personne avec des yeux aimants.

Alors je t'aimerai". Or, personne ne peut le promettre. Et même si on le promet, personne ne peut le tenir.

Vous posez une question absurde. Si un bel homme passe, comment votre femme ne va-t-elle pas le regarder - comment ? Elle peut ne pas regarder, elle peut fermer les yeux, elle peut regarder ailleurs - mais elle a regardé l'homme. À ce moment-là, elle a bougé, son cœur a manqué un battement.

Comment allez-vous éviter cela ? Il y a tant de belles femmes dans le monde. Vous pouvez tout au plus faire semblant. Ainsi, toutes les conditions créent des prétentions, parce que toutes les conditions sont contre nature.

Un homme qui veut vraiment vivre vit inconditionnellement ; il ne pose pas d'exigences à la vie. Il dit : "Quoi qu'il arrive, je vais danser. Quelle que soit la situation, je vais danser. Je vais la vivre, j'y entre de tout mon être". La peur de la vie disparaît alors. Vécue, la peur n'existe pas. Non vécue, la vie crée la peur.

Je le répète : c'est parce que vous ne vivez pas votre vie que vous avez peur. Et la vie disparaît, et vous gaspillez une grande opportunité. Et cette occasion ne se représentera peut-être jamais. Et même si elle se présente, serez-vous capable de faire autre chose ? Vous répéterez la même chose. Vous avez répété - ce n'est pas la seule vie à laquelle vous êtes arrivé, vous avez traversé de nombreuses vies. Vous avez vécu pour l'éternité, sous mille et une formes, et vous avez toujours manqué à l'appel. Et vous avez manqué à cause de vos conditions.

Veillez à ce que les conditions soient supprimées. Aimez pour le simple plaisir d'aimer et vivez pour le simple plaisir de vivre. Soyez un hédoniste. Soyez épicurien. Pour moi, Épicure est sur la bonne voie vers le jardin d'Éden - sa commune s'appelait "Le Jardin". Il a été immensément mal compris.

Je sais qu'il y a quelque chose au-delà d'Épicure, mais cela passe par lui. Vous devrez passer par le jardin d'Épicure, et ce n'est qu'ensuite que vous atteindrez le sanctuaire de Bouddha - sinon, non.

L'hédonisme est une belle chose - manger, boire et s'amuser - mais ce n'est pas tout. Ce n'est que le début, le porche du palais. Il y a bien plus, bien au-delà, bien plus que la vie. Mais il faut passer par le porche. Et vos soi-disant religions vous ont appris à être anti-hédonistes - d'où la peur. Vos religions vous ont enseigné la misère. Elles parlent de félicité, mais elles créent la misère. Elles continuent à vous prêcher comment être heureux, mais tout ce qu'elles font et toutes les méthodes qu'elles fournissent sont autodestructrices. Elles ne vous permettent pas d'être vraiment heureux.

Soyez heureux ici. Et rappelez-vous, je ne dis pas que c'est tout ce qu'il y a dans la vie. Épicure est le début d'un Bouddha. Vous pouvez vous arrêter à Épicure, mais vous manquerez alors beaucoup de choses. Mais il vaut mieux s'arrêter à Épicure que de ne pas entrer du tout dans Épicure. Car alors, on passe à côté de tout. Je vous enseigne l'hédonisme spirituel - c'est le message que je vous adresse. Soyez d'abord hédonistes en ce qui concerne le premier corps. Ensuite, soyez hédonistes en ce qui concerne le second corps. Et enfin, soyez totalement hédonistes dans le troisième corps.

Bouddha est orgasmique. Mais il faut apprendre l'orgasme à partir du physique, il faut partir de l'abe.

Il y a des gens qui veulent sauter à xyz - et ils ne savent rien de abc. Ils n'ont même pas encore appris à vivre dans le corps, dans le monde, et ils veulent vivre au Ciel. Ils ne pourront pas y vivre, c'est impossible. Pensez à vous-même : si vous êtes accueilli par hasard au Paradis, que ferez-vous là-bas ? Vous serez aussi malheureux qu'ici, peut-être même plus, parce que la vie y sera plus excitante. Il y aura plus d'exploration, plus d'amour, plus d'intensité dans tout. Il y aura plus de PASSION - que ferez-vous là-bas ? Vous n'avez même pas pu vivre sur cette terre - qui connaît la passion, qui connaît l'amour, qui connaît la joie, mais en quantités modérées. Au paradis, il n'y a pas de limites. Le Ciel ne connaît pas la modération - c'est l'excès, c'est l'extase.

Commencez à apprendre à être inconditionnel. Les gens passent à côté de beaucoup de choses pour de petites choses. Une petite chose peut détruire toute leur joie - et ils n'en voient même pas la proportion. Un homme vient de vous dire quelque chose qui vous fait mal. Cet homme a toujours été beau et vous l'avez aimé, mais il vient de dire un mot, et cela fait mal, et l'amitié est rompue. Vous ne connaissez pas la joie de l'amitié, sinon vous ne l'auriez pas brisée pour une si petite chose - pour des futilités. Vous viviez merveilleusement bien avec votre femme, et il suffit d'une petite chose, d'une petite négativité de sa part, pour que les ponts se brisent et que vous commenciez à penser au divorce.

Des choses insignifiantes, des choses sans importance, continuent à détruire. Et parce que vous ne pouvez pas vivre, vous avez naturellement peur de la vie.

VOUS DITES : POURQUOI AI-JE PLUS PEUR DE LA VIE QUE DE LA MORT ?

Mais il y a une chose de plus : La vie exige plus que la mort ne pourra jamais exiger. La vie exige un abandon volontaire. La mort ne se soucie pas de vous. Elle vient simplement, sans même vous prévenir. Elle vient simplement et vous emmène, elle vous traîne. On ne vous demande rien, on ne vous demande pas votre coopération. La mort n'a aucun respect pour vous et ne vous laisse même pas le temps de vous préparer. C'est ce qui se passe. La vie est plus respectueuse à votre égard - elle vous donne du temps, elle vous donne la liberté de choisir, elle vous donne la possibilité de coopérer ou de ne pas coopérer.

D'où la peur. La peur de la vie est en fait la peur de soi-même. Vous savez que vous allez rater votre coup. En vous connaissant tel que vous êtes, votre peur est parfaitement sur la bonne voie. Elle vous dit que, tel que vous êtes, vous allez rater votre coup. La vie vous apportera un défi et vous vous ratatinerez.

Quelques jours auparavant, un jeune homme est venu me voir de l'Ouest. Je regardais dans sa tête et dans son cœur - son cœur était prêt pour le sannyas mais sa tête ne l'était pas. Il m'a laissé perplexe : que faire ? Devrais-je lui donner le sannyas ? Son cœur dit oui.

Une grande pulsation dans le cœur, le cœur pleure simplement pour cela. Et la tête continue à dire non. C'est comme si vous étiez à un carrefour et que le rouge et le vert, les deux feux, s'allumaient. Il est très difficile de décider si l'on doit passer ou non - un feu dit une chose, un autre feu dit le contraire.

J'ai essayé de le persuader, j'ai essayé de le séduire vers son cœur. Mais plus j'essayais, plus il s'entêtait - plus la tête s'entêtait. Le cœur était joyeux. Quand j'essayais de le persuader de faire le saut, le cœur faisait de tels bonds de joie. Le cœur devenait une grande flamme, c'était presque tangible. Quiconque a des yeux aurait pu le voir ? le cœur était en flammes.

Mais la tête devenait de plus en plus sombre.

Il y a maintenant une opportunité, un défi à relever. Je suis le défi à ce moment-là pour lui, la vie passe par moi à ce moment-là. Le sannyas est le défi de se rendre, le sannyas est le défi d'explorer quelque chose de nouveau que vous n'avez pas connu auparavant. La tête ne connaît jamais rien de nouveau. La tête est toujours empruntée, la tête ne connaît que les choses des autres. Elle est d'occasion, elle n'est jamais originale - elle ne peut pas l'être. Elle collectionne les déchets. Mais elle se sent en sécurité, elle se sent logique.

Le cœur est illogique. Et vous avez peur d'aller avec le cœur, vous ne savez pas où il vous mènera.

La tête se déplace sur l'autoroute, le cœur vous entraînera dans un labyrinthe dans la jungle de la vie - vous y serez seul. La tête vit toujours avec la foule - elle est communiste, elle est fasciste, elle est catholique, elle est protestante, elle est hindoue, elle est mahométane. La tête fait partie de la foule. Le cœur vous rend seul - vous n'êtes ni chrétien, ni hindou, ni mahométan. Soudain, vous êtes seul. Toute la foule a disparu, vous commencez à avoir peur. Et la vie ne vient que lorsque l'on est seul. Lorsque vous prenez votre vie en main, lorsque vous ne faites plus partie d'une foule folle, lorsque vous ne faites plus partie de ce monde pathologique. Mais alors, il faut être seul, et dans la solitude, il y a la peur.

Lorsqu'un défi comme l'amour, le sannyas, le samadhi ou Dieu vous provoque, vous avez l'impression que la mort s'approche. C'est une sorte de mort. Vous devrez mourir au passé, à l'ancien ; ce n'est qu'alors que vous pourrez renaître au nouveau. La peur vous saisit. Vous vous dites : "Il faut que je réfléchisse". C'est ce qu'a dit ce jeune homme : "Je dois réfléchir. Je dois attendre.

La pensée ne peut jamais vous conduire à la nouveauté. La logique ne peut jamais vous donner de nouvelles conclusions, elle continue à répéter la même chose. La logique est vicieuse, circulaire, elle avance dans la même ornière. Quelles que soient les conclusions tirées de la logique, elles existaient déjà dans les prémisses, elles ne sont pas nouvelles. Peut-être qu'elles sont maintenant plus articulées, c'est tout, mais elles ont été données dans la première prémisse.

Seul l'amour - et l'amour signifie illogique, paradoxal - vous amène à de nouvelles conclusions. Parce que l'amour sait comment faire un saut. La logique s'inscrit dans la continuité du passé, elle ne connaît pas le saut. L'amour connaît les sauts, les sauts quanam. Il peut sauter de l'ancien au nouveau, sans pont intermédiaire. L'amour peut vous donner une discontinuité avec le passé. Mais il y a aussi la peur. Et l'amour est la vie même - si vous manquez d'amour, vous manquerez de vie, et alors il y aura la peur de "manquer".

Vous manquez à l'appel parce que vous n'avez pas pu laisser libre cours à votre cœur. Vous contrôlez continuellement par la tête. Les personnes qui ont la tête dans les nuages manquent toujours leur coup. Approfondissez votre être, allez vers le cœur. Et le cœur n'est pas l'ultime, vous devez aller encore plus loin que le cœur.

Puis vous arrivez au nombril - ce que les Japonais appellent "hara". Voici les trois centres : le hara, situé à deux pouces sous le nombril, le cœur et la tête. La tête est la ligne de démarcation la plus éloignée - lorsque vous êtes le plus éloigné de votre être, vous êtes dans la tête. Lorsque vous êtes proche de votre être, vous êtes dans le cœur. Lorsque vous êtes au cœur même de votre être, vous êtes dans le hara.

Et ce n'est qu'à travers le hara que la peur disparaît. Ce n'est qu'à travers le hara que l'on vit pour la première fois de manière authentique, sincère, sans peur. Et cette vie doit être vécue. Cette vie ne peut être vécue que si vous ne divisez pas l'existence en deux - corps/esprit, matière/âme, Dieu/existence. Si vous divisez, vous resterez dans l'intellect. Abandonnez toutes les divisions, vivez comme un seul être. Les trois corps doivent être vécus comme un seul.

Ce sont trois aspects de votre être - le corps physique, le corps de félicité et le corps de Bouddha. Je ne dis pas qu'il faut choisir le corps de bouddha contre le corps physique. Si vous choisissez le corps de bouddha contre le corps physique, il manquera quelque chose à votre bouddhéité, il lui manquera quelque chose. Elle ne sera pas parfaite, elle ne sera pas l'épanouissement total.

Lorsque vous ne rejetez rien, lorsque votre acceptation est totale, alors vous vous épanouissez. Vous vous épanouissez alors en un lotus à mille pétales, SAHASRAR.

La deuxième question :

Question 2 :

MAÎTRE BIEN-AIMÉ, DEPUIS QUE JE SUIS TOMBÉE AMOUREUSE, MÊME SI JE N'AI PAS GRAND-CHOSE À VOIR AVEC LUI, IL ME SEMBLE QUE C'EST TOUT À FAIT MON PROPRE VOYAGE. JE ME SENS NOURRIE ET J'AI BEAUCOUP DE POUVOIR DANS MON ÊTRE.

La question est posée par Anand Amrita.

L'amour EST une nourriture. L'amour est exactement comme la nourriture pour l'âme. La nourriture est un aliment pour le corps, l'amour est un aliment pour l'âme. Sans nourriture, vous mourrez physiquement, sans amour, vous mourrez spirituellement - en fait, vous ne serez même pas corné. Le corps a besoin de nourriture, l'âme a besoin d'amour.

Et Jésus a raison lorsqu'il dit : "L'homme ne peut vivre de pain seulement". Car le pain n'est un pain que pour le corps. Vous devrez chercher et rechercher quelque chose qui nourrisse votre âme. Alors, Amrita, sois toujours amoureuse. Et souviens-toi d'une chose : les amants ne comptent pas, c'est l'amour qui compte. Si un amant disparaît de votre vie, ne devenez pas aigrie et amère. Si un amant s'est éloigné de vous, ne vous accrochez pas au passé, à sa mémoire et à sa nostalgie. C'est un sacrilège, une insulte à l'amour. L'amant est bon, mais l'amant est bon grâce à l'amour. Il n'est pas nécessaire de sacrifier l'amour pour l'amant. Les amants vont et viennent, l'amour reste.

Lorsqu'un amant est sorti de votre vie, ne vous empoisonnez pas, ne commencez pas à fermer votre cœur.

Il faut vivre, il faut toujours être amoureux. Il faut toujours être amoureux - de qui, c'est sans importance.

Si l'amour continue à couler, vous serez nourri dans votre âme.

Mais il y a aussi des gens qui font cette condition. Ils s'attachent trop à leur amant. C'est comme si un joueur de flûte s'était trop attaché à sa flûte et qu'il ne pouvait pas jouer sur une autre flûte.

Et cette flûte a été volée, elle est cassée, et maintenant il ne pourra plus jamais chanter. Maintenant, il ne chantera plus jamais. Parce que cette flûte n'est plus avec lui, comment pourrait-il chanter ? Ce sera une trahison pour cette flûte. C'est stupide, mais c'est ainsi que l'humanité a été éduquée. Si cette flûte a disparu, cherchez-en une autre.

Parce que votre dévotion devrait être envers la chanson, pas envers la flûte. La flûte n'est qu'un véhicule, un passage.

Il en va de même pour tous les amoureux. Si un amour n'est plus là, commencez à chercher, à explorer, pour en trouver un autre. Restez toujours amoureux, et votre âme grandira, sera nourrie.

Mais les gens deviennent obsédés. L'obsession est pathologique. À cause de l'obsession, le monde souffre trop. Quelques personnes souffrent parce qu'elles ne peuvent pas aimer, et quelques personnes souffrent parce qu'elles ont aimé, mais tout le monde souffre quand même. Ici, rien n'est et ne peut être éternel, tout est momentané. Notre rencontre est momentanée, toutes les rencontres sont momentanées. C'est un miracle qu'elles se produisent - que vous tombiez amoureux d'un homme ou d'une femme ou d'un ami. C'est un miracle que cela se soit produit - soyez reconnaissants à Dieu, mais ne le considérez pas comme acquis. Rien ne peut être considéré comme acquis. Il disparaîtra un jour, comme il est apparu.

C'est comme une fleur de rose. Le matin, elle était là, le soir, elle a disparu. Et la fleur de rose est bien plus belle parce qu'elle va disparaître. Si elle devait rester là pour toujours, comme une fleur en plastique, elle n'aurait pas été belle. La possibilité même de sa disparition lui confère une valeur immense. Donc, si vous êtes amoureux d'une personne, souvenez-vous de la fleur de rose. L'amour est une fleur de rose - il est là, mais il n'est pas comme une chose. Il est très fragile. C'est plus comme un parfum - il est venu à vous sur les ailes du vent, et le vent peut l'emporter à nouveau. C'est un cadeau inattendu. Vous ne pouvez pas vous y accrocher, vous ne pouvez pas le posséder. Si vous essayez de le posséder, vous le tuerez immédiatement.

Alors quelques personnes commencent à posséder et tuent. Et quelques personnes ne possèdent pas, mais lorsque l'amant est parti ou s'est éloigné, qu'il a pris un chemin différent du vôtre, alors vous êtes pleins de larmes pour toujours. Tu ne fais que pleurer pour le lait renversé. Ne pleurez pas pour le lait renversé. Allez de l'avant, cherchez et cherchez encore, Dieu viendra sous une autre forme. Ailleurs, un autre buisson aura peut-être fleuri. Et qui sait, une plus grande fleur de rose vous attend peut-être.

Restez toujours amoureux, ne trahissez jamais l'amour. Les amants vont et viennent. Faites confiance à l'amour pour que cela se reproduise, pour que vous dansiez et chantiez à nouveau. Faites confiance à la vie, faites confiance à l'amour. Et c'est de la nourriture, c'est de l'alchimie.

C'est par l'amour que l'on naît, c'est par l'amour que l'on redevient frais et dispos, que l'on rajeunit. On ressent à nouveau l'enthousiasme pour la vie, on ressent à nouveau la célébration de la vie, on ressent à nouveau la reconnaissance envers Dieu.

Les personnes dont l'amour a disparu, dont le cœur est devenu sans amour, sont comme des terres en friche, comme des déserts. Ils peuvent prier, mais leur prière n'aura pas de rythme. Ils peuvent prier mais leur prière perdra tout son sens. Ils peuvent prier, mais leur prière n'aura pas de jus. Elle sera sèche, elle sera poussiéreuse - elle ne peut pas être en relation avec Dieu.

Le jour où vous cessez d'avoir des relations avec les gens, vous cessez d'avoir des relations avec l'existence. Les gens sont l'existence la plus proche de vous. Reliez-vous aux gens, aux arbres, aux oiseaux, aux animaux et aux rochers, et c'est seulement alors que vous serez en mesure de vous relier à Dieu. L'amour est le chemin.

La troisième question :

Question 3 :

MAÎTRE, JE CROIS QUE RIEN N'EST IMPOSSIBLE. QU'EN DITES-VOUS ?

Essayez ensuite de craquer une allumette sur un gâteau de savon.

La quatrième question :

Question 4 :

MAÎTRE : LA QUATRIÈME VOIE, TELLE QU'ENSEIGNÉE PAR GURDJIEFF, A ÉTÉ APPELÉE LA VOIE DE LA CONSCIENCE. QUELLE EST LA PLACE DE LA CONSCIENCE DANS VOTRE ENSEIGNEMENT ?

La question est posée par Cecil Lewis.

Pas de place du tout. Je ne crois pas à la conscience, je crois seulement à la conscience. Je ne crois pas à la morale, je ne crois qu'à la religion. Je suis amoral.

La conscience est un tour de passe-passe que la société vous joue. La société crée la conscience pour que vous n'ayez jamais besoin de conscience. Vous avez été trompés. Par exemple, lorsque Jésus dit "L'amour est Dieu", ce n'est pas par conscience, c'est par conscience. Il le sait. Ce n'est pas une croyance, c'est son expérience. Lorsqu'un chrétien dit "L'amour est Dieu", c'est sa conscience, pas sa conscience.

Il ne l'a pas connue, il ne l'a pas vécue. Il l'a seulement entendue et répétée, il en a été hypnotisé.

Chaque enfant est hypnotisé par les parents, les prêtres, les politiciens, la société. La répétition constante d'une certaine chose devient une conscience. Vous continuez à enseigner à l'enfant : "C'est bien. C'est bien. C'est bien. En l'entendant encore et encore, son esprit est conditionné. Après de nombreuses années, il dira lui aussi "C'est bien" - ce sera automatique. Cela ne viendra pas de son propre être, mais du disque de gramophone que la société a placé dans son être. C'est comme une électrode de Delgado. C'est le dangereux tour que la société a joué à tout le monde, au fil des siècles.

C'est pourquoi il y a tant de consciences dans le monde - l'hindou a un type de conscience, le mahométan un autre type de conscience. Comment les consciences peuvent-elles être si nombreuses ? La vérité est une.

Et les consciences sont si nombreuses ?

Dès mon enfance, on m'a enseigné un végétarisme très strict. Je suis née dans une famille jaïna, absolument dogmatique en matière de végétarisme. Même les tomates n'étaient pas autorisées dans ma maison, parce que les tomates ressemblent un peu à de la viande rouge. Les pauvres tomates innocentes n'étaient pas autorisées. Personne n'a jamais entendu parler de quelqu'un qui mangeait la nuit

; le coucher du soleil était la dernière limite. Pendant dix-huit ans, je n'ai rien mangé la nuit, c'était un grand péché.

Puis, pour la première fois, j'ai fait un pique-nique dans les montagnes avec quelques amis. Ils étaient tous hindous et j'étais la seule Jaina. Et ils n'étaient pas inquiets à l'idée de cuisiner pendant la journée. Mm ? Les montagnes étaient si belles et il y avait tant à explorer qu'ils ne se sont pas préoccupés de cuisiner, ils ont cuisiné pendant la nuit. Maintenant, c'était un grand problème pour moi : manger ou ne pas manger ? Et j'avais vraiment faim. Toute la journée, je m'étais déplacé dans les montagnes, ce qui avait été pénible. Et j'avais vraiment faim - pour la première fois de ma vie.

Puis ils ont commencé à cuisiner. Et l'arôme et l'odeur de la nourriture. Et j'étais assis là, en tant que Jaina. Maintenant, c'était trop difficile pour moi - que faire ? L'idée de manger pendant la nuit était impossible - tout le conditionnement de dix-huit ans. Et dormir avec une telle faim était impossible. C'est alors qu'ils ont tous commencé à me persuader. Ils m'ont dit : "Il n'y a personne ici qui puisse savoir que tu as mangé, et nous ne le dirons pas du tout à ta famille. Ne t'inquiète pas. J'étais prête à être séduite, alors ils m'ont séduite et j'ai mangé. Mais ensuite, je n'ai pas pu dormir - j'ai dû vomir deux ou trois fois dans la nuit, et la nuit entière est devenue cauchemardesque. Il aurait mieux valu que je ne mange pas.

Il a été conditionné pendant dix-huit ans pour dire que manger la nuit est un péché. Aujourd'hui, personne ne vomit, ils dorment tous profondément et ronflent. Ils ont tous commis un péché et ils dorment tous parfaitement bien. Ils ont commis le péché pendant dix-huit ans, et moi, je l'ai commis pour la première fois et je suis puni. Cela me semble injuste !

La conscience est créée ; c'est un conditionnement. Tout ce que vous pensez être bon ou mauvais n'est rien d'autre qu'un conditionnement. Mais ce conditionnement peut se poursuivre tout au long de votre vie. La société est entrée en vous et vous contrôle de l'intérieur. Elle est devenue votre voix intérieure. Et parce qu'elle est devenue votre voix intérieure, vous ne pouvez pas entendre votre VRAIE voix intérieure. Ma suggestion est donc la suivante : libérez-vous de votre conscience. Jetez tous les conditionnements, cathartez-les, libérez-vous-en. C'est ce que je veux dire quand je dis qu'il ne faut pas être chrétien, hindou, jaïna ou bouddhiste.

Il suffit d'être. Et soyez vigilants. Dans cette vigilance, vous saurez toujours ce qui est bien et ce qui est mal. Et le bien et le mal ne sont pas des choses fixes - quelque chose peut être bien le matin et mal le soir, et quelque chose peut être mal le soir et bien la nuit.

Les circonstances changent. Un homme alerte, un homme conscient, n'a pas d'idées fixes. Il a des réactions spontanées mais pas d'idées fixes. À cause des idées fixes, vous n'agissez jamais spontanément. Votre action est toujours une sorte de réaction - pas vraiment une action.

Lorsque vous agissez avec spontanéité, sans idée, sans préjugé, alors il y a une véritable action. Et l'action a de la passion, de l'intensité. Elle est originale et de première main. L'action rend votre vie créative et fait de votre vie une célébration permanente. Parce que chaque acte devient une expression de votre être. La conscience est un faux être.

Je crois que la langue française est la seule à n'avoir qu'un seul mot pour désigner la conscience et la conscience - un seul mot, qui signifie les deux. C'est magnifique. La véritable conscience ne devrait être que la conscience, rien d'autre. Vous devriez devenir plus conscient.

En ce qui concerne la conscience, j'ai des divergences avec George Gurdjieff. Lorsqu'il dit "Soyez conscient", il dit "Soyez conscient que vous ÊTES", et il insiste pour que vous vous souveniez de vous-même. Il faut bien comprendre cela. Votre conscience a deux polarités. L'une des polarités est le contenu. Par exemple, un nuage de colère est en vous - c'est le contenu. Et vous êtes conscient du nuage de colère - c'est la conscience, le témoin, la vigilance, l'observateur.

Votre conscience peut donc être divisée en deux : l'observateur et l'observé.

Gurdjieff dit : Continuez à vous souvenir de l'observateur - à vous souvenir de vous-même. Bouddha dit : Oubliez l'observateur, observez simplement l'observé. Et si vous devez choisir entre Bouddha et Gurdjieff, je vous suggérerai de choisir Bouddha. Parce qu'avec Gurdjieff, vous risquez de devenir trop conscient de vous-même - au lieu de devenir conscient de vous-même, vous risquez de devenir conscient de vous-même. Vous risquez de devenir égoïste. Et c'est ce que j'ai ressenti chez de nombreux disciples de Gurdjieff - ils sont devenus de très grands égoïstes. Non pas que Gurdjieff était un égoïste - il était l'un des rares hommes éclairés de notre époque. Mais la méthode comporte un danger : il est très difficile de faire la distinction entre la conscience de soi et le souvenir de soi. Il est presque impossible de faire la distinction, tant elle est subtile. Et pour les masses ignorantes, c'est presque toujours la conscience de soi qui s'empare d'elles ; ce n'est pas le souvenir de soi.

Le mot même de "moi" est dangereux - vous vous installez de plus en plus dans l'idée du moi. Et l'idée du moi vous isole de l'existence.

Le Bouddha dit : Oubliez le moi, car il n'y a pas de moi. Le soi est juste dans la grammaire, dans le langage ; ce n'est pas quelque chose d'existentiel. Il suffit d'observer le contenu. En observant le contenu, le contenu commence à disparaître. Une fois que le contenu disparaît, observez votre colère - et en l'observant, vous verrez qu'elle disparaît. Une fois la colère disparue, le silence s'installe. Il n'y a pas de soi, pas d'observateur, et rien à observer. Il y a le silence. Ce silence est apporté par VIPASSANA, la méthode de prise de conscience du Bouddha.

L'homme ordinaire fait les deux. Il change sans cesse de vitesse - tantôt il observe le moi, tantôt il observe le contenu. Il passe de ceci à cela, il oscille constamment.

Gurdjieff dit que la seule chose à faire est de s'installer dans l'observateur. Bouddha dit : Regardez l'observé.

Mon approche est différente des deux. Je pense que la méthode de Gurdjieff est plus dangereuse que celle de Bouddha, mais même dans la méthode de Bouddha, il y a forcément une certaine tension - l'effort de regarder. L'effort même de regarder vous rendra tendu.

Un moine bouddhiste m'a été amené de Ceylan. Il n'arrivait pas à dormir - cela faisait trois ans qu'il ne dormait pas. On avait essayé toutes sortes de médicaments, mais rien n'y faisait, aucun tranquillisant n'était utile. Et personne ne s'était soucié du fait qu'il continue à pratiquer VIPASSANA, la méthode d'introspection du Bouddha - personne n'y avait pensé. Lorsqu'il est venu me voir, la première chose que je lui ai demandée a été : " Faites-vous VIPASSANA ? - car c'est un moine bouddhiste, il doit le faire. Il m'a répondu : "Oui, depuis trois ans". J'ai dit : "C'est donc la cause de vos insomnies".

Si vous vous efforcez continuellement de regarder, vous ne pourrez pas vous détendre et vous endormir la nuit, car vous ne cesserez de regarder. Et si vous regardez même la nuit, comment pouvez-vous vous endormir ? Vous ne pouvez pas vous détendre, la tension est figée. On sait que les moines bouddhistes ne dorment que trois ou quatre heures au maximum. Ce n'est pas un gain. Ils pensent, et d'autres pensent aussi, que c'est un gain - ils ont atteint quelque chose, ils ne dorment que trois ou quatre heures. Ce n'est pas le cas. Ils perdent quelque chose de très précieux : la détente. Et ils auront l'air tendu, sur leur visage ils auront l'air tendu. Ils auront l'air très calmes, mais tendus. Ils auront l'air très silencieux - mais leur silence n'est pas le silence de la détente, mais celui de l'effort. Vous pouvez voir l'effort dans le coin, qui les définit.

Ma propre méthode est la suivante : vous vous détendez. Ne regardez ni celui qui regarde, ni celui qui est regardé. Détendez-vous, soyez passif. Si quelque chose flotte et que vous ne pouvez pas vous empêcher de le voir, voyez-le. Mais ne faites aucun effort pour le voir délibérément. Si vous êtes détendu comme un miroir, si un nuage passe, il sera reflété. Soyez comme un miroir - lucide, passif. Laissez tomber les deux - la méthode gurdjieffienne du souvenir de soi et la méthode bouddhiste de l'observation.

Mais si vous devez choisir entre Gurdjieff et Bouddha, choisissez Bouddha. Si vous devez choisir entre Bouddha et moi, choisissez-moi.

Se détendre. Et voyez simplement les choses. Et il n'y a pas grand-chose - si vous manquez quelque chose, c'est que cela n'a pas de valeur.

Vous pouvez rater, vous avez le droit de rater. Prenez la vie du bon côté, prenez-la du bon côté.

Les personnes qui ont fait des efforts - et le travail de Gurdjieff est un grand effort - seront donc perplexes. C'est pourquoi Lewis est perplexe, un peu confus. Et tôt ou tard, soit il devra me comprendre, soit il devra me condamner - les deux sont ouverts. Et la condamnation sera plus facile.

Parce qu'il a travaillé dur pendant trente ans et qu'il est aujourd'hui soudainement attiré par un homme qui ne croit pas du tout à l'effort. Qui ne croit pas en l'amélioration, qui ne croit pas en la croissance, qui ne croit pas en la possibilité d'aller quelque part, qui ne croit en aucune façon.

Il dit : THE FOURTH WAY, AS TAUGHT BY GURDJIEFF (La quatrième voie, enseignée par GURDJIEFF).

Ce que j'enseigne ici, c'est : Il n'y a pas d'issue. Il n'y a pas vraiment de chemin, parce que la vérité n'est pas un but. Tous les chemins mènent loin de là où nous sommes. Toutes les routes, tous les chemins, tous les sentiers vous éloignent de la vérité. Et il n'y a nulle part où aller non plus. Et il n'y a personne à qui s'adresser. Il n'y a pas d'autre moyen d'être ici et maintenant que d'être ici et maintenant. Quand je dis "Soyez ici et maintenant", ne demandez pas comment -

le "comment" vous éloignera. Quand je dis "Soyez ici et maintenant", ne demandez pas "Quel est le moyen d'être ici et maintenant ? Il n'y a pas d'autre moyen d'être ici et maintenant que d'ÊTRE ici et maintenant. Il n'y a pas de moyen d'être tranquille, et il n'y a besoin d'aucun moyen. Voir, voir entièrement, qu'il n'y a pas de moyen, c'est à la fois être tranquille. Voir cela, c'est être immobile. Tous les chemins mènent partout sauf ici.

Vivre sa vie comme elle va et vient, c'est la conscience. Passive, lucide, comme un miroir, sans tension. Je ne vous enseigne donc pas l'attention, parce que le mot attention contient le mot "tension". Et le phénomène de l'attention comporte une sensation de tension - d'où le mot "attention". Appréciez, détendez-vous. Le simple fait de comprendre qu'il n'y a nulle part où aller, c'est la libération. La libération n'est pas un but qui vous attend quelque part ailleurs. La libération consiste à comprendre que vous êtes déjà libéré.

Il est impie de notre part d'affirmer aussi platement ce qui devrait être, face à ce qui est. Ce qui est, c'est la vérité.

YATHA BHUTAM - ce qui est est la vérité. Affirmer ce qui devrait être est impie, sacrilège, c'est un péché. Le "devrait" est un péché. Ce qui est - se détendre avec, flotter avec. Je n'enseigne même pas la natation, je dis simplement de flotter avec. Il est de notre responsabilité de savoir comment accepter et vivre avec ce qui est.

Je n'enseigne donc aucune voie - quatrième, cinquième ou sixième. Et je n'enseigne pas la conscience, j'enseigne une conscience lucide et détendue. C'est à partir de là que de nombreuses floraisons se produisent. De là naissent de nombreux chants.

Mais elles naissent d'elles-mêmes. Vous ne pouvez pas en être l'auteur et vous ne pouvez pas vous sentir valorisé par le fait que "j'ai fait quelque chose". Vous ne pouvez pas sentir votre ego comblé grâce à elles. Plus ces fleurs apparaîtront, plus vous disparaîtrez. Et un jour, il y a des fleurs, mais vous n'en êtes pas. C'est le jour, le moment, de la libération.

La cinquième question :

Question 5 :

JE VEUX ME SUICIDER.

Alors prenez d'abord le sannyas. Vous n'aurez peut-être pas besoin de vous suicider, car le sannyas est le plus grand suicide possible.

Et pourquoi vouloir se suicider ? La mort vient d'elle-même, pourquoi êtes-vous si pressé ? La mort viendra, elle vient toujours. Même si vous ne voulez pas qu'elle vienne, elle vient. Il n'est pas nécessaire d'aller à sa rencontre, elle vient sans y être invitée.

Mais votre vie doit vous manquer cruellement. C'est par colère, par désespoir, que vous voulez vous suicider. Je vais vous apprendre le vrai suicide : Devenir sannyasin. Et le suicide ordinaire ne servira pas à grand-chose, vous naîtrez immédiatement dans un autre ventre quelque part. Un couple de fous fera l'amour quelque part, souvenez-vous... et vous serez à nouveau pris au piège. Vous ne pourrez pas vous échapper si facilement - il y a des fous et des fous. Avant de vous échapper de ce corps, vous serez pris dans un autre filet. Et vous devrez à nouveau aller à l'école, au collège et à l'université - pensez-y ! Pensez à toutes ces expériences misérables - cela vous empêchera de vous suicider.

Vous savez, les Indiens ne se suicident pas si facilement, parce qu'ils savent qu'ils vont renaître. En Occident, il y a beaucoup de suicides et d'idées suicidaires ; beaucoup de gens se suicident. Et les psychanalystes disent qu'il y a de très rares personnes qui ne pensent pas à se suicider. En fait, une personne a enquêté et rassemblé des données, et elle affirme que chaque personne, chaque individu, pense au moins quatre fois dans sa vie à se suicider. Mais il doit penser à l'Occident. En Orient, en raison de l'idée de réincarnation, personne ne veut se suicider - à quoi bon ? On s'échappe par une porte et on revient par une autre porte. On ne peut pas partir si facilement.

Je t'enseignerai le vrai suicide, tu pourras aller à l'infini. C'est ce que signifie devenir un bouddha - aller à l'infini. Lorsque quelqu'un se suicidait en samadhi, Bouddha lui donnait un nom spécial, il l'appelait ANAGAMI - celui qui ne reviendra pas. Quelqu'un qui est allé jusqu'au rivage le plus éloigné et qui ne reviendra pas. Je peux faire de vous un anagami, un non-retourneur. Alors aucune matrice ne pourra plus être un piège pour toi.

Pourquoi voulez-vous vous suicider ? Peut-être que la vie ne se déroule pas comme vous le souhaitez ? Mais qui êtes-vous pour imposer votre façon de faire, votre volonté à la vie ? Peut-être que vos désirs ne sont pas satisfaits ? Mais alors, laissez tomber vos désirs ! Pourquoi se laisser aller ? Peut-être que vos attentes ne sont pas satisfaites et que vous vous sentez frustré ? Dans la frustration, on veut détruire. Et il n'y a que deux possibilités : tuer quelqu'un ou se tuer soi-même. Assassiner quelqu'un d'autre est plus dangereux, alors les gens commencent à penser à s'assassiner eux-mêmes. Mais c'est un meurtre.

Pourquoi ne pas changer votre vie plutôt que de la détruire ? Et s'il vous plaît, ne le commettez pas ici, sinon vous me créerez des problèmes.

Je l'ai entendu :

Un soir, un policier a vu un homme debout sur le parapet du pont Blackfriars, manifestement sur le point de sauter. Il se précipite vers lui et tente de l'en dissuader. Si vous sautez, monsieur, lui dit-il, il sera de mon devoir de sauter après vous pour essayer de vous sauver. Je serai alors mouillé, j'attraperai une pneumonie et je mourrai aussi. Alors pourquoi ne rentrez-vous pas tranquillement chez vous et ne mettez-vous pas la tête dans le four à gaz ?

S'il vous plaît, ne créez pas de problèmes ici. Et n'en parlez pas, car de nombreuses personnes aimeraient l'idée - vous pourriez en convertir quelques-unes.

Je l'ai entendu :

Un homme traversait le pont de Waterloo tard dans la nuit lorsqu'il a remarqué qu'un autre homme sur le parapet était sur le point de se jeter dans le vide. Il se précipite vers le futur suicidé et lui crie : "Attendez une minute ! Ne sautez pas ! Viens boire un verre et parler de tout cela".

Les deux hommes se sont rendus dans un pub voisin et ont passé l'heure suivante à discuter de l'état du pays, de l'inflation, des impôts et de l'avenir de la civilisation occidentale. Puis ils ont terminé leur verre, sont retournés sur le pont de Waterloo et ont sauté tous les deux.

Ne répandez donc pas cette idée ici. Si vous voulez vous suicider, venez le soir au darshan et je vous aiderai :

Question 6 :

J'AIME LA VIE ORDINAIRE. C'EST COMME UN JOUR OÙ JE ME SENS DE PLUS EN PLUS ÉVEILLÉ. MAIS J'AI SOUVENT LE SENTIMENT QU'IL EXISTE UN UNIVERS DE MYSTÈRES QUI APPARTIENT À L'OBSCURITÉ ET QUI M'EST INACCESSIBLE. LES ENSEIGNEMENTS ÉSOTÉRIQUES, LES SYMBOLES, LA "CONNAISSANCE SUPÉRIEURE" SEMBLENT INDIQUER CES MYSTÈRES, MAIS JE N'ARRIVE JAMAIS À M'INTÉRESSER AUX LIVRES. JE PRÉFÈRE VOYAGER DANS LA NUIT. POUVEZ-VOUS NOUS EN PARLER, S'IL VOUS PLAÎT ?

La question est posée par Anand Rajen.

Rajen, il n'y a pas d'autre vie que cette vie ordinaire. Parce que les gens sont incapables de vivre cette vie ordinaire, ils inventent des choses ésotériques. Ce sont les gens qui sont incapables de vivre - ils distraient leurs esprits et leurs êtres. Tous les enseignements ésotériques, tous les enseignements cachés et tous ces soi-disant mystères ne sont que du charabia.

Le mystère est ici. Le mystère est dans les arbres, dans les rochers et dans les oiseaux. Le mystère est dans les gens - en vous, en moi. Le mystère est dans les relations, le mystère est dans le chant, le mystère est dans la danse, le mystère est dans l'amour, le mystère est dans la prière. Évitez toute cette littérature absurde qui circule au nom de l'ésotérisme. C'est pathologique. Ce sont des gens qui sont incapables de goûter à cette vie. Ils doivent trouver des excuses, des alibis, pour éviter cette vie. Ils ne peuvent pas en profiter, ils ne peuvent pas y être passionnés. Ils n'ont pas de passion, ils n'ont pas d'intensité de vie, ils ne savent pas comment vivre. Ils ont tout oublié - comment être naturels et spontanés. Ils doivent maintenant trouver un moyen de prétendre que cette vie ne vaut pas la peine d'être vécue, que les raisins sont aigres - il y a d'autres raisins, des raisins cachés, qu'eux seuls connaissent et que leur cercle intime connaît.

La théosophie, l'anthroposophie, les loges maçonniques - et toutes sortes d'absurdités. Évitez-les, elles vont à l'encontre de la vie. C'est la seule vie qui existe, la seule danse qui existe. Les véritables personnes éclairées ont connu l'extraordinaire de cette vie.

Un homme demanda à un maître zen : "Depuis que vous êtes devenu illuminé, qu'est-ce qui a changé dans votre vie ?" Le maître répondit : "Avant de devenir illuminé, je coupais du bois et je portais l'eau du puits. Le maître répondit : "Avant d'être illuminé, je coupais du bois et je portais l'eau du puits". L'homme lui demanda : "Maintenant que vous êtes devenu illuminé, que faites-vous ? Il répondit : "Je coupe du bois et je vais chercher de l'eau au puits. Mais l'homme était perplexe.

Alors, dit-il, quelle est la différence ? C'est la même chose.

Le maître se mit à rire. Il dit : "Ce n'est pas la même chose. Avant, je coupais du bois et j'avais mille et une pensées. Maintenant, je me contente de couper du bois. C'est si beau de couper du bois et de ne rien faire. Avant, j'avais mille et un désirs en puisant de l'eau au puits.

Aujourd'hui, je ne fais que puiser de l'eau. Et pour vous dire la vérité, il n'y a personne en moi qui puise l'eau. Et quand je coupe du bois, c'est merveilleux, parce qu'il n'y a personne en moi qui coupe du bois. J'ai disparu ! Le bois est coupé et l'eau est transportée, et c'est extrêmement beau.

La vie ordinaire devient extraordinaire si vous la vivez totalement, pleinement. Évitez l'ésotérisme. Ce sont des choses dangereuses, vous pouvez vous y accrocher. Vous ne ferez alors que des voyages dans l'esprit, dans l'imagination. Si vous aimez l'imagination, c'est bien, si vous aimez fantasmer, c'est bien. Vous pouvez créer vos propres plans, vos propres voyages astraux, vos corps subtils et tout ce que vous voulez.

Une jeune femme a rêvé que le prince charmant était arrivé sur son cheval. Un beau cheval et un beau prince - et ce prince charmant, elle l'attendait depuis toujours, et il est venu. Quand on attend trop, il faut se méfier, cela arrive. Le prince a pris la femme sur son cheval et le cheval a commencé à galoper vers une destination inconnue. La femme était ravie - qui ne le serait pas ? Elle demanda au prince : "Où m'emmenez-vous ?". Le prince lui répondit : "C'est ton rêve. Alors dis-moi où tu veux être emmenée, c'est ton rêve. C'est ton rêve.

Dans ces soi-disant voyages ésotériques, où que vous alliez, c'est votre rêve. Des maîtres apparaîtront - Kuthumi et KH -, des écritures automatiques apparaîtront et des messages seront reçus de l'au-delà. Tout cela n'est que pure absurdité. Prenez votre petit-déjeuner et dormez bien.

La huitième question :

Question 7 :

POURQUOI DES PERSONNES COMME BOUDDHA OU LE CHRIST N'APPARAISSENT-ELLES QU'À CERTAINS MOMENTS ?

Parce qu'ils ont peur de vous. Ils réfléchissent beaucoup avant de rassembler assez de courage pour revenir sur cette terre pour être à nouveau crucifiés par vous, pour être à nouveau lapidés par vous.

Et parfois, même s'ils viennent, ils vivent ici dans l'anonymat. Ainsi, vous ne pouvez pas les lapider ni les crucifier. Et puis, tout arrive en son temps. Lorsque le printemps arrive, les arbres fleurissent, et lorsque le bon moment est venu, les fruits mûrissent. À chaque instant, il se passe des choses, mais il ne se passe jamais rien pour lequel le moment n'est pas venu. Chaque chose a son temps, et c'est bien.

Sur la planète Volcanus, les gaz des nombreux volcans qui alimentent l'éclairage nucléaire s'épuisent. Une course contre la montre s'engage pour trouver un autre moyen d'éclairer la planète.

Soudain, ils sont plongés dans l'obscurité totale.

Les habitants de Volcanus étaient terrifiés. C'est alors qu'ils entendirent un bruit glissant et des rayons de lumière apparurent au sommet de tous les volcans. Les lumières sont devenues de plus en plus brillantes, éclairant toute la planète.

Nous sommes sauvés", crient les gens. Les vers luisants des volcans nous donnent la lumière dont nous avons besoin.

Les vers luisants se sont rapprochés.

Mais pourquoi n'as-tu pas brillé avant ? demandèrent les gens.

On n'avait pas besoin de nous", dit le chef des vers luisants. Mais lorsque la planète a été plongée dans l'obscurité totale, nous avons décidé que le moment était venu. Parce que... quand il faut briller, il faut briller".

Le vol vers le soleil

La première question :

Question 1 :

QUELLE EST CETTE ENVIE DE CRÉER ?

L'ENVIE DE CRÉER est le premier éveil du divin en vous. L'envie de créer est la présence de Dieu. Vous avez le premier message, la première vague est arrivée jusqu'à vous. C'est le début et la naissance de la prière. Suivez-la. Être créatif, c'est être religieux. Ce que vous créez n'est pas la question - vous créez. Dans cette créativité même, quelque chose commence à se produire qui n'est pas du monde.

Lorsque vous créez, vous vous perdez dans votre création. Par exemple, si vous peignez, chantez, jouez d'un instrument ou dansez, vous commencez à disparaître. La danse n'existe vraiment que lorsque le danseur n'est plus. Si le danseur est toujours là, il ne s'agit pas d'un acte créatif, mais tout au plus d'une compétence. Le technicien est là mais pas le danseur - celui qui sait comment danser est là mais pas le danseur.

Parce que le danseur ne sait rien, il reste dans un état de non-savoir. Il oublie toute son habileté, il oublie toutes les techniques qu'il a apprises, il s'oublie lui-même, il est complètement perdu. Il est entre les mains de Dieu. Il ne peut même pas dire "je danse" - il peut seulement dire "Dieu a pris possession de moi, je suis possédé. Dieu danse en moi. Je suis le champ où Dieu danse, je suis le bambou creux et Dieu chante. Il a fait de moi une flûte".

Le créateur connaît Dieu. Seul le créateur connaît Dieu. Et toutes les autres prières que vous faites dans les temples et les églises sont tout simplement impuissantes, dénuées de sens, à moins que votre vie n'apprenne à créer.

Aucune autre prière n'est alors nécessaire. Le phénomène même de la créativité est alors une religion suffisante pour vous.

Il n'est pas nécessaire d'aller plus loin : il n'est pas nécessaire d'aller dans une église, un temple, un gurudvara ou une mosquée. Vous devez faire preuve de créativité.

La question est posée par Gyan Bhakti. Elle est créatrice. C'est pourquoi la question s'est posée à elle : "Quelle est cette envie de créer ? Elle est possédée par ce désir. Je l'ai vue s'enflammer. Elle veut exploser de multiples façons, elle veut créer. Dieu a frappé à sa porte. Mais quand il frappe, il est naturel de ne pas le comprendre, parce que nous ne l'avons jamais entendu auparavant. C'est tellement nouveau que cela ne peut pas être réduit à notre vieil esprit. Il vient de l'inconnu - il n'y a aucun moyen de comprendre ce que c'est. D'où la question.

Allez vers l'inconnu, allez vers la nouveauté. Rappelez-vous toujours : si vous avez le choix entre l'ancien et le nouveau, choisissez le nouveau. Quel que soit le danger, quelle que soit l'insécurité, choisissez la nouveauté. Et vous vous rapprocherez toujours plus de Dieu. Choisissez l'ancien, et vous vous éloignerez de Dieu. Choisissez l'ancien esprit et vous deviendrez tôt ou tard destructeur. Et ce sont les deux seules façons de vivre : soit être créatif, soit être destructeur. Il n'y a pas d'autre possibilité, il n'y a pas de troisième possibilité. Si vos énergies ne se dirigent pas vers la création, elles continueront à se déplacer, mais elles deviendront alors destructrices. La destruction, c'est la créativité à l'envers ; quelque chose a mal tourné, quelque chose a pris une mauvaise direction.

Toutes les personnes destructrices auraient pu être de grands créateurs. Mais si l'énergie n'est pas permise, si vous avez peur et si vous êtes effrayés par la nouveauté.... Et lorsque la créativité vous possède, elle est effrayante. Cela semble terrible, c'est une sorte de tremendum. Elle vous emmène très loin de ce que vous connaissez et de ce qui vous est familier. Elle vous emmène sur une mer inexplorée, sans aucune carte. C'est dangereux. On recule devant elle.

Mais une fois que vous commencez à vous y soustraire, que ferez-vous de l'énergie que Dieu continue à déverser en vous ? Il faut faire quelque chose. L'énergie ne peut pas attendre, elle a besoin d'être exprimée.

Ainsi, si vous évitez la créativité, vous deviendrez destructeur.

Chaque fois que la créativité vous appelle, suivez-la. C'est Dieu qui vous appelle.

La deuxième question :

Question 2 :

POURQUOI Y A-T-IL TANT D'INCOMPRÉHENSION DANS LE MONDE ?

Parce que les gens sont inconscients. Parce que les gens dorment profondément. Parce que les gens sont des robots.

La communication est impossible ; vous dites quelque chose, quelque chose d'autre sera compris. Il n'y a aucun moyen de communiquer. Le seul moyen de communiquer est l'amour, le silence. Mais personne ne sait comment être amoureux et personne ne sait comment être silencieux.

La communication n'est possible que dans l'amour et le silence. Mais nous ne sommes pas amoureux et nous ne sommes pas silencieux. Nous sommes pleins de connaissances, c'est pourquoi la communication est impossible. Le langage est l'une des raisons pour lesquelles il y a tant de malentendus dans le monde. Il n'y a pas d'incompréhension chez les animaux, les arbres et les oiseaux, parce que le langage n'existe pas. Ils ont de la chance : ils ne connaissent rien au langage et communiquent donc dans l'amour et le silence. Leur mutisme est une grande bénédiction pour eux. L'homme est le seul animal qui n'est pas muet, qui peut parler. Et c'est justement ce phénomène qui pose problème.

Il existe un principe existentiel : l'existence précède l'essence. Il suffit de dire que l'on naît d'abord, que l'on naît sans nature intrinsèque, que l'on naît tabula rasa. Rien n'est écrit sur vous, l'écriture vient plus tard. Vous naissez en tant qu'existence pure, sans essence, sans programme intégré, sans destin. Vous venez au monde sans savoir qui vous êtes. Vous n'êtes personne lorsque vous venez au monde, un pur vide. Puis, par vos actes, par vos actions, vous commencez à vous définir. L'essence vient plus tard, par votre propre effort. Une déclaration simple et magnifique.

Mais j'ai rencontré de nombreuses interprétations de cette simple phrase de trois mots :

L'existence précède l'essence. La première interprétation que j'ai rencontrée est la suivante : pour certaines personnes, cette idée se traduit par : "Rien n'est possible pour l'homme, car l'homme est vide : Rien n'est possible pour l'homme, car l'homme est vide. Et l'homme n'a pas de nature intrinsèque, il n'y a donc pas de destin à accomplir. L'homme est accidentel, la vie n'a pas de sens, la vie est sans espoir.

Une graine a un sens parce qu'elle a un programme intégré selon lequel elle doit devenir un arbre - qu'elle doit atteindre un certain type de fruits et de fleurs, qu'elle doit s'élever dans le ciel, qu'elle doit être ceci et cela. La graine a un programme intégré - c'est pourquoi il y a de l'espoir et un sens, et la graine peut croire que quelque chose va se produire. Et la graine n'est pas accidentelle, parce qu'il y a un destin.

C'est une interprétation : l'homme est accidentel, il n'a pas de nature, c'est une chose sans espoir. Sartre dit que l'homme est une passion inutile. Il n'y a aucune possibilité de signification dans la vie de l'homme. Pour d'autres, cette interprétation est porteuse d'espoir, car l'idée se traduit par : "Tout est possible pour l'homme parce qu'il y a de l'espoir" : Tout est possible pour l'homme parce qu'il n'y a pas de nature, donc pas de limites. Ils y trouvent un grand espoir et une grande liberté.

Or, l'autre interprétation va tout à fait à l'encontre de la première. L'autre interprétation dit :

Parce qu'il n'y a pas de nature intrinsèque, l'homme n'est pas un esclave. La graine est un esclave. La graine de mangue deviendra un manguier, il n'y a pas de liberté. L'homme peut devenir n'importe quoi, l'homme peut être n'importe quoi, peu importe ce qu'il choisit d'être. Il est possible de choisir. Le manguier ne peut pas choisir, il est esclave ; il n'y a pas d'espoir, il est juste mécanique. Il doit accomplir un certain destin ; tout est prédéterminé. Alors comment peut-il y avoir de la liberté et comment peut-il y avoir de la joie ? Et comment peut-il y avoir de l'espoir ? C'est une répétition mécanique. D'une graine de mangue naîtra un manguier et d'un manguier naîtront à nouveau des graines de mangue - et ainsi de suite, pour l'éternité. Et il n'y aura jamais rien d'autre. C'est une situation sans espoir. Cette répétitivité est synonyme d'ennui total.

Or, la même phrase prend un nouveau sens, tout à fait contraire au premier. Le sens est que l'homme est libre. Que l'homme peut être ce qu'il veut être. Que l'homme est une sorte de dieu. Que personne ne décide pour l'homme, que l'homme doit décider pour lui-même. La décision de l'homme doit venir de sa propre âme. Ce qu'il va écrire sur la tabula rasa est sa propre écriture, il y aura sa propre signature.

L'homme a une individualité. Aucun manguier n'a d'individualité. Aucun paon n'a d'individualité - tous les paons se ressemblent, de même que tous les manguiers. Mais l'homme est unique, individuel. L'espoir est grand. Vous voyez ? Le sens s'est transformé en polarité opposée.

J'ai également rencontré une troisième interprétation. Pour d'autres, cela signifie : "Tout est permis à l'homme : Tout est permis à l'homme.

Et avec cela, ils abandonnent toute contrainte, ils deviennent licencieux. Ils disent : "Quand il n'y a pas de nature, quand il n'y a rien comme programme donné à l'homme, alors il n'y a pas besoin de morale, pas besoin de discipline, pas besoin de quoi que ce soit. L'homme est un chaos et doit rester un chaos". Dans ce cas, rien n'est bon et rien n'est mauvais. S'il y a un programme intégré, alors vous pouvez décider ce qui est bon et ce qui est mauvais.

Par exemple, pour un manguier. Vous pouvez décider quel fumier est bon et quel fumier est mauvais, parce que le manguier a un programme intégré, il doit devenir un manguier. Vous pouvez décider quel engrais sera utile et quel engrais ne sera pas utile, quelle quantité d'eau est nécessaire, quelle quantité de soleil est nécessaire, quel espace est nécessaire. Vous pouvez trouver un modèle, une discipline pour l'arbre. Le modèle et la discipline seront déterminés par la nature intrinsèque de l'arbre.

Mais l'homme n'a pas de nature intrinsèque, donc tout est possible. L'homme est libre - ce qui est interprété comme suit : l'homme n'a besoin d'aucune discipline, il peut faire ce qu'il veut : L'homme n'a besoin d'aucune discipline, il est autorisé à faire ce qu'il veut. Adolf Hitler est aussi bon que Gautam Buddha. Tuer un homme est aussi bon que d'être compatissant, aimer est aussi bon que de haïr. Car comment décider ce qui est bon et ce qui est mauvais ? Il n'y a pas de critère. L'homme est une tabula rasa, l'homme est un vide, il n'y a aucun moyen de décider. Tout est bon - le meurtre est bon, le suicide est bon, la destruction est bonne.

Il s'agit là d'une interprétation totalement différente. La phrase est la même : l'existence précède l'essence. Et c'est ainsi qu'ils abandonnent toute retenue. Ils deviennent licencieux, indulgents.

Et cette indulgence est vouée à détruire l'humanité, mais cette interprétation est possible.

Et pour d'autres encore, il y a un quatrième sens : Tout est permis CONTRE l'homme. L'homme n'a pas de nature, on peut donc le plier de telle ou telle manière. On peut faire de l'homme un soldat, un saint ou un pécheur.

L'homme est vide, on peut donc écrire n'importe quoi sur l'homme. Tout est permis contre l'homme. Ainsi, ce qu'Adolf Hitler a fait à des millions de personnes, en les transformant en robots - ces soldats nazis étaient des robots, ils étaient formés pour être des machines et non des hommes - est permis. Et Bouddha a transformé des milliers de personnes en sannyasins, les a fait sortir de leur mécanique pour les amener à la conscience. Tout est bon - Bouddha fait son travail et Adolf Hitler fait le sien, et il n'y a pas de critère pour juger.

La langue semble être le moyen de communication, mais ce n'est pas le cas. Vous dites quelque chose et vous serez immédiatement mal interprété. Vous dites quelque chose et vous serez surpris que les gens aient pris des significations si éloignées ; vous n'y aviez même pas rêvé, vous n'y aviez même pas pensé. Une fois que vous avez dit quelque chose, vous n'en êtes plus le maître. Quiconque s'en empare aura son propre sens, en tirera son propre sens. Et vous êtes impuissant, vous ne pouvez rien faire.

La langue n'est pas le bon moyen de communication. Mais les gens ne connaissent pas le silence, il n'y a donc pas d'autre moyen. Même un Bouddha doit parler, ou un Lao Tseu - il doit utiliser des mots inadéquats, dangereux. Le jour où Bouddha est mort, ses disciples se sont divisés en trente-six écoles. Le jour même de sa mort, comme s'ils n'attendaient que cela. Trente-six significations pour chacune des affirmations de Bouddha. Sur la Bhagavad Gita de Krishna, il y a mille commentaires - mille significations pour chacune des affirmations de Krishna. Si Krishna revient et lit ces commentaires, il deviendra fou. Il ne pourra pas concevoir ce qui s'est passé. Il parlait à son disciple et à son ami, Arjuna. C'était un dialogue d'amour. Et mille significations ? Et dix mille autres sont possibles.

Je lisais les mémoires de Michael Adam. Il écrit : "Enfant, on m'a donné vingt-six briques de bois, chacune peinte d'une lettre de l'alphabet. Un professeur patient m'a appris à faire des mots, et a essayé de me faire comprendre, comme les adultes, que les quatre lettres B-I-R-D formaient un oiseau, que le mot était la chose, le vrai rouge-gorge, celui à poitrine rouge, le courageux chanteur dans la neige. Ce n'était qu'un faux-semblant.

Je savais déjà à l'époque que ce n'était que de la poudre aux yeux. Les briques pouvaient être dispersées. Leurs couleurs étaient fausses.

Il n'y avait ni vol ni chant...".

Mais les mots deviennent tôt ou tard des choses. Le mot "Dieu" est devenu Dieu et vous avez oublié le vrai Dieu. Le mot "amour" est devenu l'amour et vous avez oublié le véritable amour. Le mot devient de plus en plus important, les gens sont hypnotisés par les mots. Oui, il est difficile de tromper un enfant, parce qu'il peut voir la prétention. Mais combien de temps sera-t-il capable de voir les faux-semblants ? Un enfant est frais - il regarde ces briques, des briques colorées, et vous avez créé un mot à partir de ces briques. Et l'enseignant dit : "Maintenant, regardez : b-i-r-d, oiseau. C'est l'oiseau, le vrai rouge-gorge". Mm ?

Pour l'expliquer à l'enfant, il faut qu'il dise ces choses. L'enfant à la poitrine rouge, courageux chanteur dans la neige". Et l'enfant sourit - il sait que ce n'est qu'une ruse. Il n'y a pas de rouge-gorge ici et ces couleurs sont fausses. et ce rouge-gorge ne peut pas chanter et ne peut pas voler et ces briques peuvent être dispersées. Il n'y a personne derrière tout cela, ce n'est qu'un jeu vide. Mais tôt ou tard, il sera lui aussi hypnotisé par les mots.

La langue est le problème de base. C'est la raison pour laquelle il y a tant de malentendus.

Si vous voulez être compris, vous devez abandonner le langage. Vous devrez apprendre à vous déshypnotiser des mots. Tu devras mettre de côté le mot "rose" et voir la rose rouge - là, sur le buisson, dans le vent, sous la pluie, au soleil. Et en voyant la rose, ne continuez pas à répéter "C'est une rose" - sinon vous porterez un rideau sur vos oreilles, sur vos yeux, sur votre être. Vous ne serez pas en mesure d'entendre, de voir et de sentir. Et ne continuez pas à dire que c'est une belle rose - "belle" est encore un mot. Laissez tomber. Voyez ce qu'est la beauté. Ne continuez pas à utiliser le mot "beau" ; voyez simplement, pénétrez, rencontrez la beauté elle-même. La rose est là - quel est l'intérêt d'utiliser le mot ? Mettez les mots de côté. Nettoyez le passage entre vous et la rose qui est là.

Et ne la comparez pas avec d'autres roses que vous avez déjà vues. Sinon, vous direz : "Oui, c'est une belle rose. J'ai déjà vu de telles roses. Ou "Elle est plus belle que les roses de l'année dernière. Ou encore : "Elle est plus belle, ou moins belle, que les roses de la voisine". Mais là encore, vous vous perdez dans les mots.

CETTE rose. CE rouge-gorge, cet oiseau à poitrine rouge. Il suffit de regarder et d'oublier tout langage. Et c'est dans cet oubli du langage que naît la compréhension. Il faut être non verbal pour comprendre.

Ensuite, commencez à communiquer par le silence de temps en temps. Tenez la main de votre ami, asseyez-vous en silence. Regarder la lune, la sentir, et tous deux la sentir en silence. Et voyez, il se produit une communion - pas seulement une communication, mais une communion. Vos cœurs commencent à battre au même rythme. Vous commencez à ressentir le même espace, vous commencez à ressentir la même joie, vous commencez à chevaucher l'être de l'autre. Qu'il y ait communion. Que vous ayez dit sans rien dire et qu'il n'y ait pas de malentendu.

Je dois utiliser des mots. Je suis impuissant. Le jour où tu seras capable de comprendre le silence, je n'aurai plus besoin de te parler tous les jours. Nous pourrons nous asseoir en silence. Et ce sera un beau jour - je vous y prépare. Même si j'utilise des mots, je les utilise contre les mots - je les utilise de manière à ce qu'ils se suicident en vous. C'est pourquoi je dois être contradictoire. C'est pourquoi je dis une chose à l'instant et la contredis immédiatement - pour qu'aucun mot ne prenne racine en vous. Ainsi, lentement, vous commencez à comprendre que les mots n'ont pas de sens, que leur sens est une prétention. Il n'y aura alors plus de malentendus.

Après de nombreuses années d'efforts, un homme a gagné un gros premier dividende sur les pools de football. Son gain s'élevait à des millions de livres et, naturellement, il est devenu un peu fou la première ou la deuxième semaine, achetant un appartement et une maison de campagne, deux voitures et un yacht. Un jour, il s'est précipité chez les fourreurs les plus chers de Bond Street et a commandé pour plusieurs milliers de livres de manteaux et d'étoles en fourrure.

Il s'agit d'une commande importante, monsieur, dit le commis.

Oui, répondit-il. J'ai gagné un premier dividende sur les piscines et je vais étouffer ma femme dans des fourrures !

Cela ne coûterait-il pas moins cher d'utiliser un oreiller ? dit l'employé.

Trois jeunes filles, une Américaine, une Anglaise et une Française, postulaient pour le poste d'hôtesse de l'air et ont été soumises à des tests d'initiative. L'un d'entre eux portait sur la capacité à prendre des décisions rapides et l'examinateur a posé aux trois jeunes filles la question suivante : "Supposez, a-t-il dit, que vous survolez les îles polynésiennes et que votre avion doit amerrir. Vous vous retrouvez seule dans un canot de sauvetage en caoutchouc qui rame en direction d'une île. Au fur et à mesure que vous vous rapprochez, vous voyez une foule de marines américains sur le rivage qui vous regardent arriver. Que feriez-vous ?

La fille américaine a dit : "Je devrais faire demi-tour et ramer jusqu'à une autre île".

La jeune fille anglaise a répondu : "Je devrais continuer à ramer, et lorsque j'atteindrai la terre ferme, je demanderai à voir le commandant et je lui ferai mon rapport".

La jeune fille française ne dit rien, elle a l'air perplexe. Vous comprenez la question ? demande l'examinateur.

Oh oui", a-t-elle répondu. Mais quel est le problème ?

Cela dépend de vous.

Un vieil homme bienveillant mais oublieux recevait un groupe de personnes qu'il n'avait pas rencontrées depuis longtemps. Alors qu'ils étaient tous là à boire des cocktails avant d'aller dîner, l'hôte passait de l'un à l'autre, engageant une conversation polie. Ce faisant, il rencontra un jeune homme dont il n'avait pas entendu parler depuis un certain temps.

Je suis ravi de vous voir", se réjouit-il. Et comment va mon vieil ami, votre père ?

Je suis désolé d'avoir à vous dire, monsieur, dit le jeune homme, que mon père est mort il y a environ six mois.

L'hôte a exprimé ses profonds regrets et, à ce moment-là, le maître d'hôtel a annoncé que le dîner était servi.

Après le dîner, l'hôte aperçoit à nouveau le jeune homme et, ayant complètement oublié la conversation précédente, demande à nouveau des nouvelles de son vieil ami, le père du jeune homme.

Je suis désolé, monsieur, répondit-on, mais mon père est TOUJOURS mort.

La langue est à l'origine de près de quatre-vingt-dix-neuf pour cent des problèmes. La philosophie, la théologie, les doctrines, les écritures, les idéologies politiques ont toutes créé des milliers de problèmes. Et l'homme est dans la confusion, dans une grande confusion. Toutes ces idéologies combattantes sont en vous. Tout le passé, tout le passé, le passé exaspérant, essaie de vous posséder. Il n'est pas homogène. Le christianisme est en vous, le bouddhisme est en vous, le communisme est en vous, le fascisme est en vous - et ils vous séparent tous. C'est un miracle que l'homme continue à se maintenir ensemble.

Et dans cet état de confusion, lorsque vous entendez quelque chose, d'abord vous n'entendez pas correctement ce qui est dit. Deuxièmement, vous l'interprétez en fonction de votre propre passé. Et tout va de travers. Si vous voulez éviter les malentendus, vous devez apprendre le silence. Si vous apprenez le silence, la première chose sera que vous ne comprendrez jamais mal quelqu'un d'autre. Et c'est une grande joie de ne pas se tromper.

Vous deviendrez un bon auditeur, vous connaîtrez le bon type d'écoute. Et tout sera clair comme de l'eau de roche pour vous. Cette clarté ne viendra pas de la logique, de l'intellect, de l'analyse ; cette clarté viendra du silence. Si, dans votre silence, la parole de quelqu'un tombe, vous ne pouvez pas mal l'interpréter, parce qu'il n'y a personne pour intervenir. Soit vous comprenez, soit vous ne comprenez pas, mais il n'y a pas moyen de mal comprendre. Soit vous dites "oui, je comprends", soit vous dites "je ne comprends pas". Mais il n'y a pas moyen de se tromper.

Qu'est-ce que l'incompréhension ? L'incompréhension n'est ni la compréhension ni la non-compréhension. C'est un mélange, c'est une sorte d'amalgame. Et cela crée plus de confusion en vous - plus un homme est cultivé, plus il est confus. Plus un homme est cultivé, moins il a la possibilité de comprendre quoi que ce soit.

Apprenez le silence. Et au moins avec vos amis, avec vos amants, avec votre famille.... Et voici votre famille, la famille orange. Ici, asseyez-vous parfois en silence. Ne faites pas de commérages, ne parlez pas.

Cessez de parler, et pas seulement à l'extérieur - cessez de parler à l'intérieur. Prenez un temps d'arrêt. Restez assis là, sans rien faire, en étant simplement présents l'un à l'autre. Et bientôt, vous commencerez à trouver une nouvelle façon de communiquer. Et c'est la bonne façon.

On dit de Mahavira - une histoire étrange mais belle et significative - que lorsqu'il est devenu illuminé, il est resté silencieux. Cela a créé de nombreux problèmes, parce qu'il avait atteint la plénitude et qu'il était de son devoir de la partager. Lorsque vous avez atteint l'illumination, vous devez la partager. Le partage est intrinsèque à la réalisation.

C'est pourquoi Bouddha a parlé, ainsi que le Christ et Lao Tseu. Mahavira s'est tu, il a trouvé une autre voie. C'est peut-être pour cela que sa religion n'est jamais devenue une religion mondiale. Ses adeptes restent très peu nombreux - même aujourd'hui, il n'y a que trente lakhs de Jainas. Ce n'est rien - après deux mille cinq cents ans, seulement trente mille. Cela signifie que si Mahavira n'avait converti que trente couples, cela aurait suffi - autant de personnes seraient devenues jaïnas. Il n'a pas pu convertir beaucoup de gens. Et pour quelle raison ? Il voulait communier par le silence, il est resté silencieux. Et la voie qu'il a trouvée était étrange mais belle. Elle ne s'est pas révélée très efficace, car il est très difficile de parler par le silence dans ce monde de fous. Il a échoué, mais l'expérience valait la peine d'être tentée.

Qu'a-t-il fait ? Il a préparé quelques personnes au silence, à le comprendre en silence. Il s'asseyait en silence et seules les quelques personnes qui avaient appris à écouter son silence comprenaient ce qu'il voulait dire. Et elles le disaient aux autres. Mais le problème se posait à nouveau. Il ne voulait pas parler - c'était un homme étrange, il pensait que c'était une sorte de trahison de parler. Parce que tout ce que vous dites sera mal compris - vous devenez alors la cause de l'incompréhension. Ce que vous direz ne sera qu'à moitié vrai, car toute la vérité ne peut être réduite à des mots. Vous détruisez donc la vérité. Et il n'était pas l'homme à faire cela, il s'est tu. Seuls quelques disciples qui avaient appris à communier avec lui dans le silence s'asseyaient silencieusement, écoutaient son silence, ressentaient ce qu'il voulait, ce qu'il ressentait, ce qu'il savait, et allaient voir les gens pour leur dire.

Mais cela ne sert à rien. Maintenant, ces personnes qui ont parlé aux autres ont été mal comprises. Alors, à quoi bon ?

Il aurait pu le dire lui-même - il y aurait eu moins de malentendus, parce que le pouvoir de Mahavira aurait été présent. Aujourd'hui, Mahavira donne à d'autres personnes et ces personnes ne sont pas aussi éclairées, pas aussi conscientes. Ils vont vers les gens et ils relaient et diffusent le message de Mahavira. Il y aura beaucoup plus de malentendus. Et bien sûr, ils ne pouvaient pas convertir beaucoup de gens, ils avaient leurs limites. Mais il a essayé - une grande expérience.

J'aimerais également l'essayer, mais pas seulement pour quelques personnes. Je voudrais créer une grande masse de personnes pour le silence. Et c'est à cela que je travaille lentement. Une fois que vous serez prêts, que des milliers de personnes seront prêtes pour le silence, alors je pourrai vraiment dire ce qui ne peut pas être dit avec des mots.

Bouddha donna sa fleur à Mahakashyapa et lui dit : "Je te donne ce que je n'ai pas pu donner aux autres. Je te donne ce qui ne peut être donné que dans le silence". J'aimerais que des milliers de Mahakashyapas reçoivent cette fleur. Une seule ne suffit pas.

Soyez donc de plus en plus silencieux et vous comprendrez pourquoi il y a tant d'incompréhension dans le monde. Et vous comprendrez que maintenant vous ne vous méprenez pas ; soit vous comprenez, soit vous ne comprenez pas. Les deux sont bons, les choses sont claires. Si vous ne comprenez pas, vous pouvez demander à nouveau. Si vous comprenez, le travail est terminé, il n'y a pas besoin de demander à nouveau. Mais si vous ne comprenez pas, vous continuez à penser que vous avez compris, donc vous ne demandez pas à nouveau. Or, vous n'avez pas compris. Et cette incompréhension fera de votre vie un phénomène corrompu. Elle vous paralysera.

La troisième question :

Question 3 :

MA PREMIÈRE QUESTION EST LA SUIVANTE : POUVEZ-VOUS ME PARLER DE LA LOI DU KARMA ? - CE QU'ELLE SIGNIFIE PAR RAPPORT À LA PRISE DE SANNYAS. L'AUTRE CHOSE QUI M'INTÉRESSE EST : QUE PENSEZ-VOUS DE LA PHRASE ZEN "QUAND VOUS RENCONTREZ BUDDHA SUR LA ROUTE, TUEZ-LE" ? ET ENCORE UNE FOIS, QUEL EST LE RAPPORT AVEC LA PRISE DE SANNYAS ?

La question vient de Wolfgang. Il était présent au darshan hier soir. Il souhaite ardemment prendre le sannyas, mais il a des conditions dans son esprit, il est bien informé. Il sait déjà comment les choses devraient être. Et si ce n'est pas le cas, comment peut-il prendre le sannyas ? Il ne peut prendre le sannyas que si cela lui convient, si cela répond à ses connaissances a-priori. Ce n'est pas possible. Vous devrez vous adapter au sannyas, le sannyas ne s'adaptera pas à vous. Il a peur de l'église qui se développe autour de moi. Je devrais en avoir peur, vous ne devriez pas. Je l'apprécie, elle est belle. Tant que je suis ici, elle ne fera pas de mal. Et quand je partirai, je partirai. Alors, qui s'en soucie ? Je ne vais pas m'en préoccuper pour l'éternité - tant que je suis ici, c'est parfaitement bon, je veillerai à ce que cela ne nuise à personne. Mais quand je serai parti, je serai parti. Il n'y a aucun moyen de planifier l'avenir. Alors, tout ce qui arrive, arrive.

Si l'Église s'était développée autour de Jésus, il n'aurait pas été crucifié. Il aurait servi l'humanité pendant de nombreuses années encore ; il n'aurait pas été détruit aussi facilement. Lorsqu'il a été crucifié, l'Eglise est arrivée - ce n'était pas le bon moment pour l'Eglise de venir. Lorsqu'un Christ meurt, il est temps pour l'Église de mourir avec lui. Mais lorsque le Christ est là, si l'Église est possible, si l'Église est créée, beaucoup plus de travail peut être accompli.

L'Église qui grandit autour de moi grandit avec mon soutien, avec mes bénédictions. Elle ne grandit pas contre moi, elle ne grandit pas sans moi. Elle fait partie de mon dispositif pour que je puisse travailler plus facilement, plus efficacement, avec vous. N'en ayez donc pas peur.

Ces questions sont également des questions de connaissance. Il demande d'abord : "Ma première question : POUVEZ-VOUS ME PARLER DE LA LOI DU KARMA ?

Elle n'existe que pour l'homme inconscient. La loi du karma n'existe que pour l'homme inconscient ; pour l'homme conscient, il n'y a pas de loi du karma. C'est vraiment l'inconscience qui vous fait souffrir.

Si vous faites quelque chose inconsciemment, vous souffrirez et le karma se créera. Karma" signifie action inconsciente. Si vous faites quelque chose consciemment, en pleine conscience, aucun karma n'est créé. Si votre acte est total, spontané, il est terminé à ce moment-là. Il est atomique, il n'y a pas de continuité. Il ne laisse aucune trace derrière lui.

C'est pourquoi un homme éclairé est imprévisible. Seul un homme non éclairé est prévisible parce qu'il agit de manière inconsciente, routinière, mécanique. Il n'y a pas de surprise dans sa vie.

Quelqu'un vous aime et vous l'aimez. Quelqu'un vous déteste et vous le détestez. Si quelqu'un vient vous féliciter, vous vous sentez comme un ballon de baudruche. C'est la raison pour laquelle les gens utilisent tant le buttering - faire l'éloge des autres aide.

Un philosophe français, Cioran, dit que le désir le plus profond de l'homme est le désir d'être loué - on peut le dire, on peut ne pas le dire. Quelqu'un vous loue et vous tombez amoureux de lui. Et si quelqu'un vous insulte, vous devenez son ennemi pour toujours. Ce ne sont pas des actions, ce sont des réactions. L'autre vous utilise comme une machine, il appuie sur vos boutons. Vous n'agissez pas, vous réagissez. L'autre vous manipule, il sait quoi faire.

Un homme conscient ne peut être manipulé par personne. Son action n'est pas une réaction, son action est une action.

Bouddha était insulté, les gens le maltraitaient dans un village. Il resta là, et lorsqu'ils eurent terminé, il dit : "Si vous avez terminé, puis-je partir maintenant ? Je dois me rendre dans l'autre village, les gens m'y attendront. Si vous n'avez pas encore terminé, je reviendrai dans quelques semaines et vous pourrez alors faire le reste. Ces personnes étaient un peu embarrassées. Bouddha avait l'air tout à fait distant, comme si ce qu'ils faisaient ne l'atteignait pas. Il n'a pas été égratigné. Ils dirent : "Mais nous vous avons maltraité, monsieur, nous vous avons insulté. N'allez-vous pas répondre ?

Bouddha rit. Il dit : "Si vous vouliez la réponse, vous auriez dû venir au moins dix ans plus tôt.

J'étais alors inconscient, vous auriez pu appuyer sur mes boutons et j'aurais réagi. Mais maintenant, je suis devenu conscient, je suis devenu un Bouddha. Maintenant, je peux voir ce que vous voulez me faire, et je ne vais pas me laisser manipuler par qui que ce soit. Maintenant, je vis seul, je fais ce que je ressens.

Et je n'éprouve aucune colère, je ressens simplement de la compassion pour vous. Je suis désolé pour vous - d'autant plus que dans l'autre village, avant d'arriver au vôtre, de nombreuses personnes s'étaient rassemblées et avaient apporté des fruits et des sucreries pour me les offrir. J'ai dit : "Désolé, je ne peux pas les accepter parce que j'ai déjà pris mon petit-déjeuner et que ce sera un fardeau inutile pour moi de porter ces choses. S'il vous plaît, ramenez-les à la maison." Je vous demande ce qu'ils auraient dû faire de ces friandises et de ces fruits.

Quelqu'un dans la foule a dit : "Ils ont dû les distribuer dans le village, ils ont dû les manger eux-mêmes". Bouddha a dit : "C'est pourquoi j'ai encore plus de peine pour vous. Maintenant que vous avez apporté ces insultes et ces injures et que je ne vais pas les accepter, qu'allez-vous faire ? Je suis vraiment désolé pour toi. Vous pouvez insulter, c'est votre liberté - mais l'accepter ou non, c'est ma liberté.

Lorsque la conscience s'est éveillée, vous agissez pour la première fois, vous ne réagissez pas. L'action de la fourmi échappe à la loi du karma. La loi du karma ne s'applique qu'à l'être inconscient. L'homme conscient jouit d'une liberté absolue. Aucune loi ne le lie, aucune loi ne le définit. Il est aussi vaste que le ciel, il est aussi infini que le ciel. Sa liberté est absolue.

Vous demandez, MA PREMIÈRE QUESTION EST : POUVEZ-VOUS ME PARLER DE LA LOI DU KARMA ? - CE QU'ELLE SIGNIFIE PAR RAPPORT À LA PRISE DE SANNYAS.

Le sannyas est le début de la sortie de la loi du karma. Parce que le sannyas est le début de l'éveil. Sannyas est votre effort pour sortir de l'ornière dans laquelle vous avez vécu pendant de nombreuses vies.

Sannyas, c'est l'intuition que "c'en est assez" et que je dois sortir de la vie routinière, de son caractère mécanique. Il faut que j'accède à la clarté, à la limpidité. J'ai assez erré dans la jungle de l'inconscience, dans la nuit noire de l'âme. Je dois chercher l'aube, le matin".

C'est la recherche du soleil, c'est la fuite vers le soleil. C'est pourquoi, en Orient, nous avons choisi l'ocre comme couleur pour le sannyas - c'est la couleur du soleil, des rayons de soleil, des matins. Une recherche de la lumière, une recherche de la conscience, une recherche de l'illumination. Une fois que vous commencez à devenir de plus en plus conscient, vous serez de moins en moins soumis à la loi du karma. Et une fois que vous aurez apprécié et goûté un peu de liberté, personne ne pourra vous forcer à retourner dans la prison. Vous ouvrirez vos ailes et vous volerez vers le soleil.

L'autre question est la suivante : QUE PENSEZ-VOUS DE LA SENTENCE ZEN : "QUAND VOUS RENCONTREZ BUDDHA SUR LA ROUTE, TUEZ-LE" ?

C'est la meilleure chose à faire. Lorsque vous rencontrerez le Bouddha, tuez-le. Mais pour rencontrer le Bouddha, vous devez d'abord devenir un sannyasin - sinon vous ne le rencontrerez jamais. Ceci n'est dit qu'aux disciples qui sont capables de rencontrer le Bouddha dans leurs méditations intérieures. Cela n'est pas dit à tout le monde, mais aux disciples les plus proches. Lorsque vous rencontrez le Bouddha sur la route, tuez-le. Cela est dit aux personnes qui atteignent le summum de la méditation.

Quel est le summum de la méditation ? Tout le reste disparaît, sauf votre maître. Le monde disparaît, le marché disparaît, l'être aimé disparaît, l'argent, le pouvoir, le prestige, tout disparaît.

Les pensées, les sentiments, tout disparaît. Il ne reste plus qu'une chose à la fin : le maître. Lorsque cela se produit, la méditation est arrivée à son apogée. Il n'y a plus que le maître. Bouddha dit alors : Quand vous rencontrerez le Bouddha sur la route, tuez-le. Maintenant, vous devez aussi laisser tomber le maître.

Au dernier moment, il faut aussi laisser tomber le maître, car ce sera votre dernier attachement. Et lorsque le maître a également disparu, vous êtes vous-même devenu un bouddha.

C'est comme si vous vouliez traverser une rivière. Vous faites un radeau - vous rassemblez du bois, des cordes, vous faites un radeau, et ensuite vous allez sur l'autre rive sur le radeau. Bouddha dit : "Que ferez-vous sur l'autre rive ? Que ferez-vous sur l'autre rive ? Lorsque vous aurez atteint l'autre rive, que ferez-vous du radeau ? Le porterez-vous toujours sur votre tête, parce qu'il vous a aidé à aller sur l'autre rive ? Ce sera alors idiot. Ce sera un fardeau inutile et vous aurez l'air ridicule. Lorsque vous aurez atteint l'autre rive, que ferez-vous, demande Bouddha à ses disciples, de ce radeau ?

Et un disciple dit : "Nous allons dire au revoir au radeau. Nous serons reconnaissants envers le radeau, nous nous sentirons reconnaissants envers le radeau parce que c'est grâce au radeau que nous sommes arrivés sur l'autre rive, sans le radeau cela n'aurait pas été possible. Puis nous partirons, nous laisserons le radeau sur le rivage - avec beaucoup de gratitude, mais nous le laisserons, nous ne le porterons pas.

Un maître est un radeau. Vous allez sur l'autre rive. Lorsque vous avez atteint l'autre rive, dites au revoir au maître. Ce sera difficile - c'est pourquoi le Bouddha utilise un mot si dur. Il dit : Si vous rencontrez le Bouddha sur la route, tuez-le. Ce sera difficile, car être en relation avec un maître, c'est connaître l'amour dans son sens le plus profond. Il est très difficile de quitter le Bouddha.

Et vous avez voyagé avec Bouddha et vous avez connu de nouveaux espaces étranges, des espaces magnifiques, grâce à lui. Et vous avez connu tant de choses, et vous vous êtes tellement enrichis, et c'est grâce à lui et à travers lui. Il vous a sorti de votre nuit noire, et le matin arrive, et maintenant il vous dit : "Tuez-moi : Tuez-moi. Laissez-moi disparaître de votre être, complètement, comme si je n'avais jamais existé, afin que vous puissiez faire le dernier saut de la méditation au samadhi. Juste à la limite, le Bouddha, le maître, doit être laissé.

Les bouddhas peuvent vous amener à la limite entre la méditation et le samadhi. C'est la seule différence entre la méditation et le samadhi. Si votre esprit est devenu totalement calme et silencieux, mais que seul le maître est présent, il s'agit alors de méditation. Si votre esprit est devenu si calme que même le maître a disparu, il s'agit de samadhi. La dernière barrière sera le maître. Il vous emmènera hors du monde, mais un jour, vous devrez aussi le quitter. Et le véritable maître vous tiendra toujours informé que vous devrez le quitter un jour, à l'étape finale.

Mais vous ne pouvez partir que si vous avez accepté. Tu ne peux quitter le radeau sur l'autre rive que si tu as fait le radeau sur CETTE rive. la question de Wolfgang n'est donc pas encore valable. deviens un sannyasin, Wolfgang, fais le radeau. Et quand tu rencontreras Rajneesh sur la route, tue-le - mais seulement à ce moment-là. Pour l'instant, s'il vous plaît...

La quatrième question :

Question 4 :

SAVEZ-VOUS, MAÎTRE, QUE M. CECIL LEWIS S'EST ÉCHAPPÉ ?

Pauvre vieil homme. C'était un homme sympathique. Mais je craignais qu'il ne s'échappe. Il a lu mes livres - lire les livres est une chose. Il m'écrivait de belles lettres, et il voulait tellement venir ici. À cet âge avancé, il lui était difficile de venir. Rassembler autant d'argent était également difficile, mais il y est parvenu. Mais lire mes livres est une chose et me rencontrer face à face en est une autre. Avec les livres, vous pouvez avoir votre propre interprétation, ce que vous voulez. Avec les livres, vous pouvez fantasmer ; vous pouvez imposer vos idées, vos fantasmes.

Mais lorsque vous venez à moi, vous devez absorber ma réalité. et il lui était difficile de m'assimiler. Cela faisait trente ans qu'il lisait Gurdjieff. Il m'a écrit qu'il était allé voir Gurdjieff, mais qu'il l'avait raté. Quand il est arrivé, Gurdjieff était mort - il n'est arrivé que quelques jours plus tard. Il était donc très désolé d'avoir manqué Gurdjieff. C'est pourquoi il m'écrivait : " Je veux venir et je ne veux pas vous manquer. J'ai manqué Gurdjieff, j'ai ressenti cette douleur toute ma vie - si j'étais allé quelques jours avant, j'aurais vu le maître. Mais je n'ai pas eu de chance. Cette fois-ci, je ne veux pas manquer. Je viendrai, de n'importe quelle manière, je me débrouillerai pour l'argent et je viendrai.

Et il est venu. Et il a encore raté son coup. Et maintenant, je peux dire que s'il avait vu Gurdjieff, il se serait échappé bien plus tôt qu'il ne s'est échappé d'ici. Ici, il est resté au moins deux semaines. Avec Gurdjieff, il n'aurait pas pu rester plus de deux heures. Parce que Gurdjieff frappait très fort. Je frappe aussi, mais jamais très fort. C'est pourquoi je lui ai donné un petit choc - juste un goût de Gurdjieff au bout de la langue - mais il n'a pas pu le digérer. Il s'est immédiatement enfui. Je peux dire qu'il n'a pas du tout compris Gurdjieff. Sinon, il aurait été capable de voir ce que je fais - que je le choque, que j'essaie de détruire ses amortisseurs. Il se serait senti reconnaissant, il serait resté.

Mais il a lu les livres de Gurdjieff - c'est une chose.

Il est arrivé une fois qu'un jeune homme vienne me voir et qu'il soit fanatiquement amoureux du zen et des maîtres zen. Il venait et parlait toujours des maîtres zen qui frappaient les disciples et les jetaient. Je commençais à en avoir assez de ses histoires et un jour, je l'ai frappé. Et depuis, je ne l'ai pas revu. C'est ce qui s'est passé avec le vieux M. Lewis. Et je ne l'ai pas frappé fort, parce qu'il est si vieux. Mm ? J'ai été très poli. Mais j'avais peur qu'il s'échappe.

Lire Gurdjieff dans des livres est une chose ; lire des maîtres zen dans des livres est une chose. Mais lorsque vous rencontrez un maître zen ou un Gurdjieff, l'expérience est totalement différente. La réalité n'est pas votre imagination, et la réalité n'a aucune obligation de correspondre à votre imagination. Pendant deux semaines, il était là, souriant et heureux - je lui donnais du temps. Et un petit choc, et il a réagi. C'est ce que fait l'inconscient. Il a réagi immédiatement, il n'a même pas eu le temps de méditer. Il n'est jamais revenu à l'ashram, il s'est simplement échappé.

C'est à vous d'y réfléchir, d'y méditer. Je ne suis pas ici pour m'adapter à vous. Si je m'arrange avec vous, je n'aurai alors aucune compassion pour vous. Si je m'arrange avec vous, comment vais-je vous aider ? Je ne peux vous aider que si je vous détruis - si je détruis votre passé, vos connaissances, vos idées, vos conditionnements, votre personnalité. Ce n'est qu'en vous détruisant que je peux vous donner une nouvelle naissance, un nouveau départ, une nouvelle vie.

J'ai de la peine pour le vieil homme. Je voulais l'aider de toutes les manières possibles. Mais je ne peux pas vous aider si vous avez si peur, si vous êtes si immature et puéril, si vous êtes si impatient dans vos réactions. Tout ce que je peux dire, c'est ceci : Au revoir M. Lewis. On se reverra dans une autre vie.

La sixième question :

Question 5 :

UNE PERSONNE ÉCLAIRÉE RESTE-T-ELLE TOUJOURS ÉCLAIRÉE OU PEUT-ELLE DEVENIR NON ÉCLAIRÉE ?

La question est posée par Deva Swarup Yogiraj.

Même une personne non éclairée reste éclairée. La seule différence est qu'elle ne le sait pas. La personne éclairée le sait, et il n'y a aucun moyen de laisser tomber ce que vous avez connu.

L'illumination est votre nature, ce n'est pas quelque chose que vous pouvez mettre et enlever. Ce n'est pas comme une robe que l'on peut changer. C'est votre essence même, c'est votre être. L'illumination est votre être.

Si vous ne le savez pas, vous pouvez continuer à vous comporter de manière non éclairée. Le jour où vous le savez, il n'y a plus moyen de se comporter de manière non éclairée. Une fois que l'on sait, on sait.

Mais une personne éclairée peut faire semblant. Il peut prétendre qu'il n'est pas éclairé - que la liberté est disponible. Gurdjieff avait l'habitude de le faire - de prétendre qu'il n'était pas illuminé. De manière scandaleuse. L'un de ses disciples a raconté qu'il avait dû voyager avec lui dans un train et que, toute la nuit, il avait dérangé tous les passagers. Et les chefs de train, les chefs de gare et les porteurs. Il continuait à boire, à crier et à aller d'un endroit à l'autre, et le disciple s'inquiétait de ce qu'il devait faire et s'excusait auprès de tel ou tel. Et il a fait cela toute la nuit - délibérément.

Le matin, il était très satisfait du disciple, car pas un seul instant celui-ci n'a perdu le sentiment d'appartenance au maître. Pas un seul instant Gurdjieff n'a pu faire oublier au disciple qu'il était avec un homme éclairé. Il était immensément heureux. Il disait : "Tu as gagné. Tu as passé un grand examen. Il était tout à fait possible d'oublier un instant : De quel type d'homme s'agit-il ? Est-il éclairé ? Et que fait-il ? Même une personne non éclairée n'en ferait pas autant. Si vous voulez boire, vous buvez et vous vous endormez. Mais il a continué à boire. Il criait et se déplaçait d'un coin à l'autre du train, criant, réveillant les gens et les insultant. Le disciple avait peur que quelqu'un commence à le battre. La police est arrivée à une station, et le chef de gare a dit : "Nous voulons faire descendre cet homme, et il doit s'excuser. Et il doit s'excuser. Il a dit : "Nous devons aller à l'autre endroit, et je dois m'occuper de lui. C'est un grand homme, mais vous ne connaissez pas ses manières.

Il buvait trop et conduisait, puis insistait pour conduire. Et les disciples restaient assis. Il allait de plus en plus vite et tout le monde était au bord de la mort. Mais ils devaient se rappeler qu'il était éclairé. Il abusait des gens de manière très vulgaire, et le disciple devait s'en souvenir en permanence. C'est le genre de situation qu'il créait pour qu'ils se souviennent.

Parce que si je suis poli et très gentil avec vous et que vous vous dites "Notre maître est grand", ce n'est rien. Mais si je ne suis pas poli avec vous, si je ne suis pas gentil - si je suis rude - alors il est difficile, très difficile de se rappeler que votre maître est magnifique. On perd le fil. Et il ferait des choses tellement contradictoires, illogiques. Il vous disait de creuser un trou dans le sol, et pendant douze heures sans interruption, vous creusiez le trou - fatigué, transpirant, affamé, assoiffé. Il ne vous permettait pas d'aller où que ce soit, vous deviez creuser le trou. Au bout de douze heures, il arrive et dit : "Maintenant, rebouchez le trou".

Il est tout à fait naturel de se mettre en colère en pensant que c'est insensé : Alors pourquoi ? Mais c'est là tout le problème. Il ne faut pas demander à un maître pourquoi. Si vous demandez au maître pourquoi, vous ne l'avez pas accepté comme maître. Votre relation reste alors celle de la raison. Et la raison ne peut pas être en relation avec un maître. Il s'agit d'une confiance profonde, d'une relation d'amour et de confiance. S'il le dit, c'est qu'il doit en être ainsi, c'est qu'il doit y avoir quelque chose là-dedans. Et il y avait quelque chose. Il vous poussait dans vos retranchements à tous points de vue - et si vous vous mettez en colère, vous passez à côté de l'essentiel.

Et c'est ce qui s'est passé avec M. Lewis, il n'a pas compris. Il ne sait pas qu'il ne peut pas aimer Gurdjieff plus que je n'aime Gurdjieff. Mais je devais frapper - et la seule façon de le frapper était de parler de Gurdjieff comme si j'étais contre lui. C'était la seule façon de le toucher. C'est très facile si je dis quelque chose contre vous, vous pouvez le tolérer. Mais si je dis quelque chose contre votre maître, cela devient difficile. Il devient impossible de le tolérer. Votre maître est votre ego le plus subtil. Si j'avais dit "M. Lewis, vous avez tort", il l'aurait accepté. Mais si je dis "M. Lewis, Gurdjieff a tort", c'est impossible.

Gurdjieff s'est trompé ? Et trente ans de perdus ? Il s'échappe immédiatement.

Une personne éclairée peut faire semblant. Mais une personne éclairée ne peut pas redevenir non éclairée.

Dernière question :

Question 6 :

QUE PENSEZ-VOUS DU SEXE ?

Je pense qu'il est là pour rester.

Ce gâteau est délicieux

LE PARADIS DE LA TERRE PURE N'EST PAS LOIN.

LORSQUE, DANS LE RESPECT, CETTE VÉRITÉ EST ENTENDUE NE SERAIT-CE QU'UNE FOIS,

CELUI QUI LA LOUE ET L'ADOPTE VOLONTIERS

A UN MÉRITE SANS FIN.

COMBIEN PLUS CELUI QUI SE TOURNE VERS L'INTÉRIEUR

ET CONFIRME DIRECTEMENT SA PROPRE NATURE,

QUE SA PROPRE NATURE EST SANS NATURE -

A TRANSCENDÉ LES VAINES PAROLES.

LE PORTAIL S'OUVRE, ET LA CAUSE ET L'EFFET NE FONT QU'UN ;

LA LIGNE DROITE COURT LE LONG DU CHEMIN - PAS DEUX, PAS TROIS.

EN PRENANT COMME FORME LA FORME DE L'ABSENCE DE FORME,

IL EST TOUJOURS CHEZ LUI, À L'ALLER COMME AU RETOUR.

EN PRENANT COMME PENSÉE LA PENSÉE DE LA NON-PENSÉE,

CHANTER ET DANSER, TOUT EST LA VOIX DE LA VÉRITÉ.

VASTE EST LE PARADIS DU SAMADHI ILLIMITÉ,

RADIEUSE LA PLEINE LUNE DE LA QUADRUPLE SAGESSE.

QUE RESTE-T-IL À RECHERCHER ?
LE NIRVANA EST CLAIR DEVANT LUI,
CE LIEU MÊME LE PARADIS DU LOTUS,
CE MÊME CORPS LE BOUDDHA.

L'HOMME VIT DANS L'ILLUSION. L'homme vit dans l'illusion. L'homme vit pour l'illusion. En bref, l'homme vit grâce à l'illusion. D'où la peur de la vérité. Personne ne veut la vérité, mais tout le monde la cherche. Cette recherche est une tromperie, cette recherche est un évitement. Chercher la vérité, c'est l'éviter.

Il faut comprendre comment le chercheur continue à éviter la vérité. Chercher signifie regarder au loin, chercher ailleurs, partir en voyage. Chercher signifie reporter - chercher signifie que cela arrivera demain ou après-demain, cela n'arrive pas maintenant. Ce n'est pas ici, c'est là-bas. Ce n'est pas ceci, c'est cela.

L'homme continue à vivre dans l'illusion. Mais pour vivre dans l'illusion, il faut éviter la vérité, car si la vérité arrive, elle brisera toutes vos illusions, toute votre soi-disant vie et tout votre soi-disant amour. La vérité ressemble à une calamité. Friedrich Nietzsche a raison, dans un sens, lorsqu'il dit : "Ne donnez pas la vérité à l'humanité : Ne donnez pas la vérité à l'humanité. Sinon, vous détruirez la joie des gens, vous détruirez leur enthousiasme, vous détruirez leur joie de vivre. Ne donnez pas la vérité à l'humanité, sinon tout ce qu'elle a disparaîtra. Car tout ce qu'ils ont est une sorte de rêve. Ne réveillez pas l'humanité, sinon les rêves seront brisés. Et il se peut qu'ils voient de beaux rêves - ou qu'ils espèrent en voir, quelque part, un jour ou l'autre.

C'est pourquoi le Christ est crucifié, Socrate est empoisonné, Bouddha est lapidé. Ils apportent la vérité à des gens qui sont devenus presque illusoires. Ils apportent la lumière à des gens qui vivent dans l'obscurité et rêvent dans l'obscurité. Et leurs rêves dépendent de l'obscurité - lorsque quelqu'un apporte la lumière dans l'obscurité, l'obscurité disparaît, ainsi que les rêves et les désirs.

On se sent blessé par un Bouddha ou un Christ. Le Christ ne ressemble pas au sauveur mais à l'ennemi.

Sinon, pourquoi crucifier le Christ ? Il n'y a pas d'autre raison. La raison fondamentale est qu'il vous déracine, il vous brise. Il faut comprendre cela très profondément. Et lorsque vous vivez dans l'illusion, vous cherchez la vérité. C'est une double tromperie, qui vous permet de continuer à vous dire et à vous consoler : "Je cherche. Regardez les grands efforts que je fais, combien je mets d'énergie dans la recherche - regardez !

La recherche de la vérité naît de votre mensonge. C'est le mensonge qui vous met en quête de la vérité. C'est une protection pour le mensonge, c'est le moyen pour le mensonge de survivre. Il dit : "Allez à la recherche de la vérité : Va chercher la vérité. Elle est là, loin, dans un pays lointain. Vous devrez voyager, et le voyage est long, et il n'est pas près de se terminer. Cela prendra des vies et des vies, cela prendra des millénaires, mais allez-y ! Continuez à chercher, un jour vous le trouverez. Le mensonge vous donne de l'espoir, il vous donne un avenir, il vous donne des rêves d'avenir. Votre Dieu est quelque part au loin. Il faut qu'il soit loin, parce que tout près de lui, il sera dangereux.

On peut donc respecter un maître mort, mais on ne peut pas respecter un maître vivant. C'est trop proche, c'est trop dangereux. Aujourd'hui, le Christ est vénéré, presque la moitié de la terre est devenue chrétienne. Et lorsqu'il était ici, pas plus de douze personnes le suivaient - et elles aussi, sans enthousiasme. Et eux aussi l'ont trahi au dernier moment. Le jour de sa mort, il est devenu Dieu, il est devenu divin. Des millions et des millions de personnes ont commencé à se mettre à ses pieds et, au fil des siècles, elles n'ont cessé d'affluer et d'augmenter.

Pourquoi un Christ mort semble-t-il plus important qu'un Christ vivant ? La raison est la suivante : un Christ vivant peut s'avérer fatal à vos illusions. Un Christ mort ne peut rien vous faire. Un Christ mort est sous votre contrôle, un Christ vivant ne peut pas être contrôlé par vous. Un Christ mort n'est qu'un nom, un mot - vide, impuissant. Un Christ vivant est un feu. Vous pouvez jouer avec le mot "feu", mais vous ne pouvez pas vous approcher du feu lui-même. Il vous brûlera, il vous détruira.

Mais dans votre destruction même se trouve la possibilité d'une nouvelle naissance. Des cendres va naître le nouveau. Le mythe du phénix n'est pas un mythe, c'est une métaphore de la renaissance de l'homme. Il faut d'abord mourir pour renaître. Un Christ vivant, c'est comme la mort. Un Christ mort est une consolation, un réconfort, une sécurité.

L'autre soir, une femme était là et elle m'a dit qu'elle adorait mes méditations et que beaucoup de choses se produisaient grâce à elles. De plus, elle a commencé à enseigner mes méditations à d'autres personnes et il se passe beaucoup de choses pour elles. Mais elle ne peut pas être initiée par moi. J'ai demandé pourquoi. Elle m'a répondu pour des raisons religieuses - elle peut être chrétienne, juive ou autre. Elle ne peut pas quitter le Christ mort pour un Christ vivant. Elle dit que c'est "pour des raisons religieuses". La vraie raison est que s'approcher de moi peut lui être fatal. Le Christ est tout à fait acceptable, ce n'est qu'une image sur le mur, un nom dans un livre ou un mot dans votre bouche. Cela ne signifie rien, c'est du bruit.

Mais si vous vous approchez de moi - et l'initiation signifie s'approcher, l'initiation signifie s'approcher le plus possible - vous serez brûlés. Vous serez réduit en cendres. Tu disparaîtras.

Mais c'est le seul véritable espoir. Si tu disparais tel que tu es, tu naîtras tel que tu es vraiment. Seule la disparition du mensonge que vous êtes devenu peut donner naissance à la vérité. Et la vérité n'est pas loin, elle se cache simplement en vous. Et vous vous accrochez au mensonge. Votre personnalité est le mensonge. Et à cause de la personnalité, vous ne pouvez pas aller vers l'essence. La personnalité est enseignée par la société ; la société crée des mensonges. Les mensonges sont très pratiques. Les mensonges fonctionnent comme des lubrifiants, ils rendent la vie plus facile. Vous voyez quelqu'un et vous souriez. Et ce sourire est un mensonge - parce qu'il ne vient pas de votre cœur, il est juste peint sur les lèvres. Vous l'avez créé, vous l'avez géré, c'est une sorte d'exercice des lèvres. Mais il lubrifie la relation, l'autre homme commence à sourire.

Si vous êtes vrai, si vous êtes tel que vous êtes, ce sera difficile, la relation deviendra difficile.

Les psychologues disent que si chaque personne commence à révéler ce qu'elle a dans le cœur, l'amitié disparaîtra de la terre, l'amour disparaîtra de la terre. C'est vrai. Il sera impossible de trouver des amis si vous dites simplement ce que vous avez sur le cœur. Si vous dites ce que vous avez sur le cœur, votre bien-aimé(e) vous quittera et votre amant(e) vous quittera.

Vous continuez à le garder dans le cœur, et vous continuez à jouer quelque chose qui n'est pas vraiment là - vous faites quelque chose d'autre, juste le contraire. Vous pouvez être en colère, mais vous souriez. Vous pouvez être blessé, mais vous souriez.

Vous pouvez être en ébullition mais vous souriez. Vous avez peut-être envie de crier, mais vous continuez à chanter. Vous pouvez vouloir faire autre chose, mais ce n'est pas faisable, ce n'est pas pratique, ce n'est pas la bonne chose à faire.

La société crée ce personnage, ce masque autour de vous, cette personnalité.

Il y a trois "vous" en vous. Toi-1 - c'est la personnalité. Le mot "personnalité" vient de la racine grecque "persona". Dans le théâtre grec, on utilisait des masques et la voix sortait du masque. Sona signifie voix, son, et per signifie à travers le masque. On ne connaît pas le vrai visage de l'acteur. Il y a un masque, et c'est à travers le masque que vient la voix. On a l'impression qu'elle vient du masque, mais on ne connaît pas le vrai visage. Le mot "personnalité" est magnifique, il vient du théâtre grec.

Et c'est ce qui s'est passé. Dans le théâtre grec, il n'y avait qu'un seul masque. Vous en avez plusieurs. Masques sur masques, comme les couches d'un oignon. Si vous enlevez un masque, il y en a un autre, et si vous l'enlevez, il y en a un autre. Vous pouvez continuer à creuser et à creuser et vous serez surpris du nombre de visages que vous portez. Combien ! Vous les avez collectionnés pendant des vies. Et ils sont tous utiles, parce que vous devez changer souvent. Vous parlez à votre serviteur, vous ne pouvez pas avoir le même visage que lorsque vous parlez à votre patron. Et ils peuvent être tous les deux présents dans la pièce :

Lorsque vous regardez le serviteur, vous devez utiliser un masque et lorsque vous regardez votre patron, vous devez utiliser un autre masque. Vous changez continuellement. C'est presque devenu automatique - vous n'avez pas besoin de changer, cela change tout seul. Vous regardez votre patron et vous souriez. Lorsque vous regardez le serviteur, le sourire disparaît et vous devenez dur - aussi dur que le patron l'est pour vous. Quand il regarde SON patron, il sourit.

En un seul instant, vous pouvez changer de visage plusieurs fois. Il faut être très vigilant pour savoir combien de visages on a. Ils sont innombrables. On ne peut pas les compter.

C'est votre premier vous, le faux vous. Ou appelez-le l'ego. Il vous a été donné par la société, c'est un cadeau de la société - du politicien, du prêtre, du parent et du pédagogue. Ils vous ont donné de nombreux visages pour vous faciliter la vie. Ils vous ont enlevé votre vérité, ils vous ont donné un substitut. Et à cause de ces visages de substitution, vous ne savez pas qui vous êtes.

Vous ne pouvez pas savoir, car les visages changent si vite et ils sont si nombreux que vous ne pouvez pas vous faire confiance.

Vous ne savez pas exactement quel visage est le vôtre. En fait, aucun de ces visages n'est le vôtre.

Et les zen disent : Si vous ne connaissez pas votre visage originel, vous ne saurez pas ce qu'est Bouddha.

Parce que Bouddha est votre visage originel. Vous êtes né en tant que Bouddha et vous vivez un mensonge.

Ce cadeau social doit être abandonné. C'est le sens du sannyas, de l'initiation. Que vous soyez chrétien, hindou ou mahométan, ce visage doit être abandonné. Parce que ce n'est pas votre propre visage - il vous a été donné par d'autres, vous avez été conditionné pour cela. Et on ne vous l'a même pas demandé, on ne vous l'a même pas demandé. Il vous a été imposé de force, violemment.

Tous les parents sont violents et tous les systèmes éducatifs sont violents. Parce qu'ils ne tiennent pas compte de vous. Ils ont des a-priori, ils savent déjà ce qui est juste. Et ils vous imposent ce "bien". Vous vous tortillez, vous criez à l'intérieur, mais vous êtes impuissant. Un enfant est si impuissant et si délicat qu'il peut être modelé de toutes les manières possibles. Et c'est ce que fait la société. Avant que l'enfant ne devienne assez fort, il est déjà handicapé de mille et une façons. Paralysé, empoisonné.

Le jour où vous voudrez devenir religieux, vous devrez abandonner les religions. Le jour où vous voudrez entrer en relation avec Dieu, vous devrez abandonner toutes les idéologies sur Dieu. Le jour où vous voudrez savoir qui vous êtes, vous devrez abandonner toutes les réponses qui vous ont été données. Tout ce qui est emprunté doit être brûlé.

C'est pourquoi le zen a été défini comme : Une approche directe du cœur humain. Voir la nature et devenir Bouddha. Ne pas s'en tenir aux lettres. Une transmission distincte en dehors des écritures".

Une transmission séparée en dehors des écritures : le Coran ne peut pas vous la donner, ni le Dhammapada, ni la Bible, ni le Talmud, ni la Gita. Aucune écriture ne peut vous le donner. Et si vous croyez aux écritures, vous continuerez à passer à côté de la vérité.

La vérité est en vous. C'est là qu'il faut la rencontrer. Voir la nature et devenir Bouddha. Directement au cœur de l'homme". Vous ne devez aller nulle part. Et où que vous alliez, vous resterez le même, alors quel est l'intérêt ? Vous pouvez aller dans l'Himalaya, cela ne changera rien. Vous emporterez avec vous tout ce que vous avez. Tout ce que vous êtes devenu, tout ce que l'on vous a fait, vous emporterez toute votre artificialité. Vos visages synthétiques, vos connaissances empruntées, vos écritures continueront à s'accrocher en vous. Même assis seul dans une grotte de l'Himalaya, vous ne serez pas seul. Les enseignants seront là autour de vous, ainsi que les prêtres, les politiciens, les parents et toute la société. Ils ne seront peut-être pas visibles, mais ils seront là, à l'intérieur de vous, et ils vous encombreront. Et vous resterez un hindou, un chrétien ou un mahométan. Et vous continuerez à répéter des mots comme des perroquets. Cela ne changera pas, cela ne peut pas changer.

Je lisais une belle histoire bavaroise, dont vous avez peut-être entendu parler. Méditez-la.

Un ange de Munich Alois Hingerl, portier n° 172 à la gare centrale de Munich, a travaillé un jour avec tant d'énergie qu'il est tombé raide mort. Deux petits anges l'ont transporté avec difficulté au ciel où Saint Pierre l'a accueilli et lui a dit qu'il s'appellerait désormais l'ange Aloisius. Il lui offrit une harpe et l'informa des règles de la maison céleste. De huit heures du matin à midi, lui dit-il, tu jubileras. Et de midi à huit heures du soir, tu chanteras hosannah".

Qu'est-ce qui se passe ? demanda Aloisius. De huit heures du matin à midi, on jubile ? Et de midi à huit heures du soir, on chante l'hosannah ? Alors... hmhm... oui, et quand est-ce que je peux avoir quelque chose à boire ?".

Tu auras ta manne en temps voulu", dit Pierre, un peu contrarié, et il le quitta.

Bon sang ! grommela Angel Aloisius. Cela va être plutôt ennuyeux ! Je dois jubiler de huit heures à midi ? Et moi qui croyais qu'il n'y avait pas de travail au paradis ! Mais il finit par s'asseoir sur un nuage et se mit à chanter comme on le lui demandait : "Alléluia ! Alléluia !

Un intellectuel plein d'entrain passe en trombe. Hé, toi ! dit Aloisius. Que dirais-tu d'une pincée de tabac à priser ? Allez, un peu de tabac !". Mais l'ange intellectuel est révolté par cette idée vulgaire.

Il a simplement murmuré "Hosannah" et est parti.

Aloisius devient furieux. Quel est cet imbécile ? s'écria-t-il. Si tu n'as pas de tabac à priser, c'est que tu n'en as pas, n'est-ce pas ? Un homme peut s'attendre à une réponse décente, n'est-ce pas ? Espèce de rustre !

Oh ! ma chère, quels gens ils ont là-haut ! Ah, ah, dans quoi me suis-je fourré ? Et une fois de plus, il s'assit sur son nuage et continua à jubiler.

Mais sa colère se manifestait dans son chant, et il criait si fort que le Père céleste voisin se réveilla de sa sieste et demanda avec étonnement : " D'où vient ce bruit ? ". Il envoya chercher saint Pierre, qui arriva en courant, et ils entendirent ensemble la jubilation scandaleuse de l'ange Aloisius : Alléluia ! Scheisse ! Alléluia ! Foutaises ! Alléluia ! Va te faire foutre !

Alléluia ! Saint Pierre se précipita et traîna Aloisius devant le Seigneur.

Le Père céleste l'a regardé longuement, puis il a parlé : Oh, je vois : un ange de Munich.

C'est ce que je pensais ! Maintenant, dites-moi, qu'est-ce que c'est que ces cris ?

C'est exactement ce qu'Aloisius attendait. Il était tellement furieux qu'il se mit à parler. Je n'aime pas toutes ces choses ! Je n'aime pas avoir des ailes ! Je n'aime pas chanter Hosannah ! Je n'aime pas boire de la manne au lieu de la bière ! Et que ce soit bien clair : je n'aime pas chanter !

Saint Pierre, dit le Seigneur, cela ne marchera jamais ! Mais j'ai une idée. Nous l'emploierons comme messager pour transmettre nos conseils célestes au gouvernement bavarois. Il pourra ainsi se rendre à Munich une ou deux fois par semaine, et sa bonne âme reposera en paix.

Lorsqu'Aloisius entendit cela, il se sentit très heureux. Bientôt, il reçut son premier travail de livraison, une lettre, et il s'envola vers la terre.

Et lorsqu'il sentit à nouveau le sol de Munich sous ses pieds, il lui sembla qu'il était vraiment au paradis. Fidèle à ses vieilles habitudes, il se rendit immédiatement à la Hofbrauhaus et trouva sa place habituelle, vide, qui l'attendait. La bonne vieille Kathi, la serveuse, était toujours là et il commanda une autre tournée de bières, puis une autre, et encore une autre... et il s'assit et s'assoit toujours là aujourd'hui.

C'est la raison pour laquelle le gouvernement bavarois doit aujourd'hui encore se passer des conseils de Dieu.

Où que vous alliez, vous serez vous-même. Même au paradis ou dans l'Himalaya. Vous ne pouvez pas être autrement.

Le monde n'est pas en dehors de vous, vous êtes le monde. Ainsi, où que vous alliez, vous emportez votre monde avec vous.

Le véritable changement ne doit pas être extérieur, le véritable changement ne doit pas être extérieur, le véritable changement doit être intérieur. Et qu'est-ce que j'entends par changement réel ? Je ne veux pas dire que vous devez vous améliorer, car l'amélioration est encore une fois un mensonge. L'amélioration signifie que vous allez continuer à polir votre personnalité.

Vous pouvez la rendre immensément belle - mais n'oubliez pas que plus elle est belle, plus elle est dangereuse, car plus il sera difficile de la faire tomber.

C'est pourquoi il arrive qu'un pécheur devienne un saint. Mais vos soi-disant personnes respectables ne le deviennent jamais. Ils NE PEUVENT PAS le devenir - ils ont des personnalités si précieuses, si décorées, si polies, et ils ont tellement investi dans leur personnalité que leur vie entière a été une sorte de polissage. Maintenant, il est trop coûteux de laisser tomber ces belles personnalités. Un pécheur peut laisser tomber, il n'a pas investi dans sa personnalité. En fait, il en a assez de sa personnalité, tellement elle est laide. Mais comment une personne respectable peut-elle la laisser tomber si facilement ? Elle l'a si bien payée, elle lui a procuré un tel profit. Il est de plus en plus respecté, il va de plus en plus haut, il atteint le sommet de la réussite. Il lui est très difficile de s'arrêter sur cette échelle de la réussite. C'est une échelle qui n'a pas de fin, on peut continuer encore et encore.

Quelqu'un a demandé à Henry Ford lorsqu'il était mourant, sur son lit de mort - il était encore en train de planifier de nouvelles industries, de nouvelles entreprises - quelqu'un lui a demandé : "Monsieur, vous êtes en train de mourir ! Et les médecins disent que vous ne survivrez pas plus de quelques jours. Ils n'en sont même pas certains ; vous pouvez mourir aujourd'hui ou demain. Pourquoi ? Vous avez fait cela toute votre vie. Et vous avez tellement d'argent, plus que vous ne pouvez en dépenser, plus que vous ne pouvez en faire quelque chose. C'est de l'argent inutile. Pourquoi avez-vous continué à multiplier les entreprises ?

Pendant un instant, Henry Ford a dû interrompre sa planification et se dire : "Écoutez, je ne peux pas m'arrêter. Je ne peux pas m'arrêter. C'est impossible. Seule la mort m'arrêtera, je ne peux pas m'arrêter. Tant que je serai en vie, je continuerai à m'efforcer d'atteindre un échelon supérieur. Je sais que cela n'a pas de sens, mais je ne peux pas m'arrêter !

Lorsque vous réussissez dans le monde, il est difficile de s'arrêter. Lorsque vous vous enrichissez, il est difficile d'arrêter, lorsque vous devenez célèbre, il est difficile d'arrêter. Plus votre personnalité est raffinée, plus elle s'accroche à vous.

Je ne dis donc pas qu'il faut s'améliorer. Tous les grands maîtres, de Bouddha à Hakuin, n'ont jamais dit qu'il fallait s'améliorer. Méfiez-vous des soi-disant "livres d'amélioration". Le marché américain est rempli de ces livres : méfiez-vous. Car l'amélioration ne vous mènera nulle part. Il ne s'agit pas de s'améliorer, car en s'améliorant, on améliore le mensonge. La personnalité sera améliorée - elle deviendra plus polie, plus subtile, plus précieuse - mais ce n'est pas cela la transformation. La transformation ne vient pas de l'amélioration, mais de l'abandon total de la personnalité.

Le mensonge ne peut pas devenir la vérité. Il n'y a aucun moyen d'améliorer le mensonge pour qu'il devienne la vérité. Il restera le mensonge. Il ressemblera de plus en plus à la vérité, mais il restera le mensonge. Et plus il ressemblera à la vérité, plus vous serez absorbé par lui, enraciné en lui. Le mensonge peut tellement ressembler à la vérité que vous pouvez même devenir inconscient du fait qu'il s'agit d'un mensonge.

Le mensonge vous dit : Cherchez la vérité. Améliorez votre caractère, votre personnalité. Cherchez la vérité, devenez ceci, devenez cela. Le mensonge continue à vous donner de nouveaux programmes : Faites ceci, et alors tout ira bien et vous serez heureux pour toujours. Faites ceci, faites cela. Cela a échoué ? Ne vous inquiétez pas, j'ai d'autres projets pour vous. Le mensonge continue à vous donner des plans, et vous continuez à avancer dans ces plans et à gâcher votre vie.

En fait, la recherche de la vérité est également issue du mensonge. Ce sera difficile à comprendre, mais il faut le comprendre. La recherche de la vérité vient du mensonge lui-même. C'est la façon dont le mensonge se protège - il vous donne même la recherche de la vérité, alors comment pouvez-vous être en colère contre votre personnalité ? Et comment pouvez-vous dire que c'est un mensonge ? Il vous pousse, il vous oblige, il vous pousse à rechercher la vérité.

Mais la recherche, c'est s'éloigner. La vérité est ici, et le mensonge vous pousse à aller là-bas. Et la vérité est maintenant, et le mensonge dit "alors" et "là-bas". Le mensonge parle toujours soit du passé, soit de l'avenir, il ne parle jamais du présent. Et la vérité, c'est le présent. L'instant présent ! C'est le moment présent. C'est ce que Hakuin veut dire quand il dit :

CE LIEU MÊME LE PARADIS DU LOTUS, CE CORPS MÊME LE BOUDDHA.

Le premier "vous" est donc le mensonge, l'acte. La pseudo-personnalité qui vous entoure. Le visage public, l'imposture. C'est une fraude. La société vous l'a imposée et vous avez coopéré avec elle. Vous devez cesser de coopérer avec le mensonge social. Car ce n'est que lorsque vous êtes complètement nu que vous êtes vous-même. Tous les vêtements sont sociaux. Toutes les idées et toutes les identités que vous pensez être sont sociales - données par d'autres. Ils ont leurs raisons de vous donner ces idées. Il s'agit d'une exploitation subtile.

La véritable exploitation n'est pas économique ou politique, elle est psychologique. C'est pourquoi toutes les révolutions jusqu'à présent ont été des échecs. Jusqu'à présent, aucune révolution n'a réussi. La raison ?

Parce qu'ils ne se sont pas penchés sur l'exploitation la plus profonde, qui est psychologique. Ils se contentent de changer des choses superficielles. Une société capitaliste devient communiste, mais cela ne fait aucune différence. Une démocratie devient dictatoriale, une société dictatoriale devient démocratique, cela ne fait aucune différence.

Il ne s'agit que de changements superficiels, comme un badigeon, mais la structure reste la même au fond.

Qu'est-ce que l'exploitation psychologique ? L'exploitation psychologique est le fait que personne n'est autorisé à être lui-même. Personne n'est accepté en tant que tel. Personne n'est respecté. Comment peut-on respecter les gens si on ne les accepte pas tels qu'ils sont ? Si vous leur imposez des choses et qu'ensuite vous les respectez, vous respectez vos propres impositions. Vous ne les respectez pas tels qu'ils sont, vous ne respectez pas leur nudité. Vous ne respectez pas leur naturel, vous ne respectez pas leur spontanéité, vous ne respectez pas leurs vrais sourires et leurs vraies larmes. Vous ne respectez que les faux-semblants, les prétentions, les actions.

Leurs actions sont respectées.

Ce you-1 doit être totalement abandonné. Freud a beaucoup contribué à faire prendre conscience à l'humanité de la pseudo-nudité de la personnalité, de l'esprit conscient. Sa révolution est bien plus profonde que celle de Marx, sa révolution est bien plus profonde que toute autre révolution. Elle est profonde, mais elle ne va pas assez loin.

Il atteint le deuxième toi, le toi-2. C'est le vous refoulé, le vous instinctif, le vous inconscient. C'est tout ce que la société n'a pas permis, c'est tout ce que la société a forcé à l'intérieur de votre être et y a enfermé. Il n'apparaît que dans vos rêves, il n'apparaît que dans les métaphores, il n'apparaît que lorsque vous êtes ivre, il n'apparaît que lorsque vous n'avez plus le contrôle. Sinon, elle reste loin de vous. Et c'est plus authentique, ce n'est pas bidon.

Freud a beaucoup fait pour que l'homme en prenne conscience. Et les psychologies humanistes, en particulier les groupes de croissance, les rencontres et autres, ont énormément contribué à vous faire prendre conscience de tout ce qui crie en vous, de tout ce qui a été refoulé, écrasé. Et c'est votre partie vitale. C'est votre vraie vie, votre vie naturelle. Les religions l'ont condamnée comme étant votre partie animale, elles l'ont condamnée comme étant la source du péché. Ce n'est pas la source du péché, c'est la source de la vie. Et elle n'est pas plus basse que la conscience. Elle est plus profonde que le conscient, certes, mais pas plus basse que le conscient.

Et rien n'est mauvais s'il s'agit d'un animal. Les animaux sont beaux, les arbres aussi. Ils vivent encore nus dans leur simplicité la plus totale. Ils n'ont pas encore été détruits par les prêtres et les politiciens, ils font encore partie de Dieu. Seul l'homme s'est égaré. L'homme est le seul animal anormal sur terre - sinon, tous les animaux sont tout simplement normaux. D'où la joie, la beauté, la santé. D'où la vitalité. Ne l'avez-vous pas vu ? N'avez-vous pas ressenti de la jalousie lorsqu'un oiseau s'envole ? Ne l'avez-vous pas vu chez un cerf qui court rapidement dans la forêt ? N'avez-vous pas été jaloux de la vitalité, de la joie pure de l'énergie ?

Enfants : n'avez-vous jamais été jaloux ? C'est peut-être parce que vous êtes jaloux que vous continuez à condamner l'infantilisme. Vous continuez à condamner. Montague a raison de dire qu'au lieu de dire aux gens "Ne soyez pas puérils", nous devrions commencer à dire aux gens "Ne soyez pas adultes". Il a raison, je suis d'accord.

L'enfant est beau, l'adulte est ce qu'est la laideur. Il n'est plus un flux, il est bloqué à bien des égards.

Il est figé, il est terne et mort. Il n'a plus d'entrain, il n'a plus d'enthousiasme, il se traîne tout simplement.

Il s'ennuie, il n'a pas le sens du mystère. Il ne se sent jamais surpris, il a oublié le langage de l'émerveillement. Le mystère a disparu pour lui. Il a des explications, le mystère n'existe plus. Il a donc perdu la poésie, la danse et tout ce qui a de la valeur, tout ce qui donne un sens et une signification à la vie, tout ce qui donne de la saveur à la vie.

Ce deuxième "vous" est bien plus précieux que le premier. C'est là que je suis contre toutes les religions, c'est là que je suis contre tous les prêtres, parce qu'ils s'accrochent au premier, au plus superficiel. Passez à la seconde. Mais la seconde n'est pas la fin - c'est là que Freud échoue. Et c'est là que la psychologie humaniste échoue également -

elle va un peu plus loin que Freud, mais ne va pas encore assez loin pour trouver la troisième.

Il y a un troisième "vous", vous-3. Le vrai vous, le visage originel, qui est au-delà du vous-1 et du vous-2, tous les deux.

La transcendance. La bouddhéité. C'est la conscience pure et indivise. Le premier vous est social, le deuxième vous est naturel, le troisième vous est divin. Ou, si vous voulez utiliser les termes de Hakuin, le premier vous est le corps physique, le deuxième vous est le corps de félicité et le troisième vous est le corps essentiel. Ce sont les trois corps du Bouddha.

Et rappelez-vous, je ne dis pas que le premier n'est pas du tout utile. Si le troisième existe, le premier peut être utilisé à merveille. Si le troisième existe, le deuxième peut être utilisé à merveille. Mais seulement si le troisième existe.

Si le centre fonctionne bien, alors la périphérie va bien aussi, alors la circonférence va bien aussi. Mais sans le centre, seulement la circonférence, c'est une sorte de mort.

C'est ce qui est arrivé à l'homme. C'est pourquoi, en Occident, tant de penseurs pensent que la vie n'a pas de sens. Ce n'est pas le cas. C'est seulement parce que vous avez perdu le contact avec votre source d'où naît le sens.

C'est comme si un arbre avait perdu le contact avec ses propres racines. Il n'y a plus de fleurs. Le feuillage commence à disparaître, les feuilles tombent et il n'y a pas de nouvelles feuilles. Et le jus cesse de couler, la sève n'existe plus. L'arbre devient mort, l'arbre se meurt.

Et l'arbre peut commencer à philosopher, l'arbre peut devenir existentialiste, un Sartre ou quelqu'un d'autre, et l'arbre peut commencer à dire qu'il n'y a pas de fleurs dans la vie. Que la vie n'a pas de fleurs, qu'il n'y a pas de parfum, qu'il n'y a plus d'oiseaux. Et l'arbre peut même commencer à dire qu'il en a toujours été ainsi, et que les anciens ne faisaient que s'illusionner sur l'existence des fleurs - ils imaginaient. Il en a toujours été ainsi, le printemps n'est jamais venu, les gens n'ont fait que fantasmer. Ces bouddhas et ces jinas n'ont fait qu'imaginer, fantasmer, que les fleurs éclosent et qu'il y a une grande joie, que les oiseaux viennent et que le soleil brille. Il n'y a rien. Tout est obscurité, tout est accidentel et il n'y a pas de sens. L'arbre peut le dire.

Et ce qui est vrai, ce n'est pas qu'il n'y a pas de sens, pas qu'il n'y a plus de fleurs, pas que les fleurs n'existent pas, pas que le parfum est une fantaisie, mais simplement que l'arbre a perdu le contact avec ses propres racines.

Si vous n'êtes pas enraciné dans votre bouddhéité, vous ne fleurirez pas. Vous ne chanterez pas, vous ne saurez pas ce qu'est la célébration. Et comment pouvez-vous connaître Dieu si vous ne connaissez pas la célébration ? Si vous avez oublié comment danser, comment pouvez-vous prier ? Si vous avez oublié comment chanter et comment aimer, alors Dieu est mort.

Non pas que Dieu soit mort. Dieu est mort en vous, seulement en vous. Votre arbre est sec, la sève a disparu. Il va falloir retrouver des racines. Où trouver ces racines ? Les racines doivent être trouvées ici et maintenant. C'est tout le message du chant de méditation de Hakuin. Avant d'entrer dans le chant, quelques précisions.

Un homme peut sembler être la somme totale de ses jours, de tout ce qu'il fait du début à la fin.

Mais ce n'est pas le véritable homme. Ce que vous faites n'est qu'une périphérie. Ce que tu ressens est un peu plus profond.

Ce que vous ÊTES est vraiment à la racine. Un homme n'est pas la somme de ses actes. Un politicien EST la somme totale de ses actes, parce qu'il ne vit que sur la circonférence. C'est pourquoi il est facile d'écrire l'histoire des politiciens. Il est difficile d'écrire l'histoire des bouddhas, parce qu'ils vivent à une telle profondeur que nous ne pouvons pas les atteindre. Ils vivent dans une telle éternité que le temps n'a pas de prise sur eux. Ils existent d'une manière si transcendante qu'ils ne laissent aucune trace sur la terre. Ils sont comme des oiseaux dans le ciel : ils volent mais ne laissent pas d'empreintes.

Les hommes politiques laissent des traces. Ils vivent dans la boue, dans la saleté, ils se traînent dans la réalité banale. Ils laissent beaucoup d'empreintes, ils laissent beaucoup de sang derrière eux. Un bouddha existe comme s'il n'avait jamais existé. Il existe de manière si absente, il existe comme un espace, un espace vide.

Rappelez-vous qu'un homme n'est pas la somme de ses actions. Et s'il l'est, il n'est pas encore un homme ; il n'est qu'une fiction, il vit dans l'illusion. Vous n'êtes pas ce que vous faites. Ne vous préoccupez donc pas trop de ce que vous faites, commencez à vous enfoncer dans l'être. C'est pourquoi toutes les méditations sont essentiellement une façon de s'asseoir en silence - si silencieusement que toute action s'arrête. Sur le plan physique, sur le plan mental, l'action s'arrête, la pensée s'arrête.

Parce que la pensée est aussi une action sur le plan mental - vous faites quelque chose. Lorsque tout ce que vous faites disparaît et que vous êtes simplement là, une présence, alors la méditation a eu lieu.

Assis en silence, sans rien faire, le printemps arrive et l'herbe pousse toute seule.

C'est le sens du mot "zazen". Za" signifie s'asseoir sans rien faire. Et "zen" signifie : dans cette position assise, lorsque vous ne faites rien, vous tombez sur vous-même, vous vous rencontrez, vous vous voyez. C'est le zen, le DHYANA, la méditation. Le mot "zazen" est magnifique. S'asseoir et se regarder soi-même, telle est sa signification.

L'homme est plus que la somme de ses actes, de ses pensées, de ses sentiments. Derrière les actes, les pensées et les sentiments, il y a un autre homme - celui qui est, celui qui est essentiellement. Mais beaucoup ne se montrent que rarement, voire jamais, dans leur être essentiel. Très peu d'entre eux atteignent ce point de leur être essentiel, leur fondement même. Ceux qui y parviennent sont les seuls à savoir que la vie est une bénédiction. Une pure joie, une célébration éternelle.

Mais si vous restez à la surface, vous ne connaissez que la misère, rien d'autre. L'agonie, rien d'autre. Permettez-moi de le dire de cette façon : Toi-1 ne connaît que la misère et l'agonie. You-3 connaît l'extase de l'être et la joie de l'être.

Et You-2 ne connaît ni l'extase ni l'agonie. Il connaît le plaisir et la douleur, il est juste au milieu.

L'extase est une joie sans limite, une joie infinie. L'agonie est une misère infinie, sans limites. Entre les deux, il y a l'animal et l'enfant. Il connaît le jeu, il connaît le plaisir et la douleur. Il ne connaît ni l'agonie ni l'extase. Il ne connaît pas l'infini.

Si l'enfant se dirige vers la première, ce que la société l'oblige à faire, il connaîtra l'agonie. S'il trouve quelqu'un qui peut l'aider à aller vers le troisième, il connaîtra l'extase. Trouver un maître, ce n'est rien d'autre que trouver un homme qui a connu son être essentiel, afin qu'il puisse vous aider à aller vers votre propre être essentiel.

Un maître ne doit pas être suivi, un maître ne doit pas être imité, un maître doit seulement être compris. C'est dans cette compréhension même que réside la révolution.

La vraie vie d'un homme, c'est la façon dont il se défait du mensonge imposé par les autres. Dépouillé, nu, naturel, il est ce qu'il est. Il s'agit d'être et non de devenir. Le mensonge ne peut pas devenir la vérité, la personnalité ne peut pas devenir votre âme. Il n'y a aucun moyen de rendre essentiel ce qui n'est pas essentiel. Le non-essentiel reste non-essentiel et l'essentiel reste essentiel, ils ne sont pas convertibles. Et s'efforcer d'atteindre la vérité n'est rien d'autre que créer davantage de confusion. La vérité ne doit pas être atteinte. Elle ne peut pas être atteinte, elle est déjà là. Seul le mensonge doit être abandonné.

Tous les buts, toutes les fins, tous les idéaux, tous les objectifs, toutes les idéologies, toutes les religions et tous les systèmes d'amélioration et de perfectionnement sont des mensonges. Méfiez-vous-en. Reconnaissez le fait que, tel que vous êtes, vous êtes un mensonge. Manipulé, cultivé par d'autres. La recherche de la vérité est une distraction et un report. C'est la façon dont le mensonge se cache. Voyez le mensonge, regardez en profondeur le mensonge de votre personnalité. Car voir le mensonge, c'est cesser de mentir.

Ne plus mentir, c'est ne plus chercher aucune vérité - ce n'est pas nécessaire. Dès que le mensonge disparaît, la vérité est là dans toute sa beauté et son éclat. En voyant le mensonge, celui-ci disparaît et il ne reste plus que la vérité.

Voir le mensonge de la recherche de la vérité, c'est tomber dans un silence éternel. L'immobilité vient quand on voit le mensonge de sa personnalité. Il n'y a plus rien à faire. D'où l'immobilité - que pouvez-vous faire ?

L'autre soir, un sannyasin disait : "Que puis-je faire ? Quoi que je fasse, j'échoue. Que puis-je faire ?

Il n'y a rien à faire. Faire n'aidera pas, faire sera toujours la même ornière. Seul le fait d'être vous transformera, pas le fait de faire. C'est donc lorsqu'on échoue, encore et encore, que l'on comprend que "faire ne me mènera nulle part". Le jour où l'épée vous a frappé - que "Faire ne me mènera nulle part" - que ferez-vous ? Il n'y a plus rien à faire.

Dans l'impuissance la plus totale, l'abandon. Et le silence et l'immobilité. C'est le silence qui transforme - pas le silence que vous vous imposez d'une manière ou d'une autre en répétant un mantra ou en faisant de la MT ; ce n'est pas le vrai silence, c'est un silence créé. Tout silence que vous parviendrez à créer appartiendra à la personnalité. Il ne sera pas d'une grande utilité, il n'ira pas plus loin que cela - comment votre action peut-elle aller plus loin que vous ? Lorsque vous aurez totalement échoué, lorsque vous aurez constaté votre échec ultime et que vous aurez vu qu'il n'y a aucune possibilité et aucun espoir pour vous de réussir, que ferez-vous dans ce silence ? Vous serez simplement là. Tout s'est arrêté. L'esprit ne tourne plus autour du pot.

Et à ce moment précis, la porte s'ouvre. Et ce silence est l'être, ce silence est le Bouddha.

Cette immobilité n'est pas le contraire de l'action, elle n'est pas le fruit d'une volonté ou d'un retrait du monde. On ne peut pas se retirer du monde, on EST le monde. La volonté de s'échapper nous maintient emprisonnés - parce que le souhait d'être sans désir est toujours un désir, et la volonté d'être immobile est une perturbation.

Vous ne pouvez pas vouloir votre silence, la volonté est la base de toute perturbation. La volonté doit disparaître. On ne peut que constater sa futilité. Faire, vouloir, s'améliorer, se perfectionner, parvenir, atteindre - tous ces mots ne sont que des projections du mensonge.

Lorsque le mensonge a été vu dans sa totalité... l'illumination, l'éclaircissement.

Les sutras de Hakuin.

LE PARADIS DE LA TERRE PURE N'EST PAS LOIN.

Les zen appellent l'état de non-esprit "le paradis de la terre pure". Ne l'interprétez donc pas de manière chrétienne. Pour un chrétien, le paradis se trouve quelque part dans le ciel. Pour un bouddhiste, en particulier pour un homme comme Hakuin, c'est l'état de non-esprit.

LE PARADIS DE LA TERRE PURE N'EST PAS LOIN.

Cessez de penser et vous y êtes. C'est d'ailleurs le sens biblique de la parabole de l'expulsion d'Adam. Il n'a pas été expulsé, il n'y a personne pour l'expulser. Il a seulement mangé le fruit de l'arbre de la connaissance - il est devenu un esprit. Plus vous accumulez de connaissances, plus vous devenez un esprit. Adam a acquis des connaissances, il est devenu un esprit, et c'est pour cela qu'il a été expulsé du paradis. S'il peut se débarrasser de son esprit, il se retrouvera soudain au paradis, et il découvrira aussi qu'il y a toujours été. Même lorsqu'il pensait l'avoir perdu, il ne l'avait pas perdu. Il a seulement été oublié. Il est devenu trop obsédé par le savoir, c'est pourquoi il l'a oublié.

Le jour où l'enfant commence à acquérir des connaissances, il perd le paradis. Chaque Adam le perd encore et encore. Et ne pensez pas que cela s'est produit une fois dans l'histoire, et que nous souffrons pour cet ancien Adam.

Non. C'est arrivé à notre vie - à CHAQUE vie, à CHAQUE enfant. Pendant quelques mois, l'enfant vit dans le jardin d'Eden. Il ne sait rien. Sans savoir, il est un non-esprit - il existe simplement d'instant en instant, il n'a pas de soucis. Lorsqu'il a faim, il pleure, lorsqu'il est rassasié, il s'endort.

Quand il est heureux, il sourit, quand il est en colère, il crie. Mais il n'a aucune idée sur quoi que ce soit.

Il ne fait pas l'éloge d'un sourire et ne condamne pas les cris. Il n'est pas gêné de pleurer ni de se réjouir d'avoir été un bon garçon aujourd'hui. Il ne sait rien de tout cela.

Il ne connaît rien de bon, rien de mauvais, il ne fait aucune distinction. Il vit en parfaite harmonie avec la réalité. Et tout ce qui arrive, arrive ; il n'y a pas de rejet.

Mais peu à peu, il devient savant, il commence à apprendre des choses. Le jour où il commence à apprendre des choses, il est piégé par le serpent. Maintenant qu'il a commencé à manger le fruit de l'arbre, tôt ou tard le paradis disparaîtra. Les plages seront toujours là, mais elles ne seront plus belles. Les papillons flotteront encore dans le vent, mais pour l'enfant, ils n'existent plus. Ce qui existe, c'est l'arithmétique, la géographie, l'histoire.

Les fleurs fleurissent toujours, mais elles ne fleurissent plus pour l'enfant, qui est trop absorbé par ses devoirs.

De temps en temps, il entend encore l'oiseau chanter à la fenêtre, mais seulement de temps en temps. Et toute la société essaie de l'en éloigner.

L'enseignant dira : "Regardez le tableau noir ! Qu'est-ce que tu fais là ? Concentre-toi sur moi ! L'enfant était concentré. Le cri de l'oiseau était si beau à l'extérieur de la fenêtre, l'enfant était concentré, totalement concentré. Le professeur l'a distrait ; il doit maintenant regarder le tableau. Et il n'y a rien à regarder, juste un tableau noir. Mais tôt ou tard, nous parviendrons à distraire l'enfant.

L'expulsion n'est pas le fait de Dieu mais de la société. La société entraîne chaque Adam et chaque Ève hors du jardin d'Éden. Et une fois que l'on est trop dans la tête, il est très difficile de revenir à cette pureté, à ce paradis de la terre pure. Les maîtres zen disent, tout comme Jésus l'a dit : Si vous n'êtes pas comme des petits enfants, vous n'entrerez pas dans le royaume de Dieu.

Un missionnaire chrétien est allé voir un maître zen et a commencé à lire le Sermon sur la montagne. Le maître zen a écouté et a dit : "Quiconque l'a dit doit être très proche de la bouddhéité". Le maître zen n'avait jamais entendu parler du Christ, il n'avait jamais lu la Bible, mais il a dit : "Quiconque l'a dit doit être très proche de la bouddhéité. Lorsque le missionnaire a lu "Heureux les pauvres en esprit, car le royaume de Dieu est à eux", le maître zen a dit : "Arrêtez maintenant. Il n'y a plus rien à lire. Il n'y a plus besoin de lire. Celui qui a dit cela est un bouddha.

Pauvre en esprit" signifie vide d'esprit. Pauvre en esprit" signifie vide - toutes les pensées ont disparu.

Vous êtes alors de retour au paradis.

LE PARADIS DE LA TERRE PURE N'EST PAS LOIN.

Il est juste là ! Il bat dans votre cœur. Chaque respiration va toucher la terre pure du paradis, à chaque instant. Vous en vivez. Chaque soir, lorsque vous vous endormez et que les rêves disparaissent, vous êtes à nouveau dans ce paradis. C'est pourquoi, le matin, vous vous sentez si frais, si jeune, si rajeuni. Vous avez fait un petit voyage au paradis de la terre pure.

LORSQUE, DANS LE RESPECT, CETTE VÉRITÉ EST ENTENDUE NE SERAIT-CE QU'UNE SEULE FOIS, CELUI QUI LA LOUE ET L'EMBRASSE VOLONTIERS A UN MÉRITE SANS FIN.

Hakuin dit : " Quand, dans la RVERENCE, cette vérité est entendue ne serait-ce qu'une fois ". La question n'est pas d'entendre la vérité plusieurs fois. Si vous l'entendez ne serait-ce qu'une fois, si vous la comprenez ne serait-ce qu'un instant dans une confiance et une révérence profondes, elle vous appartient pour toujours. Le doute distrait. Le doute ne vous permet pas de comprendre, le doute ne vous permet pas de voir. Écoutez dans le respect, dans l'amour. Soyez en rapport.

C'est ainsi qu'il faut être avec un maître - en rapport, en pont. Mais de petites choses, de très petites choses, vous distraient. De toutes petites choses qui ne signifient rien - mais vous êtes distrait par ces petites choses, et le doute s'installe. Et le doute devient un nuage et vous devenez aveugle.

...IN REVERENCE THIS TRUTH IS HEARD EVEN ONCE, It is enough.

COMBIEN PLUS CELUI QUI SE TOURNE VERS L'INTÉRIEUR...

Le simple fait d'entendre la vérité est une délivrance. Combien plus celui qui se tourne vers l'intérieur - qui ne se contente pas de l'entendre, mais qui la regarde et la voit...

ET CONFIRME DIRECTEMENT SA PROPRE NATURE, À SAVOIR QUE SA PROPRE NATURE N'EST PAS UNE NATURE...

Lorsque vous regardez au plus profond de vous-même, vous ne trouverez rien qui obstrue votre vision. C'est un espace pur. Votre nature est sans nature. C'est le vide, SUNYATA.

A TRANSCENDÉ LES VAINES PAROLES.

Ce n'est que lorsque vous regardez dans votre nature... que vous ne trouvez rien. Vous n'y trouverez qu'une infinité vide. Les mots n'ont plus de sens, vous les avez transcendés. Vous avez regardé votre nature et vous savez maintenant qu'aucun mot ne peut l'expliquer, aucun mot ne peut la définir, aucun mot ne peut même l'indiquer. Toutes les écritures deviennent vides de sens.

LE PORTAIL S'OUVRE, ET LA CAUSE ET L'EFFET NE FONT QU'UN...

Lorsque vous regardez à l'intérieur de vous et qu'il n'y a pas de contenu, que vous avez senti la non-nature et que vous avez vu votre ciel intérieur...

LE PORTAIL S'OUVRE, ET LA CAUSE ET L'EFFET NE FONT QU'UN.

La source et le but ne font qu'un. Maintenant, vous ne devez plus aller nulle part, vous êtes arrivé à votre source. Et être à la source, c'est être au but. Être au début, c'est être à la fin.

LA LIGNE DROITE COURT LE LONG DU CHEMIN - PAS DEUX, PAS TROIS.

PRENANT COMME FORME LA FORME DU SANS-FORME, ALLANT OU REVENANT, IL EST TOUJOURS CHEZ LUI.

Et une fois que vous avez vu la forme de la non-forme, une fois que vous avez vu la pensée de la non-pensée, une fois que vous avez vu la nature de la non-nature, vous êtes un être totalement nouveau. Ce qui se passe...

IL EST TOUJOURS CHEZ LUI, À L'ALLER COMME AU RETOUR.

Alors, où que vous soyez, vous êtes chez vous. Dans la prison, vous êtes chez vous, dans le temple, dans le magasin, dans l'Himalaya, sur la place du marché. Vous êtes simplement chez vous. Une fois que vous avez vu votre centre, votre être essentiel, votre bouddhéité, a été entrevu. Alors, où que vous soyez, vous êtes chez vous, car tout est votre maison. Il n'est alors plus nécessaire de quitter le monde.

Les zen ne sont pas contre le monde. Ils disent : Être contre le monde, c'est encore être attaché au monde. Aller à l'extrême opposé n'est pas une transformation. Lorsque vous ne choisissez plus entre deux extrêmes, vous vous installez au milieu. Et le milieu, c'est la voie.

LE DROIT COURT - CE N'EST NI DEUX, NI TROIS.

C'est un moyen simple - un.

IL EST TOUJOURS CHEZ LUI, À L'ALLER COMME AU RETOUR.

PRENDRE COMME PENSÉE LA PENSÉE DE LA NON-PENSÉE, CHANTER ET DANSER, TOUT EST LA VOIX DE LA VÉRITÉ.

Alors, quoi que vous fassiez, vous exprimez la vérité. Quoi qu'il en soit. En mangeant, tu exprimes la vérité. Marcher, c'est exprimer la vérité. Lorsqu'un maître zen frappe un disciple, il exprime la vérité. Lorsque Kabir chante, il exprime la vérité, lorsque Meera danse, elle exprime la vérité. Jésus exprime la vérité en mourant sur la croix, et Krishna exprime la vérité en chantant sur sa flûte. Quoi que vous fassiez, il n'y a aucun moyen d'éviter d'exprimer la vérité. Vous êtes la vérité. Le mensonge a été abandonné.

CHANTER ET DANSER, TOUT EST LA VOIX DE LA VÉRITÉ.

LARGE EST LE CIEL DU SAMADHI ILLIMITÉ, RADIEUSE LA PLEINE LUNE DE LA QUADRUPLE SAGESSE.

QUE RESTE-T-IL À RECHERCHER ?

LE NIRVANA EST CLAIR DEVANT LUI, CE LIEU MÊME LE PARADIS DU LOTUS, CE CORPS MÊME LE BOUDDHA.

N'oubliez pas le mot "CELA".

C'EST ICI MÊME QUE SE TROUVE LE PARADIS DES LOTUS...

Et une fois que vous avez connu votre source, où que vous soyez, vous êtes au paradis du lotus.

CE LIEU MÊME LE PARADIS DU LOTUS, ET CE CORPS MÊME LE BOUDDHA.

Et tout ce que vous faites - TOUT, sans aucune condition - est l'expression de la vérité.

J'ai entendu une belle histoire sur Roshi Taji, un grand maître zen.

Alors que Roshi Taji approchait de la mort, ses principaux disciples se rassemblèrent à son chevet. L'un d'entre eux, se souvenant que le roshi aimait un certain type de gâteau, avait passé une demi-journée à chercher dans les pâtisseries de Tokyo cette confiserie qu'il présentait maintenant à Roshi Taji. Avec un maigre sourire, le roshi mourant accepta un morceau du gâteau et commença à le manger lentement. Alors que le roshi s'affaiblissait, ses disciples s'approchèrent et lui demandèrent s'il avait un dernier mot à leur dire.

Oui", répond le roshi.

Les disciples se penchent avec impatience. Dites-nous, s'il vous plaît, ce que vous avez à nous dire !

Mais ce gâteau est délicieux ! Et c'est ainsi qu'il mourut.

Méditez-le. Quel homme ! Quel genre d'homme ! Un Bouddha. Chaque acte, chaque mot, chaque geste devient l'expression de la vérité. À ce moment-là, seul CELA était vrai, le goût du gâteau.

À ce moment-là, tout le reste aurait été faux, faux. S'il avait parlé de Dieu, cela n'aurait pas été vrai. S'il avait parlé du nirvana, cela n'aurait pas été vrai. À ce moment-là, le goût sur sa langue était encore vivant. À ce moment-là, c'était son geste authentique.

Il m'a dit : "Mon Dieu, mais ce gâteau est délicieux". CE gâteau.

CE LIEU MÊME LE PARADIS DU LOTUS, CE CORPS MÊME LE BOUDDHA.

Les adeptes du zen parlent de quatre sagesses.

LARGE EST LE CIEL DU SAMADHI ILLIMITÉ, RADIEUSE LA PLEINE LUNE DE LA QUADRUPLE SAGESSE.

La première sagesse est appelée "la sagesse du miroir". Lorsqu'il n'y a pas de pensée, vous devenez un miroir. C'est la première sagesse, devenir comme un miroir. La deuxième sagesse est appelée "la sagesse de la similitude". Lorsque vous devenez un miroir sans aucune pensée, toutes les distinctions dans le monde disparaissent.

Alors, tout est un. La rose, l'oiseau, la terre, le ciel, la mer, le sable et le soleil ne font qu'un, c'est une seule énergie.

Lorsque vous êtes un miroir - la première sagesse - la seconde sagesse naît de la première : la sagesse de la similitude. La dualité disparaît. Et de la seconde naît la troisième sagesse, la sagesse de la vision spirituelle. Lorsque vous avez vu que le monde entier n'est qu'une seule énergie, alors seulement vous pouvez voir à l'intérieur de vous que vous êtes aussi cette énergie. Le voyant et le vu ne font alors plus qu'un, l'observateur et l'observé ne font plus qu'un. C'est la troisième sagesse, la sagesse de la vision spirituelle. Bouddha a un mot spécial pour cela, il l'appelle DHAMMA CHAKKHU - l'œil de la vérité, ou l'œil de la vérité. La vision spirituelle s'ouvre - ce que les yogis appellent "le troisième œil". Ce que le Christ appelle aussi "l'œil unique", lorsque deux yeux ne font plus qu'un. DHAMMA CHAKKHU s'ouvre, la sagesse de la vision spirituelle est atteinte.

Et du troisième naît le quatrième, la sagesse de la perfection. Lorsque vous avez vu que tout est identique, et lorsque vous avez regardé à l'intérieur et vu que l'extérieur et l'intérieur sont également identiques, vous êtes devenu parfait. En fait, dire que vous êtes devenus parfaits n'est pas vrai, vous avez toujours été parfaits. Maintenant, cela vous est révélé - ce n'est qu'une révélation. À ce moment-là, on sait...

CE LIEU MÊME LE PARADIS DU LOTUS, CE CORPS MÊME LE BOUDDHA.

La fuite en avant jusqu'à la fin

La première question :

Question 1 :

Y A-T-IL UN MOMENT OÙ L'ON SAIT POURQUOI LES CHOSES SONT COMME ÇA ET PAS COMME ÇA ?

NON, CE MOMENT N'ARRIVE JAMAIS. Ce moment ne peut pas arriver, la connaissance est impossible. La vie est un mystère - plus on la connaît, plus elle devient mystérieuse. Vous ne pouvez pas la réduire à une formule, vous ne pouvez pas la réduire à des théories. Elle ne devient jamais une doctrine. Plus on avance, plus on se sent ignorant. Mais cette ignorance est bienheureuse. Cette ignorance est tout à fait magnifique, c'est une bénédiction, parce que dans cette ignorance, votre ego meurt. Cette ignorance devient la tombe de votre ego. Et l'émerveillement naît : OH ! Et une grande joie.

Le savoir est un rabat-joie. Les gens qui savent ne sont pas des gens joyeux, les gens qui savent deviennent sérieux. Ils sont accablés, leur cœur ne danse plus, seule leur tête continue à grandir démesurément. C'est comme une croissance cancéreuse - tout leur corps disparaît, tous leurs membres rétrécissent, et il ne reste plus que la tête. La tête devient lourde.

Lorsque la connaissance disparaît, vous êtes en paix avec la vie et l'existence. La connaissance divise.

Permettez-moi de le répéter : La connaissance vous sépare de l'existence. Parce que le connaisseur ne peut pas être le connu, le connaisseur est séparé du connu. Et à cause de cette séparation, il y a continuellement de l'angoisse, de l'anxiété ; il manque continuellement quelque chose. Seul un non-connaisseur peut s'unir à la vie. Ainsi, le non-savoir unit, le savoir divise.

Dans un état d'ignorance, vous commencez à vous fondre avec les arbres, les montagnes et les étoiles. Vous ne savez pas où vous finissez et où ils commencent, vous ne savez rien. Vous êtes à nouveau un enfant qui ramasse des coquillages sur la plage. Un enfant qui ramasse des fleurs, des fleurs sauvages. Vous êtes à nouveau un enfant, vos yeux sont pleins d'émerveillement. Grâce à cet émerveillement, vous commencez à ressentir ce qu'est l'existence - ne pas savoir mais ressentir.

Vous commencez à aimer ce qui est - sans savoir, mais en aimant. Et en ressentant et en aimant, vous commencez à vivre pour la première fois. Qui se soucie, qui se préoccupe de la connaissance ?

Vous demandez : "Y a-t-il un moment où l'on sait pourquoi les choses sont telles qu'elles sont, et pas d'une autre manière ?

Non, les choses sont comme elles sont, il n'y a pas d'autre solution. C'est la seule façon. Et il n'y a pas de pourquoi, sinon vous auriez pu le savoir. Il n'y a pas de cause, sinon vous l'auriez décodé. Il n'y a pas de raison d'exister. C'est totalement absurde, cela ne devrait pas exister, il n'y a pas de raison. Pourquoi y aurait-il des arbres, des étoiles, des hommes et des femmes ? Il n'y a aucune raison pour qu'il y ait de l'amour, de la conscience. Pourquoi ? Le pourquoi commence à vous échapper. Plus vous devenez silencieux, plus vous atteignez l'état d'inconnaissance, plus le pourquoi commence à vous échapper. Un jour, soudain, vous ne cherchez plus les causes, les raisons et les pourquoi. Vous commencez simplement à danser. Vous ne pouvez pas répondre à la question de savoir pourquoi vous dansez, il n'y a pas de réponse. Et toutes les réponses qui ont été données sont fausses.

Pourquoi aimez-vous ? Pourquoi la musique vous fait-elle vibrer ? Pourquoi, en voyant une fleur le matin, êtes-vous soudain attiré par elle comme par un aimant ? Pourquoi, la nuit, êtes-vous si attiré par la lune ? Pourquoi ? Un enfant qui rit, vous vous arrêtez un instant pour le voir et vous vous sentez heureux. Pourquoi y a-t-il du bonheur ? Pourquoi y a-t-il de la fête ? Pourquoi la VIE existe-t-elle ? Pourquoi l'existence existe-t-elle ? Il n'y a pas de raison. Et si vous trouvez une raison, la question sera à nouveau pertinente : pourquoi ?

Si vous dites que Dieu a créé le monde, la question se pose de savoir pourquoi il a créé le monde. Cela ne résout rien, cela pousse simplement la question un peu plus loin : pourquoi Dieu a-t-il créé le monde ?

L'autre jour, je lisais le livre d'un théologien qui dit : "Que faisait Dieu quand il n'avait pas créé le monde ? La réponse n'a pas résolu une question, et une question très étrange se pose : que faisait Dieu ? - parce qu'Il a dû exister pour l'éternité avant de créer le monde. Et les chrétiens croient qu'Il a créé le monde seulement quelques milliers d'années auparavant - quatre mille quatre ans avant Jésus-Christ. Alors que faisait-il avant cela ? Il a dû s'ennuyer à mourir. Il a dû devenir fou ou s'est peut-être suicidé. Que faisait-il ? Ou bien il dormait et faisait des rêves. Et que fait-il depuis lors ? Depuis qu'il a créé le monde, où a-t-il disparu ? Et que fera-t-il lorsqu'il aura détruit ce monde ? Il s'ennuiera à nouveau de lui-même. Il doit se sentir vraiment seul.

Maintenant, ces questions inutiles, parce que vous avez répondu à une question. Vous vous sentiez mal à l'aise avec le monde. Vous vous sentiez mal à l'aise dans le monde, alors vous avez dit que Dieu avait créé le monde. Vous vouliez une certaine commodité, un certain confort - que ce ne soit pas un simple accident, qu'il y ait un Dieu-père qui s'en occupe, que vous ne soyez pas seul. Vous vouliez une sorte de sécurité. Et maintenant, cette seule question n'a pas trouvé de réponse, et mille et une questions ont surgi à partir d'elle. Pourquoi a-t-Il créé en premier lieu ? En avait-il besoin ? S'Il en avait besoin, c'est qu'Il est aussi nécessiteux que l'homme, c'est qu'Il n'est pas parfait, c'est qu'il lui manquait quelque chose.

Était-il cupide ? Était-il expansionniste ? Pourquoi ? Et pourquoi CE monde ? Avec tant de misère, tant de souffrance, tant de maladies et de décès, pourquoi CE monde ? S'il l'a créé, il aurait pu créer un monde meilleur. Il ne semble pas être un grand créateur.

Je l'ai entendu dire : Un homme est allé voir un tailleur, un tailleur célèbre, et il lui a dit que son costume devait être prêt le plus tôt possible, car il partait pour une tournée mondiale. Le tailleur lui a répondu : "Ecoutez, cela prendra au moins six semaines - pas avant, je suis trop occupé. Et je suis un perfectionniste ; quand je fais quelque chose, je le fais parfaitement.

Vous devrez attendre au moins six semaines, avant cela ce n'est pas possible".

L'homme dit : "Six semaines ? Ne vous souvenez-vous pas que Dieu a créé le monde entier en six jours ? Le tailleur lui répond : "Je sais. Et regardez le monde, comme il l'a abîmé. C'est ce qui arrive quand on fait les choses en six jours. Je ne peux pas faire cela, cela prendra six semaines.

Pourquoi Dieu a-t-il créé ce monde laid et misérable ? Pourquoi a-t-il créé cet enfer ? Il ne semble pas être un maître-créateur, il semble être un très mauvais artisan. Et il y a mille et une erreurs là-dedans.

On ne résout pas le problème en répondant au pourquoi. Bouddha est bien plus vrai, il dit que personne ne l'a jamais créé.

Il répond ainsi à votre question. Il dit qu'elle a toujours été là et qu'elle sera toujours là - sans aucune raison, sans aucune cause. Il existe sans cause. C'est difficile pour l'esprit rationnel, car nous cherchons toujours la cause. Une fois que la cause est donnée, nous nous sentons à l'aise. Une fois que nous connaissons l'explication, la cause et la raison, nous sommes heureux de savoir. Mais que savez-vous ?

Toute la théologie du passé n'a pas apporté la moindre réponse. Toute la philosophie de cinq mille ans s'est révélée absolument futile.

Si vous me comprenez, je voudrais dire qu'il n'y a jamais de moment de connaissance où l'on sait pourquoi le monde est comme il est et pourquoi il n'est pas autrement. Plus vous pénétrez profondément dans votre être, moins vous vous posez de questions. Un jour, toutes les questions disparaissent. Je ne dis pas que vous obtenez une réponse, mais seulement que les questions disparaissent. L'homme que nous appelons illuminé n'est pas celui qui connaît la réponse, mais celui dont les questions ont disparu. Il n'a plus de questions. Dans cet état de non-questionnement, il y a un grand silence, un silence total, un silence absolu.

Et une belle inconnue.

Cette inconnaissance vient, cette inconnaissance est l'illumination. Bouddha n'a pas connu la moindre chose.

Tout ce qu'il a appris, c'est que ses questions ont disparu. Il n'y a plus aucune question qui bourdonne dans son esprit ; tout ce bruit a disparu. Il est laissé seul dans le silence. Il n'est plus un connaisseur, il n'a pas la prétention de savoir ceci ou cela. Il ne sait rien. C'est ce que Bouddha appelle le "nirvana

- ne rien savoir, ou ne savoir QUE rien.

L'état d'ignorance est appelé samadhi.

La deuxième question :

Question 2 :

J'AI LU LE CHANT DE LA MÉDITATION DE HAKUIN IL Y A DE NOMBREUSES ANNÉES MAIS JE NE ME SOUVIENS PAS D'AVOIR SAISI LE SENS QUE VOUS LUI AVEZ DONNÉ.

C'est naturel. Mon sens est mon sens, votre sens sera votre sens. Comment peuvent-ils être identiques ? Ce n'est pas possible. Votre interprétation viendra de vous, elle grandira en vous. Cela n'a rien à voir avec le chant de Hakuin. Lorsque vous lisez la Bible, vous ne lisez pas Jésus, vous vous y lisez vous-même. Lorsque vous lisez la Gita, vous ne lisez pas Krishna, vous vous y lisez vous-même. Votre interprétation n'est pas dans le livre, votre interprétation est projetée sur le livre, le livre n'est qu'une excuse. C'est naturel.

Ici, vous vous êtes rassemblés autour de moi. S'il y a mille sannyasins ici, ils donnent mille significations à chacune de mes déclarations. Et il est très rare que vous arriviez à la signification que je veux que vous en tiriez. Au moment où vous obtenez CETTE signification, vous commencez à participer à mon être. À ce moment-là, vous disparaissez, votre esprit disparaît. À ce moment-là, vous vous fondez en moi et vous me permettez de me fondre en vous.

Vous avez peut-être lu le chant de Hakuin, mais c'est votre propre chant que vous avez dû en tirer. Si vous ne parvenez pas à un point de non-savoir, vous ne connaîtrez pas la signification de Hakuin telle que HAKUIN l'a voulue. Si vous voulez comprendre ce que je vous dis, il vous faudra parvenir à cette conscience, à ce non-savoir, à ce non-esprit, que je suis. Ce n'est qu'à ce moment-là. Pour connaître Bouddha, il faut devenir un Bouddha, pour connaître le Christ, il faut devenir un Christ. Il n'y a pas d'autre moyen de connaître ; vous ne pouvez pas rester vous-même et les connaître. Les connaître est risqué. Vous devrez risquer tout ce que vous avez, vous devrez risquer tout votre savoir.

C'est pourquoi beaucoup de gens n'essaient même pas - cela semble trop exiger d'eux. Oui, ils sont prêts à faire un petit bout de chemin avec Bouddha, avec le Christ, avec moi - un petit bout de chemin. Et ils n'y vont que jusqu'au moment où ils sentent que je suis d'accord avec eux. Dès qu'ils voient que je vais dans une direction avec laquelle ils ne sont pas d'accord, ils s'arrêtent immédiatement. Et si vous ne m'accompagnez pas jusqu'au bout, vous ne saurez pas quel était le message.

Souvenez-vous-en : Lorsque vous m'écoutez, mettez votre esprit de côté. Écoutez pour le simple plaisir d'écouter. Lorsque vous écoutez le cri d'un oiseau, lorsque vous écoutez le vent passer entre les arbres, écoutez simplement de cette façon. Il n'est pas nécessaire de s'inquiéter de sa signification. Vous vous rapprocherez alors de la véritable signification.

Un immigrant italien est examiné pour déterminer s'il est apte à être naturalisé.

La première question posée est la suivante : "Qui est le patron de la ville ?

Da Mayor", a-t-il répondu.

C'est exact. Et qui est le patron de l'État ?".

Le gouverneur

C'est exact. Et de tout le pays ?

Da President of-a da United-a-States" (Président des États-Unis).

C'est exact. Serait-il possible pour vous d'être le président ?

Er... excusez, s'il vous plaît, Monsieur le Juge, mais je suis très occupé à travailler dans le magasin.

Votre sens est votre sens.

Son mari l'a accusée de cruauté mentale, d'infidélité et d'incompatibilité, tandis que son avocat l'a accusée de l'avoir abandonnée - ou, pour le dire en termes juridiques, de lui avoir "laissé le gîte et le couvert" : Il lui avait laissé le gîte et le couvert.

Le juge regarda le jeune homme, puis tourna son regard appréciateur vers la blonde bien proportionnée. Jeune homme, demanda-t-il, est-il vrai que vous avez quitté le gîte et le couvert de cette belle jeune femme ?

Oui, Monsieur le juge.

C'est un mensonge ! s'exclame la voluptueuse blonde. Aucun homme n'a jamais quitté mon lit en s'ennuyant !

Lorsque les mots vous parviennent, ils commencent à prendre une forme, une couleur qui n'existait pas à l'origine. Ils changent. Au moment où ils vous atteignent, au moment où ils entrent dans votre climat, ils s'en imprègnent. Le chant de Hakuin n'est pas un chant, ni une déclaration ordinaire - c'est l'une des déclarations les plus extraordinaires qui soient. Un si petit chant, de quelques lignes, mais si pénétrant que si toutes les écritures du monde sont brûlées et que seul le chant de Hakuin est sauvé, rien ne sera brûlé. Cela suffira. Une déclaration très condensée sur la bouddhéité.

Pour connaître le chant de Hakuin sur le samadhi, la méditation, il faut entrer dans la méditation. Plus vous saurez ce qu'est la méditation - non pas intellectuellement mais existentiellement - plus vous sentirez ce qu'est la méditation, mieux vous entrerez dans le chant de Hakuin. Un jour, le sens de ce chant explosera dans votre être. Le sens n'est pas donné par les dictionnaires, le sens n'est pas celui des mots. C'est l'une des difficultés les plus fondamentales pour comprendre des personnes comme Hakuin. Ce qu'ils disent vient de l'au-delà. Ce qu'ils mettent dans le langage n'appartient pas au langage, ce qu'ils essaient de faire est presque impossible. Ils font entrer le ciel entier dans une petite boîte, ou l'océan entier dans une petite tasse. C'est peut-être possible, mais faire entrer votre méditation dans des mots, c'est encore plus impossible. Ils font un miracle.

Mais vous vous emparerez des mots et vous vous égarerez. Écoutez le silence dans les mots. Ce ne sont pas les mots qui sont importants, mais le silence qu'ils contiennent. Écoutez les blancs entre les mots et lisez entre les lignes. Mais pour lire entre les lignes, il faut devenir insouciant, il faut devenir vide. Seul un cœur vide peut lire entre les lignes, car sinon il n'y a rien, il n'y a que du vide. Seul le vide peut avoir un rapport avec le vide.

Hakuin est un homme vide. Son ego n'existe plus, il n'a pas de moi, il n'est que silence. Pour entrer en communion avec Hakuin, il faut devenir ce silence. Ce n'est qu'à ce moment-là que le sens commencera à apparaître. Et il ne surgira pas simplement comme un sens - il éclatera. Comme si le printemps était arrivé et que partout il y avait de la verdure, des fleurs qui s'épanouissaient, des parfums et des oiseaux. Ce sera le printemps. Vous aurez une sensation totalement différente de votre être. Vous en serez transformé.

La troisième question :

Question 3 :

LE SEUL BUT DE LA VIE EST-IL LA RÉALISATION DE SOI ?

Non, monsieur, pas même cela. Même la réalisation de soi n'est pas le but. D'une certaine manière, vous ne pouvez pas vivre sans but. Vous êtes obsédés par le but, il faut qu'il y ait un but. Maintenant, s'il n'y a pas d'autre but, que ce soit la réalisation de soi. Et vous vous sentirez bien, vous vous sentirez très bien - au moins il y a un but : la réalisation de soi. Une fois de plus, vous vous êtes installé, vous avez commencé à penser en termes de moyens et de fins. Le désir refleurit, il faut atteindre la réalisation de soi. L'avenir entre à nouveau en ligne de compte, vous pouvez à nouveau rêver.

Avant, c'était peut-être l'argent, le pouvoir, le prestige. Avant, c'était peut-être Dieu, moksha, nirvana, le royaume de Dieu. Aujourd'hui, c'est la réalisation de soi. Mais il faut garder un objectif. Et Hakuin dit que tout est ici. Vous voulez quelque chose sur l'autre rive. Et Hakuin dit que c'est la seule rive.

L'autre rive est cachée dans CETTE rive. Vous ne devez aller nulle part, vous ne devez pas chercher, c'est déjà le cas. Vous n'avez qu'à être ici, pendant un seul instant, et... CE CORPS MÊME EST LE BUDDHA.

Maintenant, vous en créez un autre... Ne pouvez-vous pas vivre sans problèmes ? Ne pouvez-vous pas abandonner l'approche axée sur les objectifs ? Ne pouvez-vous pas être dans le présent ? Ne pouvez-vous être que dans le futur ? Et être dans le futur, c'est être faux, parce que le futur n'est pas encore arrivé. Les gens ne connaissent que deux façons d'être : soit ils sont dans le passé, soit ils sont dans le futur. Leur identité vient soit du passé, soit de l'avenir. Dans le présent, ils se sentent très fragiles parce que dans le présent, l'identité disparaît, le moi disparaît. Dans le présent, il n'y a rien comme l'ego.

Il suffit de le regarder, en ce moment même. Vous êtes complètement là, sans la moindre pensée, avec le silence tout autour : où êtes-vous ? Dans ce silence, comment pouvez-vous exister ? Il vous efface, vous devenez une tabula rasa, vous redevenez un enfant.

Pour conserver son identité, il faut se tourner vers le passé... c'est lui qui fournit l'identité. Vous avez obtenu un doctorat à l'université, vous êtes médecin, ingénieur, scientifique, poète, vous avez écrit de nombreux livres.

Ou vous appartenez à une famille royale, ou ceci et cela. Vous avez fait ces choses et ces choses - tous ces actes accumulés deviennent la somme totale de votre être.

Et vous n'êtes pas la somme de vos actes. Derrière vos actes se cache un autre homme, l'homme réel, l'homme essentiel. L'homme essentiel n'a jamais rien fait. Il est simplement là, il n'est pas un faiseur.

Mais vous vous accrocherez à votre identité. Si vous avez été apprécié, vous vous y attacherez. Même si vous avez été condamné, vous vous y attacherez. Les saints s'accrochent à leur passé, et les pécheurs aussi. L'homme bon s'accroche à son passé, tout comme l'homme mauvais, parce qu'ils ont tous deux besoin d'une identité. Et les gens préfèrent avoir une mauvaise identité que pas d'identité du tout. Au moins, on sait qui on est : "Je suis un prisonnier, j'ai été emprisonné pendant vingt ans, je suis un voleur ou un meurtrier. Au moins, je sais quelque chose sur moi-même.

Un autre est un saint qui a renoncé au monde, qui jeûne tous les mois et qui ne mange qu'une fois par jour. Il ne dort que trois heures, des milliers de personnes le vénèrent, son paradis est certain, il a tant de vertus. Mais tous deux s'accrochent à leur identité. Et tous deux sont dans le même bateau, le pécheur et le saint.

Ou bien vous commencez à recueillir l'identité de l'avenir. Vous allez faire ceci, vous allez FAIRE cela - vous deviendrez président d'un pays, ou vous deviendrez très célèbre, ou vous écrirez bientôt un livre et vous obtiendrez un prix Nobel. Vous continuez à penser à l'avenir, et c'est ce qui vous donne le sentiment d'être qui vous êtes.

Mais les deux sont faux. Le vrai n'est que le présent. Le temps ne connaît ni passé, ni futur ; le passé et le futur sont des choses de l'esprit. Le temps ne connaît qu'un seul temps, et c'est le présent. Mais être dans le présent signifie détruire tous les objectifs, n'avoir aucune implication dans le futur. Sinon, votre énergie s'écoulera dans cette direction.

Maintenant, vous dites : LE SEUL BUT DE LA VIE EST-IL LA RÉALISATION DE SOI ?

Je me répète chaque jour que la vie n'a pas de but, qu'elle est sans but. C'est pourquoi elle est belle.

L'objectif fait que tout devient une affaire. La vie est une poésie, ce n'est pas une affaire. Vous avez trouvé un mot - vous avez dû penser que j'aimerais ce mot, "réalisation de soi". C'est absurde ; il n'y a pas de soi à réaliser. Il n'y a rien à réaliser. Le réel est réel - qu'allez-vous réaliser ? Le réel est déjà réel et l'irréel est irréel. La "réalisation" signifie que quelque chose n'est pas encore réel et que vous allez le rendre réel. Comment pouvez-vous rendre réel quelque chose qui n'est pas réel, quelque part dans le futur ?

Comment transformer un mensonge en vérité ? Un mensonge restera un mensonge, et la vérité a toujours été la vérité.

Rien ne doit être réalisé.

Que faut-il faire alors ? Cette question revient sans cesse dans votre esprit. En fait, il n'y a rien à faire, il suffit de voir la futilité de l'action. En voyant cela, l'action s'arrête, l'esprit s'arrête. Et ce qui vous accompagne depuis toujours, vous le sentez, vous le connaissez. Non pas que vous le réalisiez, mais vous le reconnaissez simplement. On se souvient à nouveau d'une chose oubliée, c'est tout.

La quatrième question :

Question 4 :

COMMENT ÊTRE HEUREUX ?

Si vous voulez être heureux, vous deviendrez malheureux : le fait même de vouloir créera le malheur. C'est pourquoi les gens sont malheureux. Tout le monde veut être heureux et tout le monde devient malheureux. Ne voyez-vous pas cela ? Avez-vous déjà rencontré un homme qui ne veut pas être heureux ? Si vous avez rencontré un tel homme, vous verrez qu'il est heureux. Si vous rencontrez un homme qui dit : "Je ne veux pas être heureux, je m'en fiche complètement", vous verrez soudain qu'il s'agit d'un homme tout à fait heureux.

Les personnes qui veulent être heureuses seront malheureuses, dans les mêmes proportions. S'ils veulent trop être heureux, ils seront trop malheureux - la proportion de malheur sera la même que celle de leur désir de bonheur. Qu'est-ce qui ne va pas ? Les gens viennent me voir et me demandent : "Tout le monde veut être heureux, mais alors pourquoi tant de gens, presque tout le monde, sont-ils malheureux ?

Le bonheur ne peut être désiré. Vous désirez, et vient la misère ; le désir apporte la misère. Le bonheur est un état de non-désir. Le bonheur est un état de grande compréhension du fait que le désir entraîne la misère.

Il y a deux façons d'être heureux : s'emparer de la vie ou la laisser faire. L'une consiste à arracher la vie, l'autre à la laisser être. La première exige le bonheur, refuse tout le reste et vit ainsi entre l'espoir et la peur, le rêve et le rejet. La deuxième voie prend le bonheur quand il arrive mais ne l'exige pas et accepte tout le reste. C'est dans l'acceptation du reste que vient le bonheur. On n'est plus lié par le désir craintif d'avoir, ni par la volonté frénétique de tenir, ni par la fièvre de s'accrocher à la paille de la certitude. Au lieu de cela, il est facile de nager avec la rivière là où elle coule.

Vous demandez : COMMENT EST-IL possible d'être heureux ?

Cela signifie que vous voulez vous emparer de la vie, que vous voulez l'agresser. On ne peut pas être heureux de cette manière. La vie ne vient qu'à ceux qui ne sont pas agressifs, la vie ne vient qu'à ceux qui sont dans une profonde réceptivité passive. Vous ne pouvez pas être violent avec la vie. Parce que vous êtes violent, vous êtes malheureux et misérable. Vous continuez à manquer la vie ; la vie vous échappe, elle continue à vous échapper des mains. Vous êtes un violeur, vous voulez violer la vie. C'est pourquoi vous êtes malheureux.

La vie vient en dansant. Mais seulement lorsque vous n'êtes pas violent, agressif. Lorsque vous n'êtes pas ambitieux, lorsque vous ne cherchez même pas le bonheur, lorsque vous êtes simplement là, vous constatez soudain que le bonheur coule à flots - il y a une rencontre entre vous et le bonheur.

Et un homme qui connaît vraiment l'art d'être heureux - c'est-à-dire de ne pas désirer - sait aussi que tout ce qui arrive doit être accepté profondément, sans rejet. C'est alors que tout se transforme peu à peu en bonheur. Les petites choses qui n'ont pas beaucoup de sens deviennent très importantes lorsqu'on les accepte. Les choses que l'on continue à rejeter créent la misère. Lorsque vous abandonnez votre rejet et que vous les acceptez de tout cœur, que vous les embrassez, vous sentez soudain une grâce naître en vous. Lentement, lentement, au fur et à mesure que la compréhension grandit et que l'absence de désir s'accroît, on devient débordant de bonheur. Non seulement on devient heureux, mais on commence à déborder. On commence à s'ouvrir aux autres, on commence à partager son bonheur avec les autres.

Voici donc ma suggestion : Ne soyez pas agressif. Détendez-vous - c'est ainsi que vient le bonheur. Attendez dans la prière et la gratitude - c'est ainsi que vient le bonheur. Soyez réceptifs, soyez féminins, et le bonheur viendra. Ne soyez pas mâle, agressif.

On peut le constater dans le monde entier : les pays qui recherchent trop le bonheur sont les plus malheureux. L'Amérique, par exemple, est trop à la recherche du bonheur. Ce trop-plein de désir, cet effort constant pour être heureux, rend les Américains névrosés. Près de trois sur quatre sont névrosés. Quant au quatrième, je ne peux pas dire qu'il n'est pas névrosé - il est simplement méfiant, ambigu, vague. Cela n'est jamais arrivé dans l'histoire de l'humanité : autant de gens dans une sorte de névrose, comme si la névrose était devenue l'état normal de l'humanité. Parce que jamais auparavant les gens n'ont autant recherché le bonheur, c'est pourquoi.

Allez dans une tribu primitive - des gens qui vivent encore sans civilisation, des gens que les Américains appellent "arriérés" - et vous les trouverez immensément heureux. Ils sont arriérés et, tôt ou tard, les missionnaires viendront et les feront avancer. Ils les éduqueront, ouvriront des écoles et des hôpitaux et leur rendront de grands services. Bientôt, ils seront tous malheureux et auront besoin de psychiatres et de psychanalystes. Les missionnaires sont alors heureux, ils ont fait leur travail. Mm ? Combien ils ont servi les gens. Ils font du bon travail et sont vraiment dévoués, mais ils ne savent pas exactement ce qu'ils font.

L'Amérique doit devenir un peu plus rétrograde. Et ceux qui sont arriérés, s'il vous plaît, laissez-les tranquilles, ils sont le seul espoir. Mais nous ne pouvons pas tolérer ces gens heureux. Il y a peut-être de la jalousie, mais nous ne pouvons pas les tolérer.

Un jour, un homme est venu me voir. Pendant trente ans, il avait éduqué des enfants aborigènes dans la jungle de Bastar ; il y avait consacré toute sa vie. Il avait trente ans, puis il est venu voir Gandhi et depuis lors, il travaillait. Il y a consacré toute sa vie. Il était venu me demander de l'aide - il voulait que certains de mes sannyasins aillent enseigner aux aborigènes. Je lui ai dit : "Vous êtes arrivé au dernier homme. Je ne peux pas faire autant de mal aux gens.

Je connais les habitants de Bastar, je les ai côtoyés. Ils comptent parmi les plus belles personnes au monde et devraient être préservés. Ils sont les seuls à être heureux - ils savent encore danser et chanter, aimer et profiter de la vie. Ils ne philosophent pas, ils ne savent pas calculer, ils ne connaissent pas l'histoire, ils ne connaissent pas la géographie et ils ne savent pas écrire. Mais ils ont encore de l'être, ils ont encore de la grâce. Lorsqu'ils marchent, on peut voir qu'ils ont encore de la vigueur. Leurs yeux sont si innocents....

Depuis des siècles, personne ne s'est suicidé, ils ne connaissent personne qui se soit suicidé dans leur tribu. Et si un meurtre a été commis, la personne se rend elle-même au tribunal et lui fait part de ses doléances : J'ai tué. Alors, quelle que soit la punition, donnez-la moi".

Il se rend au poste de police. Il devra peut-être marcher deux cents miles, car le poste de police est très éloigné de ces jungles - et c'est bien qu'il soit loin. L'homme qui a tué parcourt deux cents kilomètres pour aller au poste de police et se rendre. Et personne ne lui demandait rien et personne ne le poursuivait. De belles personnes.

Et ils aiment énormément. Et vous serez surpris de constater qu'on les appelle les "arriérés" - ils ont pour leurs enfants une petite salle au centre de la ville, de leur village. Ils ont une petite salle pour leurs enfants - une fois que les enfants commencent à s'intéresser au sexe, tous les enfants de la communauté dorment dans cette salle. Ils sont autorisés à faire l'amour, mais personne n'est autorisé à rester avec une fille plus de trois jours. Ainsi, tous les garçons et toutes les filles font connaissance avec tous les autres garçons et toutes les autres filles de la tribu. Et ils apprennent la non-possession. L'amour n'est qu'un jeu. Et on leur donne toute liberté - il n'y a pas de tabou, pas de répression. Il n'y a aucune possibilité - dès qu'un enfant devient sexuellement capable ou intéressé par le sexe, il est immédiatement déplacé pour dormir dans la salle commune et il doit trouver des partenaires.

La masturbation n'est pas connue, elle n'est pas nécessaire. Seuls les pays très avancés la connaissent, cela fait partie d'un pays avancé. L'homosexualité n'est pas connue - cela aussi fait partie d'une société très riche. Les pauvres ne savent rien de l'homosexualité, ils n'en ont pas BESOIN. Et ils font connaissance - tous les garçons font connaissance avec toutes les filles, toutes les filles font connaissance avec tous les garçons. Ce n'est qu'ensuite qu'ils choisissent.

Et une fois mariés, leur mariage est d'une immense beauté. Il est si intime, parce qu'il dépend d'une sorte de syntonie. Le garçon a bougé avec toutes les filles, puis il a choisi la fille qui va le plus loin dans son cœur et avec laquelle il va le plus loin dans l'oubli. Il sait avec qui il peut avoir le plus grand orgasme ; il ne s'agit plus de deviner. Et il ne se décide pas en fonction de la taille du nez et de la couleur des cheveux, ce sont des choses stupides, et il ne se décide pas en fonction de la taille et du poids. Il ne décide pas non plus en fonction des vêtements, car il s'agit de personnes nues. Il décide simplement en fonction de l'expérience intime de l'orgasme - avec qui il a la plus grande expérience, la plus grande extase. La décision découle de cette extase. Ce sont des personnes "arriérées".

Ce sont les personnes les plus libérées.

Et naturellement, il n'y a pas de divorce - ce n'est pas nécessaire. Parce qu'il a trouvé la femme et que la femme a trouvé son homme ; ils ont trouvé le bon partenaire, comme s'ils étaient faits l'un pour l'autre.

Et ce n'est pas poétique, ce n'est pas une vague fantaisie. Ce n'est pas une question de tête, c'est une grande expérience. Et une fois que cette expérience s'est installée.... Et il n'y a pas d'urgence - la société les laisse à moins qu'ils ne décident, à moins qu'ils ne trouvent un partenaire avec lequel ils entrent vraiment dans l'autre monde, dans l'autre dimension, avec lequel le sexe n'est plus du sexe mais devient une prière. Une fois qu'elles ont trouvé ce partenaire, alors seulement.

Et même dans ce cas, la société leur dit d'attendre au moins un ou deux ans - d'aller avec le partenaire, d'attendre deux ans après la décision avant de se marier. Parce qu'une fois que vous vous êtes mariés, vous vous êtes installés ; il n'y a plus de besoin. Il faut donc attendre deux ans. Si la lune de miel se poursuit et se poursuit et qu'au bout de deux ans, le garçon sort toujours avec la fille et la fille sort toujours avec le garçon et qu'ils pensent toujours au mariage, alors seulement la société les bénit.

Ils ne connaissent pas le divorce. Les missionnaires sont très perturbés par ces gens laids - ils sont laids parce qu'ils autorisent la liberté sexuelle. Et ces missionnaires sexuellement obsédés et réprimés pensent qu'il s'agit de personnes immorales. Ils ne sont pas immoraux. Ils sont amoraux, certes, mais pas immoraux. Ils ne connaissent pas la morale. Ils sont plus scientifiques et leur approche est plus pratique et pragmatique.

Comment décidez-vous ? Comment décidez-vous que vous allez rester avec cette femme toute votre vie ? La société ne vous permet pas d'expérimenter. Vous n'avez pas connu d'autres femmes, vous tombez donc amoureux d'une femme et vous vous mariez immédiatement. Et un autre jour, vous voyez une autre femme passer sur la route et vous êtes intéressé et fasciné. Que faire alors ? La jalousie naît. Dans cette petite communauté d'aborigènes du Bastar, on ne connaît pas une seule histoire d'amour illégale. Une fois qu'une personne s'est installée avec une femme, elle s'est installée. Il n'y a pas de jalousie, ils ne se surveillent pas les uns les autres, ils ne deviennent pas jaloux les uns des autres. Ils se sont installés grâce à l'expérience de leur propre cœur ; ils ont trouvé leur femme, leur homme. Ils ne savent pas lire - mais qu'y a-t-il à lire ? Ils savent lire la nature, ils savent parler aux arbres, ils savent dialoguer avec le ciel. Ils connaissent la VRAIE lecture, parce qu'ils lisent le livre de la vie et de la nature.

Oui, ils n'accumuleront pas beaucoup d'argent. Ils ne deviendront pas des Ford, des Andrew Carnegie et des Morgan, ils ne deviendront pas si riches. Personne n'a besoin de devenir riche, car si un homme devient riche, des millions de personnes deviennent pauvres. Personne n'est riche et personne n'est pauvre.

Ils ont une belle tradition : chaque année, tout ce que vous avez accumulé doit être distribué. Le premier jour de l'année, ils distribuent leurs biens. Personne n'accumule donc beaucoup. Comment peut-on accumuler si, chaque année, on doit tout donner ? Tout ce que vous avez, vous devez le distribuer. Ainsi, personne ne s'attache trop aux choses ; ce sont des gens très peu possessifs.

Et ils en ont suffisamment pour en profiter ! Ils travaillent dur, ils sont en bonne santé et la nature leur fournit plus que ce dont ils ont besoin. Si vous ne voulez pas devenir riche, la nature a de quoi vous satisfaire. Si vous voulez devenir riche, il n'y a aucun moyen pour vous d'être satisfait, d'être heureux.

Quelqu'un a posé la question suivante : "Maître, vous dites que les enfants devraient écouter les oiseaux et ne pas regarder le tableau noir. Que se passera-t-il alors ?

C'est alors que de belles choses se produiront, que de grandes choses se produiront. Si, pendant cent ans, on ferme toutes les universités, tous les collèges et toutes les écoles, l'homme redeviendra vivant. Oui, je sais qu'il n'y aura plus autant d'argent à saisir, l'argent disparaîtra. Mais il y aura plus de vie - et c'est ce dont nous avons besoin. Et on ne peut pas acheter la vie avec de l'argent, on ne peut pas acheter l'amour avec de l'argent. L'argent, vous l'avez. Et la personne qui a posé la question a également demandé comment elle allait gagner sa vie. Pensez-vous qu'il y a cinq mille ans, lorsque les gens n'étaient pas éduqués, ils n'étaient pas en mesure de gagner leur pain et leur beurre ? C'était le cas. Vivre n'a jamais été un problème.

Et ils n'avaient qu'une seule chose : la vie. Aujourd'hui, vous n'avez que la vie, mais pas de vie. Vous ne pensez qu'à un meilleur niveau de vie, vous ne pensez pas à un meilleur type de vie. Vous avez la quantité, mais la qualité a disparu.

La nature est abondante, elle suffit à nous combler. Mais si nos désirs deviennent névrotiques, la nature ne peut naturellement pas les satisfaire. Et lorsque nous recherchons des désirs névrotiques - l'argent, le pouvoir, le prestige - alors il y a naturellement la pauvreté, la famine, la guerre. Les guerres, la famine et la pauvreté existent à cause de vos écoles. Vos écoles enseignent l'ambition. Vos écoles enseignent aux gens à être jaloux les uns des autres, à être compétitifs les uns envers les autres.

Qu'enseignons-nous dans nos écoles ? Par exemple, un enseignant pose une question et le petit garçon ne peut pas y répondre. Il n'a peut-être pas fait ses devoirs, il s'est peut-être endormi le soir, il y avait peut-être un beau film à la télévision, ou mille et une choses sont là pour le distraire. Et les belles choses, les bonnes choses. Ou bien il y avait des invités à la maison et il a apprécié leur compagnie. Il ne peut pas répondre. Maintenant, il se tient là comme un coupable, un criminel, condamné. Il ne peut pas répondre à une question.

Un autre garçon agite la main, saute et veut répondre. Bien sûr, le professeur est heureux et l'autre garçon répond. Mais qu'a fait l'autre garçon ? Il a exploité la souffrance du premier garçon. Il a prouvé qu'il était meilleur que l'autre, il a exploité la situation.

Il n'en va pas de même dans un village aborigène primitif, où l'on n'exploite pas la situation des uns et des autres.

Les anthropologues ont rencontré des tribus - qu'ils ne peuvent pas comprendre - qui ne pardonneraient pas ce deuxième garçon. Parce que le second garçon est cruel, violent. Lorsque le premier garçon souffrait, dans une société primitive, aucun garçon ne répondait, ils se taisaient tous. Cela serait considéré comme laid, violent - quand quelqu'un souffre, quelqu'un exploite la situation, répond et profite. Ces personnes sont considérées comme arriérées ? Ils ne le sont pas, ils sont le seul espoir.

Et encore une chose : la personne a demandé ce qu'il adviendrait de la vie des gens s'ils ne savaient pas l'arithmétique et s'ils ne connaissaient pas la géographie et l'histoire. Comment gagneront-ils leur vie ? Et quel type de société sera-t-il ?

Oui, il n'y aura pas beaucoup d'argent. Il n'y aura peut-être pas de grands palais, il n'y aura peut-être pas de gadgets riches, de technologie. Mais il y aura de la joie. Et toute la technologie ne vaut pas un seul instant de joie. Il y aura de l'amour, de la danse, des chants et des sentiments. Et les gens redeviendront partie intégrante de la nature. Ils ne se battront pas avec la nature, ils ne lutteront pas avec elle, ils ne la détruiront pas. Il n'y aura pas de problème écologique.

Si les écoles continuent, la nature va mourir. Et avec la nature, nous allons mourir.

Et encore une chose : Je ne dis pas que tous les garçons aimeraient, et que toutes les filles aimeraient, écouter le chant de l'oiseau sur la fenêtre. Non, il y aura des garçons qui aimeront plus le tableau noir, qui aimeront plus l'arithmétique. Alors, c'est pour eux. Tous n'ont pas besoin d'être éduqués - c'est mon approche. Seuls ceux qui ont un sentiment intrinsèque pour cela devraient être éduqués. Et il y a quelques personnes qui aiment l'arithmétique plus qu'elles n'aiment la nature. Il y a des gens qui aiment la littérature plus qu'ils n'aiment les arbres. Il y a des gens qui aiment l'ingénierie, la technologie, plus qu'ils n'aiment la musique, la danse, la chanson. Ce sont donc ces personnes qu'il faut éduquer. Tous ne se ressemblent pas. Ces personnes doivent être éduquées - autant qu'elles le souhaitent, elles doivent être aidées.

Il ne devrait pas y avoir d'éducation universelle, c'est un crime. Cela signifie que l'on oblige des personnes qui ne veulent pas être éduquées à l'être. C'est antidémocratique. L'éducation universelle est dictatoriale.

Dans un monde démocratique réel, un garçon qui veut être éduqué sera éduqué. Mais un garçon qui veut aller chez le charpentier ira chez le charpentier, et le garçon qui veut devenir pêcheur deviendra pêcheur. La femme qui veut cuisiner cuisinera, et la femme qui veut danser dansera. Et la femme qui veut devenir une scientifique, une Madame Curie, est la bienvenue.

Mais les gens doivent évoluer selon leur nature profonde ; rien ne doit leur être imposé. Cette éducation universelle détruit les gens. C'est comme si - pensez à un autre exemple - un dictateur qui aime la danse arrivait et forçait tout le monde à danser. Ce sera une chose affreuse. Il y aura des gens qui ne voudront pas danser, et si vous les forcez à danser, quel genre de danse cela sera-t-il ? Si un dictateur vient et veut que tout le monde devienne poète, qu'il ouvre des écoles et des collèges pour enseigner la poésie et que tout le monde doit composer des poèmes, quel genre de monde cela sera-t-il ? Un monde très laid. Seules quelques personnes - un Shakespeare, un Kalidas, un Milton, un Dante - l'apprécieront. Mais qu'en sera-t-il des autres ? Ils seront tout simplement malheureux.

Et c'est ce qui se passe. Lorsque vous imposez l'arithmétique à tous, c'est ce que vous faites. Lorsque vous imposez la géographie à tous, c'est ce que vous faites. Lorsque vous imposez TOUT à tous, c'est ce que vous faites. Rien ne doit être imposé, un enfant doit pouvoir trouver sa propre voie. Et s'il veut être cordonnier, tant mieux, il n'est pas nécessaire qu'il devienne président. Un cordonnier est beau s'il aime son travail, s'il est heureux dans son travail, s'il a trouvé son travail.

Pas d'éducation universelle.

Et les missionnaires sont les personnes les plus dangereuses. Un monde sans missionnaires serait un monde magnifique - il est devenu un enfer.

Vous demandez : COMMENT EST-IL possible d'être heureux ?

Oubliez le bonheur, il ne peut être atteint directement. Pensez plutôt à ce que vous aimez, à ce que vous aimez le plus faire, et laissez-vous absorber par cette activité. Le bonheur viendra de lui-même. Si vous aimez nager, faites-le, si vous aimez couper du bois, coupez du bois. Quoi que vous aimiez, faites-le et absorbez-vous dans cette activité. Et soudain, lorsque vous serez absorbé, vous verrez ce climat venir à vous, ce climat ensoleillé de bonheur. Soudain, vous découvrirez qu'il est tout autour de vous. C'est ce que j'aimerais créer dans notre nouvelle commune. Les gens doivent s'ABSORBER. Le bonheur est un sous-produit, ce n'est pas un but. C'est en faisant ce que l'on veut faire que l'on trouve le bonheur.

La cinquième question :

Question 5 :

L'ILLUMINATION PEUT-ELLE ARRIVER À UN PARESSEUX ?

Cela n'arrive qu'aux paresseux.

La sixième question :

Question 6 :

MAÎTRE, ES-TU LE SAUVEUR ? ET SI C'EST LE CAS, COMMENT VOUS RECONNAÎTRE ?

Non, je ne suis pas un sauveur. Mille fois non. Personne ne peut sauver quelqu'un d'autre. Et vous ne devriez pas chercher cela, c'est une tromperie. Je me suis sauvé moi-même, je ne peux pas vous sauver, vous devez vous sauver vous-même. Je peux vous indiquer le chemin, je peux vous dire comment je me suis sauvé. Les bouddhas ne font que montrer le chemin, mais tout le reste, c'est à vous de le faire. Personne ne peut vous sauver, vous devez commencer à être responsable de vous-même.

Vous avez appris un très vilain tour de passe-passe qui consiste à rejeter la responsabilité sur quelqu'un d'autre. Pourquoi quelqu'un d'autre devrait-il être votre sauveur ?

Je ne le suis pas. Je ne prends la responsabilité de personne. Je vous renvoie à vous-même. C'est la seule façon de vous aider, la seule façon de créer une âme en vous. C'est la seule façon de vous faire sentir que votre vie est votre vie. Si vous voulez qu'elle soit misérable, c'est votre choix, si vous ne voulez pas qu'elle soit misérable, je vous en donne la possibilité. Vous pouvez laisser tomber votre misère en ce moment même. Mais ne commencez pas à vous accrocher à moi et à rejeter votre responsabilité sur moi, sinon tôt ou tard vous serez déçu et vous serez en colère contre moi.

Il y a parfois des questions - "Je suis ici depuis trois mois et, Maître, vous ne me faites encore rien". Qui suis-je pour faire quoi que ce soit ? Je ne peux qu'indiquer. Je suis un doigt qui pointe vers la lune.

N'attendez pas, allez sur la lune. N'attendez pas et ne vous accrochez pas au doigt. Mais il y a des gens qui commencent à me mordre le doigt plutôt que d'aller sur la lune.

Je ne suis pas un sauveur.

Ecoutez cette belle anecdote :

Sur le parking d'un centre commercial du Midwest américain, une femme ne cesse de voir un homme étrange qui prétend être Jésus-Christ. Des foules se rassemblaient souvent pour l'entendre prêcher : Je suis Jésus-Christ !

Venez et soyez sauvés". Un jour, exaspérée, elle s'est approchée du soi-disant messie et lui a dit : "Tu n'es pas plus Jésus-Christ que moi. Vous êtes un imposteur. Le Christ autoproclamé déclara alors : "Je le suis aussi, et je peux le prouver si vous le souhaitez. Viens avec moi si tu veux des preuves. Elle partit donc avec lui. Tout en marchant, il dit : "Vous verrez que je ne suis autre que Jésus-Christ". Il s'approcha de la porte d'entrée d'une maison et frappa. Au bout de quelques minutes, un homme ouvrit la porte, regarda le prédicateur et s'écria : "Jésus-Christ ! Vous êtes encore là ? Le prédicateur lui dit : "Voici la preuve".

Je ne vous donnerai aucune preuve d'aucune sorte. Et ne demandez pas "Comment vous reconnaître ?" - ce n'est pas nécessaire. Écoutez simplement ce que je vous dis, laissez-le se transformer en votre propre intuition. Vous n'avez pas besoin de me reconnaître - comme un sauveur, comme un Jésus, comme un Bouddha - ce n'est pas nécessaire. Et comment pouvez-vous me reconnaître ? Si vous n'êtes pas devenu un Christ, vous ne pourrez pas reconnaître un Christ - vous ne saurez pas ce que signifie être un Christ. Non, je ne m'attends pas à ce que vous me reconnaissiez. Et ce n'est pas nécessaire. Je suis ce que je suis, votre reconnaissance ne fera aucune différence. Ne vous préoccupez donc pas de cela.

Et je ne vais pas vous donner de preuves.

Et rappelez-vous encore : Ne me regardez pas comme un sauveur. À cause de cette idée - qu'un sauveur doit venir ou qu'un messie doit venir - les gens continuent à vivre comme ils le font. Que peuvent-ils faire ?

disent-ils. Quand le messie viendra, tout se passera. C'est leur façon de repousser la transformation, c'est leur façon de se tromper eux-mêmes. Assez, c'est assez, vous vous êtes assez trompés. Maintenant, c'est fini. Aucun messie ne viendra jamais. Vous devez faire votre propre travail, vous devez être responsable de vous-même. Et lorsque vous êtes responsable, les choses commencent à se produire.

Et la dernière question :

Question 7 :

CONNERIES, CONNERIES, CONNERIES.

POURQUOI NE LA FERMEZ-VOUS PAS ? JE M'ENNUIE DE VOS CONFÉRENCES, JE M'ENNUIE COMPLÈTEMENT.

Oh ! un autre ange de Munich ? Cette fois-ci, il ne s'appelle pas Alois, mais Swami Deva Bhanu.

Si vous vous ennuyez, ne m'écoutez pas ! Qui vous oblige à écouter ? Tu es libre. Si vous voulez vous ennuyer, c'est tout à fait normal, écoutez. Mais la décision t'appartient. Vous ne pouvez pas me dire "Tais-toi". Qui êtes-vous pour me le dire ? Même s'il n'y a personne ici, si je veux parler, je continuerai à le faire. C'est ma joie !

Il y a eu des maîtres comme ça. Il y a eu un grand maître en Grèce, Pyrrho, qui avait l'habitude de parler même lorsqu'il n'y avait pas de disciples. Un disciple s'asseyait là et le disciple trouvait que c'était trop long et qu'il n'arrêtait pas de parler. Et le disciple s'en allait. Et il continuait. Qui se soucie des disciples ? Pyrrho était vraiment un maître. C'était une chanson qu'il chantait - si vous voulez participer, participez, sinon vous êtes libre. À moins que vous ne soyez masochiste et que vous ne vouliez vous torturer, c'est à vous de décider. Ne m'écoutez pas !

Et votre sentiment d'ennui n'a peut-être rien à voir avec ce que je dis. C'est peut-être simplement que vous ne comprenez pas, que cela vous dépasse. Alors, lève la tête un peu plus haut !

Ou peut-être attendez-vous autre chose, peut-être êtes-vous ici pour vous divertir.

Dans ce cas, vous êtes au mauvais endroit. Mais c'est à vous de décider si vous êtes ici ou non. Vous êtes totalement libre de ne pas être ici.

Et je ne sais pas si d'autres ne s'ennuient pas. Voyons voir. Où est Deva Bhanu ? Pouvez-vous vous lever, monsieur, pour que tout le monde puisse voir ? C'est bien. Et maintenant, je vais demander aux autres : Ceux qui ne sont pas d'accord avec Deva Bhanu, levez la main. Maintenant, monsieur, que puis-je faire ? Je suis d'accord avec vous, mais que faisons-nous à deux contre tant d'autres ?

En route pour l'enfer - Yo-Ho !

La première question :

Question 1 :

QUELLE EST L'ATTITUDE DU ZEN FACE À LA MORT ?

RIRE. Oui, le rire est l'attitude zen face à la mort. Et envers la vie aussi, car la vie et la mort ne sont pas séparées. Quelle que soit votre attitude face à la vie, elle sera la même face à la mort, car la mort est l'aboutissement ultime de la vie. La vie existe pour la mort. La vie existe par la mort.

Sans la mort, il n'y a pas de vie du tout. La mort n'est pas la fin, mais le point culminant, le crescendo.

La mort n'est pas l'ennemie, elle est l'amie. Elle rend la vie possible.

L'attitude zen face à la mort est donc exactement la même que l'attitude zen face à la vie - celle du rire, de la joie, de la célébration. Et si vous pouvez rire de la mort, dans la mort, vous êtes libéré de tout. Vous êtes alors la liberté. Si vous ne pouvez pas rire de la mort, vous ne pourrez pas non plus rire dans la vie. Car la mort est toujours à venir. Chaque acte de la vie, chaque mouvement de la vie, rapproche la mort. Chaque moment que vous vivez.

On se rapproche de la mort. Si vous ne pouvez pas rire avec la mort, comment pouvez-vous rire avec la vie et dans la vie ?

Mais il y a une différence entre les bouddhistes zen et les autres religions. Les autres religions ne sont pas aussi profondes. D'autres religions disent également qu'il n'y a pas lieu de craindre la mort, car l'âme est immortelle.

Mais dans l'idée même de l'immortalité de l'âme, votre esprit recherche l'éternité et rien d'autre. Dans l'idée même de l'immortalité, vous niez la mort, vous dites qu'il n'y a pas de mort. Vous dites : "Alors pourquoi avoir peur ? La mort n'existe pas. Je vais vivre - même si ce n'est pas sous la forme de CE corps, je vais quand même vivre".

vivre en tant que CETTE âme. Mon être essentiel continuera. Alors pourquoi craindre la mort ? La mort ne me détruira pas. Je resterai, je persisterai, je continuerai". Les autres religions font des compromis avec votre désir de rester pour toujours. Elles vous consolent. Elles disent : "Ne vous inquiétez pas. Vous serez dans un autre corps, sous une autre forme, mais vous continuerez". Cela semble être un attachement.

Mais l'approche zen de la mort est totalement différente, immensément profonde. D'autres religions disent qu'il ne faut pas s'inquiéter de la mort, qu'il ne faut pas la craindre, parce que l'âme est éternelle. Le zen dit : "Il ne peut y avoir de mort, parce que vous n'êtes pas : Il ne peut y avoir de mort, parce que vous n'êtes pas. Il n'y a personne à mourir. Voyez la différence : il n'y a personne à mourir. Le moi n'existe pas, donc la mort ne peut rien vous enlever. La vie ne peut rien vous donner, et la mort ne peut rien vous enlever. Il n'y a pas de but dans la vie et pas de but dans la mort. Il n'y a personne à mourir. D'autres religions disent que vous ne mourrez pas, alors ne vous inquiétez pas de la mort.

Le zen dit : Vous n'existez pas - pour qui vous inquiétez-vous ? Il n'y a personne dans la vie et il n'y aura personne dans la mort. Vous êtes le vide à l'état pur. Il ne s'y est jamais rien passé.

Le zen ne fait pas de compromis avec votre désir d'éternité. Il ne fait pas de compromis pour votre sécurité, il ne fait pas de compromis avec votre ego sous quelque forme que ce soit. Le zen est tout à fait radical, il coupe la racine même. Le zen dit : L'idée de survivre éternellement est idiote. Que ferez-vous si vous survivez éternellement ? N'avez-vous pas encore fini de faire ? N'êtes-vous pas encore assez frustré par votre action ?

N'as-tu pas vu la folie et la stupidité de ton être ? Qu'est-ce qu'il t'apporte, sinon la misère ? Plus tu es un ego, plus tu es malheureux. Ne voyez-vous pas que l'ego fonctionne comme une blessure ? Il fait mal. Et pourtant, vous voulez continuer cette blessure, vous voulez continuer cette blessure pour toujours et à jamais. Vous ne voulez pas être guéri ? L'ego est une maladie, ne plus avoir d'ego, c'est être guéri.

Mais vous voulez être sauvé pour toujours.

Dans votre idée même de rester pour toujours, d'être sauvé pour toujours, il y a une sorte d'avarice. D'autres religions disent : Sauvez. Sauve-toi toi-même. Le zen dit : "Dépensez : Dépensez. Dépensez-vous. Parce que se dépenser totalement, c'est se sauver.

Un chrétien se promenait avec Mulla Nasruddin, ils étaient partis pour une promenade matinale. Le chrétien a montré son église à Mulla Nasruddin. Il lui dit : "C'est mon église. Regardez. Et sur l'église, il y avait un grand tableau - sur le tableau était écrit : Jésus sauve ! Mulla Nasruddin l'a regardé et a dit : "Et alors ? Ma femme sauve mieux".

L'épargne, quelle qu'elle soit, est une attitude avare à l'égard de la vie. Dépensez - ne thésaurisez pas. Relâchez votre emprise. Ne gardez pas vos mains serrées comme des poings. Ouvrez-les, dépensez. Dépensez-vous comme une fleur qui a libéré son parfum au vent. Dépensez-vous comme une bougie qui a vécu sa nuit, qui a dansé et qui maintenant n'est plus. Le mot bouddhiste pour nirvana signifie "éteindre la bougie". Lorsque vous êtes complètement épuisé, lorsque vous avez authentiquement vécu et vous êtes totalement dépensé et qu'il ne reste rien d'autre en vous que le vide, vous êtes rentré chez vous. Car le vide est la maison.

Vous êtes le monde. Lorsque vous ne l'êtes plus, vous êtes rentrés chez vous.

L'attitude zen à l'égard de la vie est celle du rire, de la vie, de la jouissance, de la célébration. Le zen n'est pas anti-vie, il est affirmation de la vie. Il accepte tout ce qui est. Il ne dit pas de nier ceci, de nier cela. Il dit que tout est bon : vivez-le, vivez-le aussi totalement que possible. Être total en quoi que ce soit, c'est être religieux. Être partiel en quoi que ce soit, c'est être mondain. Et vivez si totalement que lorsque la mort viendra, vous pourrez vivre la mort totalement aussi.

Riez si fort que lorsque la mort surviendra, vous pourrez rire pour la dernière fois.

Un grand maître, Lo-shan, était sur le point de mourir. Lorsqu'il sentit que la mort était proche, Lo-shan convoqua tout le monde dans la salle du Bouddha et monta sur le siège de la conférence. Il commença par tenir sa main gauche ouverte pendant plusieurs minutes. Comme personne ne comprenait, il demanda aux moines du côté est du monastère de partir. Ensuite, il a ouvert la main droite. Comme personne ne comprenait, il a demandé aux moines du côté ouest du monastère de partir. Seuls les laïcs restèrent. Il leur dit : "Si l'un d'entre vous veut vraiment montrer sa gratitude à Bouddha pour sa compassion envers vous, ne ménagez pas vos efforts pour répandre le Dharma. Maintenant, sortez d'ici ! Sortez d'ici ! Puis, riant bruyamment, le maître tomba raide mort.

Cet homme, Lo-shan, va mourir. Il réunit tous ses disciples. Il ouvre une de ses mains, personne ne comprend. Il dit : "C'est avec une main ouverte que j'ai vécu, c'est avec une main ouverte que je m'en vais. Totalement j'ai vécu, totalement je m'en vais. Je n'ai jamais été fermé. Maintenant que la mort frappe à la porte, mes portes sont ouvertes. Puis il a levé l'autre main. Les gens n'ont pas compris. Il leur a alors dit : "Bouddha a eu une immense compassion pour vous".

Qu'est-ce que la compassion du Bouddha ? La compassion du Bouddha est la suivante : sachant parfaitement que vous ne comprendrez pas, il a essayé. Telle est sa compassion. Sachant parfaitement qu'il est impossible de comprendre ce que dit le Bouddha, il a essayé toute sa vie de vous aider à comprendre. Telle est sa compassion. Il essaie de vous aider à voir ce que vous ne pouvez pas voir. Il essaie de traduire en langage et en mots ce qui ne peut être réduit à des mots. Essayer de faire l'impossible, voilà sa compassion.

Lo-shan dit aux gens : "Faites aussi une chose : répandez la parole de Bouddha, son dharma. Quoi qu'il ait dit, continuez à le diffuser". Peut-être que quelqu'un comprendra un jour. Même si quelqu'un comprend par milliers, c'est suffisant. Même si une personne fleurit par millions, c'est suffisant. Une seule personne qui fleurit remplit la terre entière de son parfum. Oui, une seule fleur de conscience individuelle transforme toute la qualité de la conscience sur la terre. Elle élève la conscience de la terre entière.

Puis il leur a dit : "Maintenant, sortez ! Sortez d'ici ! Que veut-il dire par "Sortez, sortez d'ici" ? Il leur dit : Le mental dans lequel vous êtes, sortez, sortez du mental. L'ego dans lequel vous êtes, sortez de l'ego. Mais les maîtres zen ont leur propre façon de s'exprimer. Il a d'abord expulsé la moitié des moines d'une porte, puis l'autre moitié d'une autre porte. Ensuite, il ne resta plus que des laïcs.

Et maintenant, il leur dit : "Sortez ! Sortez d'ici ! Puis, riant aux éclats, le maître s'écroule, mort.

Quel est son rire ? Pourquoi rit-il ? Il existe une parabole zen :

Il arriva ainsi devant un grand château sur la façade duquel étaient gravés les mots "Je n'appartiens à personne et j'appartiens à tous". Avant d'entrer, tu étais déjà ici. Quand vous partirez, vous resterez.

Il rit du ridicule, de l'absurdité. L'absurdité de tout et de rien. Tout est si contradictoire. La vie existe à travers la mort, l'amour existe à travers la haine, la compassion existe à travers la colère. Et seuls ceux qui ne sont pas peuvent être. Et ceux qui sont ne peuvent pas être. C'est tellement absurde, c'est tellement contradictoire. Il rit pour la dernière fois de toute cette situation de la soi-disant vie. Ce n'est pas logique, c'est pourquoi il rit. C'est tellement illogique. Que peut-on faire face à un phénomène aussi illogique ? On peut rire un bon coup.

Un autre maître, Etsugen, peu avant sa mort, réunit ses moines. C'était le premier décembre.

Il leur dit : "J'ai décidé de mourir le 8 de ce mois. C'est le jour de la mort du Bouddha.

l'illumination. S'il vous reste des questions sur l'enseignement, vous feriez mieux de les poser avant".

Comme le maître continua à exercer ses fonctions habituelles pendant les jours suivants, certains moines pensèrent qu'il s'amusait un peu à leurs dépens. La plupart d'entre eux, cependant, ont été frappés par le chagrin.

Le soir du 7, rien d'anormal ne s'était produit. Néanmoins, Etsugen les réunit tous et leur enseigna pour la dernière fois l'illumination du Bouddha. Il prit ensuite ses dispositions et se rendit dans sa chambre.

À l'aube, il prit un bain, revêtit ses vêtements de cérémonie et, assis droit dans la posture du lotus, composa ce poème de la mort :

SHAKYAMUNI DESCENDIT DE LA MONTAGNE.

JE SUIS MONTÉ.

DANS MON ENSEIGNEMENT, JE CROIS QUE J'AI TOUJOURS ÉTÉ UN PEU UN FRANC-TIREUR.

ET MAINTENANT JE VAIS EN ENFER - YO-HO !

LA CURIOSITÉ DES HOMMES EST UNE PURE FOLIE.

Puis, fermant les yeux et restant assis, il mourut.

Un maître zen peut mourir à tout moment. Il peut décider. Pourquoi ? Parce qu'il est déjà mort. Le jour où il est devenu illuminé, il est mort. Maintenant, seule la forme visible continue à vivre -

à l'intérieur, tout est vide. Il est complètement mort. Il peut donc abandonner cette forme à tout moment. Ce n'est qu'une bulle de savon : une petite piqûre et elle disparaît. Et vous ne pouvez pas choisir un meilleur jour pour mourir que le jour de l'illumination de Bouddha, car c'est ce jour-là que Bouddha est mort.

Il existe une belle histoire à propos de Bouddha. Il est né un certain jour, est devenu illuminé le même jour et est mort le même jour. La naissance, l'illumination et la mort, ces trois grandes choses se sont produites le même jour. C'est très révélateur - cela dit que la naissance, l'illumination et la mort sont toutes les mêmes. C'est un message : Ils sont tous semblables. Ils ne sont pas différents, leur qualité est la même.

La naissance est une sorte de mort. Lorsqu'un enfant naît dans le ventre de sa mère, s'il peut verbaliser ce qui se passe, il dira : "Je meurs". Parce qu'il a vécu pendant neuf mois dans l'utérus, dans un tel confort, un tel luxe, une telle commodité. Pas de souci, pas de problème, pas de travail. Tout est disponible, vous n'avez même pas besoin de le demander. Il n'a même pas besoin de respirer seul, la mère respire pour lui. Il n'a pas besoin de manger, la mère mange pour lui. Il vit simplement. C'est le paradis.

Les psychologues disent que la recherche du paradis n'est rien d'autre que le souvenir, la nostalgie, de l'utérus.

Parce que vous avez vécu ces neuf mois dans le plus grand confort, dans le plus grand luxe. Et toute la recherche du paradis n'est rien d'autre que la manière d'entrer à nouveau dans cette sorte de ventre chaud.

En Inde, la partie la plus intérieure du temple est appelée GARBHA, l'utérus - ce qui est très significatif. L'endroit où siège la divinité du temple, le sanctuaire le plus intime, est appelé GARBHA - l'utérus. Dans la vie ordinaire, nous recherchons le même confort. Lorsque vous avez l'impression qu'une pièce est confortable, de quoi vous souvenez-vous vraiment lorsque vous dites que la pièce est confortable ? Chaude, vivante, réceptive, accueillante. Vous n'êtes pas un étranger, vous êtes un invité bienvenu. Vous vous rappelez quelque chose de ces neuf mois. La science continue d'améliorer le confort, le luxe, mais nous n'avons pas encore été capables - et je pense que nous ne le serons jamais - de recréer la situation de l'utérus.

L'enfant a vécu dans une telle abondance que c'est une célébration continue. En silence, dans le silence le plus complet.

Aujourd'hui, il est jeté dehors. Et il ne sait rien du monde extérieur, qu'il existe ou non. Il est jeté hors de sa maison. Si l'enfant peut dire quelque chose, il dira : "Je meurs". Vous appelez cela la naissance, vous qui êtes à l'extérieur, mais demandez à l'enfant, pensez à l'enfant. L'enfant pensera : "Je suis déraciné, je suis jeté dehors, je suis rejeté. Je suis rejeté. L'enfant s'accroche, il ne veut pas sortir. L'enfant ressent cela comme une sorte de mort. D'un côté, c'est la mort, de l'autre, c'est la naissance.

Il en va de même pour l'illumination. D'un côté, du côté de l'esprit, c'est la mort. L'esprit sent qu'il est en train de mourir. L'esprit s'accroche. L'esprit essaie par tous les moyens d'empêcher l'illumination de se produire.

L'esprit crée mille et une questions, doutes, interrogations, distractions. Il veut vous faire reculer : "Où vas-tu ? Tu vas mourir.

C'est ce qui se passe ici tous les jours. Dès qu'une personne commence à se rapprocher de la méditation, la peur surgit.

Grande peur. Tout son être est en jeu, il commence à trembler. Un véritable tremblement s'installe dans son être.

Il se trouve maintenant face à l'abîme - d'un côté c'est la mort, de l'autre c'est la naissance. Si l'esprit meurt, il naîtra en tant que conscience. Si la pensée meurt, il naîtra en tant que samadhi, en tant que non-pensée. Si l'esprit disparaît, il naîtra en tant que non-esprit. Si le bruit de l'esprit disparaît, il naîtra en tant que silence. D'un côté, ce sera la mort, de l'autre, la naissance.

Il en va de même pour la mort. Chaque mort est aussi une naissance, et chaque naissance est aussi une mort.

L'histoire du Bouddha né un certain jour à une certaine heure, puis devenu illuminé au même moment et le même jour, et mort au même moment et le même jour, est significative. Il dit simplement que ces trois choses sont identiques. Il manque une chose, je voudrais l'ajouter aussi. Si vous tombez VRAIMENT amoureux, la liste est complète. Avec ces quatre choses, c'est toute votre vie qui est complète. Si je dois réécrire l'histoire de Bouddha, j'ajouterai ceci : il est tombé amoureux le même jour, à la même heure. Car cela aussi est une naissance et une mort. Les personnes qui ont écrit l'histoire de Bouddha n'étaient pas aussi courageuses. Ils ont abandonné l'idée de l'amour, qui semble dangereuse.

Ce sont les quatre plus grandes choses de la vie, les quatre directions de la vie. C'est tout le ciel de la vie.

Etsugen a décidé de mourir le jour de l'illumination du Bouddha. De nombreux moines zen ont décidé de mourir ce jour-là. Et ils meurent ce jour-là. Ils ne se suicident pas et ne prennent pas de poison - ils s'effondrent simplement. Mais leur effondrement est magnifique. Ils s'effondrent en souriant, en riant.

Il s'agit d'une tradition du zen, selon laquelle un maître doit composer un poème mortuaire avant de mourir. Cela aussi est très important. La mort doit être accueillie avec poésie, avec joie. C'est votre dernière déclaration, votre testament. Elle doit être faite en poésie. Ce doit être de la poésie - la prose ne convient pas, la prose aurait l'air un peu trop

mondain. Quelque chose de plus, quelque chose d'une chanson. Etsugen a écrit ce poème. Shakyamuni" est le nom du Bouddha.

SHAKYAMUNI DESCENDIT DE LA MONTAGNE.
JE SUIS MONTÉ.

Il dit : "J'ai été tout le contraire de Bouddha". Seul un maître zen peut dire cela. Sinon, les adeptes sont des adeptes - ce sont des imitateurs, des copies conformes. Mais les vrais disciples ne le sont pas, ce sont des êtres authentiques. Ils vivent leur vie. Ils vivent avec un grand respect pour le maître, un IMMENSE respect pour le maître, mais ils vivent leur vie. En fait, cet immense respect pour le maître vous rendra capable de vivre votre propre vie.

Bouddha a vécu sa propre vie. Si vous êtes vraiment respectueux envers lui, vous vivrez votre propre vie, c'est ainsi que vous lui rendrez hommage.

SHAKYAMUNI DESCENDIT DE LA MONTAGNE.

JE SUIS MONTÉ.

DANS MON ENSEIGNEMENT, JE CROIS QUE J'AI TOUJOURS ÉTÉ UN PEU UN FRANC-TIREUR.

ET MAINTENANT JE VAIS EN ENFER - YO-HO !

LA CURIOSITÉ DES HOMMES EST UNE PURE FOLIE.

Il dit : "Maintenant, je vais en enfer". Il plaisante. Seul un maître zen peut plaisanter au dernier moment. Seul un maître zen peut avoir le courage de dire "Maintenant, je vais en enfer". En fait, les adeptes du zen disent que là où se trouve un maître, il y a le paradis. S'il est en enfer, l'enfer sera le paradis. Le paradis est son climat, il le porte en lui.

Puis, fermant les yeux et restant assis, il mourut. Si silencieusement, si poétiquement, si radicalement.

Et la troisième histoire.

Lorsque le maître, Tenno, était mourant, il appela dans sa chambre le moine chargé de la nourriture et des vêtements dans le temple. Lorsque le moine s'est assis près du lit, Tenno lui a demandé : "Comprenez-vous ?".

Maintenant qu'il n'a rien dit, il demande : "Vous comprenez ?".

Non", dit le moine, perplexe.

Tenno rit et dit : "Vous comprenez ?".

Le moine répondit : "Non". Et il était encore plus perplexe.

Alors Tenno ramassa son oreiller, le jeta par la fenêtre et dit : "Vous comprenez ?".

Et le moine a dit : "Non. Et vous me rendez de plus en plus confus".

Puis il a dit : "D'accord, alors je vais faire la vraie chose". Il a fermé les yeux, a poussé un rugissement de lion et est mort.

Il était en train de mourir. Ce disciple n'était pas encore perspicace. Il était en train de mourir - si vous avez aimé votre maître, si vous l'avez vraiment aimé, vous saurez ce qui lui arrive. C'est pourquoi il a demandé "Comprends-tu ?". Il demande : "N'avez-vous pas compris que je suis en train de mourir ? N'as-tu pas encore compris que je meurs ?". Au dernier moment, il met son disciple à l'épreuve. Même la mort est utilisée comme une sorte d'enseignement. Même la mort est utilisée comme le dernier effort pour réveiller le disciple. Puis il rit et demande : "Comprenez-vous ?". Le rire était si total que si le disciple avait regardé dans les yeux du maître et entendu le rire, il y avait là tout l'enseignement du Bouddha, toutes les écritures. La totalité de l'enseignement. Et il aurait vu que le maître quittait son corps.

Mais il a dû se mettre à réfléchir. Le maître a demandé : "Comprenez-vous ? Et il n'a rien dit - que veut-il dire par "Comprends-tu ?"? Le disciple a dû entrer dans son esprit.

Parce qu'il s'était enfoncé dans son esprit, le maître a ri pour le sortir de son esprit. Car rien ne vous fait sortir de votre esprit comme le rire.

Quelqu'un a demandé : "Pourquoi, Maître, continuez-vous à raconter des blagues ? Voilà pourquoi. Rien ne vous fait sortir de votre esprit comme le rire. Lorsque vous riez bien, la logique disparaît - du moins à ce moment-là. Et les blagues sont tellement absurdes. Vous riez parce qu'elles sont ridicules, vous riez parce qu'elles ne suivent pas les règles de la logique, elles vont à l'encontre de celle-ci.

Elles prennent une tournure tellement inattendue que vous n'auriez pas pu y penser. À cause de cette tournure inattendue, de ce saut soudain... toute la blague va dans un sens, puis vient la chute. Et la chute est un saut, elle est discontinue.

Une blague est une grande méditation.

Le maître rit. Il riait fort, il riait à gorge déployée. Il voulait faire sortir ce disciple de son esprit - il avait trop réfléchi. Il pensait : "Pourquoi a-t-il demandé : "Comprenez-vous ?"? Il a posé une question simple - une question pour inciter le disciple à être attentif à la situation du maître, à ce qui lui arrive. Si le disciple était vraiment en phase avec le maître, cela aurait été un choc : "Comprends-tu ?". Il aurait alors ouvert les yeux, aurait regardé dans l'être du maître et aurait senti que le maître est prêt à quitter son corps. Mais il s'est mis à penser et n'a pas compris. C'est pourquoi le maître essaya à nouveau en riant. Et il demanda : "Comprends-tu ? Le disciple était encore plus perplexe, car il ne voyait pas pourquoi le maître riait. Il se mit à penser "Pourquoi ?

Dès que vous posez la question "Pourquoi ?", vous entrez dans l'ornière, l'ornière morte, de l'esprit.

Une fois que vous avez demandé pourquoi, vous manquez le moment de méditation. Voyant que le disciple est très grossier, il a dû être grossier. Il a dû jeter son oreiller par la fenêtre - il a dû faire quelque chose d'absolument insignifiant, juste pour choquer. Mais le disciple était encore plus perplexe, encore plus perplexe.

Puis il a poussé un rugissement de lion. Et mourut. On dit que pendant de nombreux siècles, le rugissement a été entendu dans son monastère. Chaque fois que les gens s'asseyaient en silence et méditaient, ils entendaient le rugissement du lion. Cette

a été son dernier choc. Puis il est mort. Pourquoi a-t-il fait cela, ce rugissement de lion ? Peut-être que rien ne le fait sortir de son esprit - cette chose totalement absurde, un rugissement de lion sans aucune raison, peut le faire sortir de son esprit. Et puis il est mort. Si rien d'autre ne le fait sortir de son esprit, c'est la mort qui le fera sortir.

Et si, ne serait-ce qu'un instant, vous pouvez goûter à l'espace appelé absence d'esprit, alors vous savez qu'il n'y a personne à mourir.

Personne ne vit, personne ne meurt. Le néant vit, le néant meurt. Vous n'êtes pas. Riez bien de cette situation. Vous n'êtes pas et vous existez. Vous n'êtes pas et vous êtes. C'est la plaisanterie cosmique.

Vous me demandez : QUELLE EST L'ATTITUDE ZEN À L'ÉGARD DE LA MORT ?

Rires. Mais c'est aussi leur attitude face à la vie.

La deuxième question :

Question 2 :

QU'EST-CE QUE LE SEXE TANTRIQUE ? APRÈS LE "SEXE DU SINGE" ET LE "SEXE DE L'AMOUR-BÉATITUDE", AVANT LE SEXE COSMIQUE ET RELIGIEUX LE PLUS ÉLEVÉ DANS LEQUEL AUCUN PARTENAIRE N'EST NÉCESSAIRE, DANS LEQUEL LE COSMOS EST LE PARTENAIRE, N'Y A-T-IL PAS LE SEXE TANTRIQUE DANS LEQUEL DEUX PARTENAIRES SONT IMPLIQUÉS, UN ACTE SEXUEL QUI EST UNE MÉDITATION BASÉE SUR CERTAINES TECHNIQUES ?

Il est bon qu'après avoir médité sur la mort, vous méditiez sur le Tantra et le sexe du Tantra. Parce que le sexe est aussi une petite mort. Et grâce à cette petite mort dans le sexe, il y a une telle libération de joie en vous. Pendant un seul instant, vous disparaissez, et cet instant est le point culminant, l'orgasme. À ce moment précis, vous ne savez plus qui vous êtes. À ce moment précis, vous êtes de l'énergie pure qui vibre, qui pulse. Sans centre, sans ego.

Dans ce seul moment d'espace orgasmique, vous perdez toute limite, toute séparation. Vous devenez vaste, énorme. Vous n'êtes plus séparé de l'autre. C'est pourquoi il y a tant de joie - bien que le moment soit très court. Une fois qu'il a disparu, vous vous sentez très frustré, parce qu'il a été si court, si fugace. Et vous recommencez à avoir envie. Et à chaque fois que ce moment arrive, vous atteignez un sommet, puis vous tombez dans une profonde obscurité, dans l'abîme.

Le sexe apporte donc de la joie, mais aussi de grandes souffrances. Il vous emmène vers des sommets ensoleillés, puis vous laisse tomber dans les vallées les plus sombres. Après chaque acte sexuel, on se sent frustré. Quelque chose s'est passé, s'est passé, s'est passé... et vous n'avez même pas pu le saisir et il s'est envolé.

Le sexe reste donc la plus grande fascination et la plus grande frustration.

À cause de ces deux éléments dans l'acte sexuel, il y a deux types de personnes. Ceux qui deviennent trop fascinés par la fascination, dépendants du sexe. Ce sont les personnes qui se livrent à toutes sortes de sexualités et dont la vie entière n'est rien d'autre que la recherche de plus de sexe, d'un meilleur sexe. Et les autres, qui deviennent dépendants de la frustration du sexe. Ils renoncent au monde, à la femme, à l'homme, ils s'enfuient dans l'Himalaya ou dans les monastères. Mais tous deux ont réagi au sexe. Votre monde et votre autre monde ne sont pas différents - ils sont tous deux sexuels, ils ont choisi une partie de l'acte sexuel. Ils ont choisi des parties opposées, mais ils ont choisi de ne pas participer à l'acte sexuel.

C'est pourquoi vos soi-disant religions sont tellement contre le sexe - elles ont choisi la partie frustration.

L'indulgent et le renonçant sont les deux aspects d'une même pièce. Ce ne sont pas des personnes différentes, ce sont les mêmes personnes, et toutes deux ont choisi de ne pas avoir de relations sexuelles.

Le Tantra est une attitude totalement différente. Il dit : "Il y a de la joie dans le sexe et il y a de la frustration dans le sexe : Il y a de la joie dans le sexe et il y a de la frustration dans le sexe. Parce que le moment de l'orgasme est très petit. Ce moment peut devenir très profond, il peut rester là pendant des heures. Ce moment, une fois que vous connaissez l'art d'y rester, peut vous entourer pendant vingt-quatre heures. Le tantra transforme le sexe. Le tantra est la vraie religion. Il ne choisit pas entre la fascination et la frustration, il transcende les deux. Il utilise le sexe comme une clé. Et c'est une clé - parce que toute vie passe par elle, toutes les fleurs s'épanouissent grâce à elle et tous les oiseaux chantent grâce à elle. Tout ce que vous voyez autour de vous, le vert, le rouge et l'or, provient du sexe et est de l'énergie sexuelle. Toute la poésie, toutes les chansons et toute la musique sont enracinées dans l'énergie sexuelle. Tout l'art, toute la créativité, n'est rien d'autre qu'une expression du sexe.

Le sexe tantrique doit donc être compris. Quelques points : La définition tantrique de la sexualité est opposée à la définition moderne. L'esprit moderne considère le sexe comme un besoin - comme la faim pour la nourriture - qui, accessoirement, procure une satisfaction des sens et de l'ego. C'est ainsi que Freud conçoit le sexe : il procure une gratification de l'ego, une satisfaction, une relaxation ; il soulage les tensions, c'est un besoin. Le Tantra considère le sexe comme un puissant retour instinctif à notre réalité ultime, l'une des formes les plus élevées de méditation.

Il faut comprendre - et c'est la première chose à retenir - que Freud ne comprend pas la profondeur ultime du sexe. Il ne s'est intéressé qu'à la sexualité refoulée de l'homme. Ce que le christianisme a fait en Occident, le mal, Freud a essayé de le corriger. Mais le christianisme reste superficiel et Freud reste superficiel. Pourquoi ? Parce que le remède ne peut aller plus loin que la maladie. La maladie était superficielle, le remède ne peut pas être plus profond que cela.

Le Tantra ne définit pas le sexe comme un besoin - ce n'est pas le cas. Un homme peut vivre sans sexe, ce n'est pas un besoin. Ce n'est pas comme la nourriture - vous ne pouvez pas survivre sans nourriture. Ce n'est pas comme la soif - vous ne pouvez pas survivre sans eau. Mais vous pouvez survivre facilement sans sexe - peut-être même plus longtemps. Le sexe n'est pas un besoin comme la nourriture, la soif ou la faim. Le sexe a une dimension absolument totale, une dimension complètement différente. C'est un moyen d'entrer en contact avec la réalité ultime. C'est un besoin d'aller vers la source originelle.

Dans les rapports sexuels ordinaires, l'orgasme ne se produit que pendant quelques instants. Même cela est rare, car il reste très peu de personnes orgasmiques dans le monde. Les gens sont devenus tellement civilisés que l'orgasme semble impossible. Une personne civilisée ne peut pas être orgasmique parce qu'elle ne peut pas se permettre d'être sauvage.

Seule une personne sauvage peut être orgasmique, car l'orgasme est sauvage. Plus vous êtes civilisé, cultivé, sophistiqué, éduqué, moins vous avez la possibilité d'être orgasmique. Le sexe n'est alors qu'un soulagement. C'est comme éternuer, ce n'est pas grand-chose. C'est du gaspillage pur et simple.

Vous accumulez de l'énergie et vous ne savez pas quoi en faire. Et l'énergie devient lourde pour vous, elle doit être rejetée d'une manière ou d'une autre. Vous continuez donc à jeter l'énergie. Mais vous avez perdu le langage de l'orgasme. Quel est le langage de l'orgasme ? Si vous êtes vraiment orgasmique, vous gémissez, vous criez, vous chantez, vous priez et mille et une choses se produisent lorsque vous faites l'amour à votre femme ou à votre homme. Ce sera une chose folle. Et c'est difficile dans un monde civilisé. Mm ? Tout le voisinage saura que vous faites l'amour.

Les gens commenceront à téléphoner au poste de police pour dire qu'il y a un danger, qu'une personne est devenue orgasmique.

Oui, vous danserez, vous chanterez, vous émettrez des sons incohérents, le charabia viendra. On ne sait jamais ce qui va se passer parce qu'on perd le contrôle. L'orgasme signifie la capacité de perdre le contrôle. Le contrôle constant est là, vous êtes simplement assis sur vos énergies et vous les contrôlez - "Ceci devrait être, ceci ne devrait pas être. Ceci est bien, cela est mal. C'est ce que vous faites continuellement, vous inhibez, vous réprimez. Il ne faut pas aller plus loin, au-delà c'est le danger, il n'y a que cela qui est permis. Comment pouvez-vous être orgasmique ?

Et si vous n'êtes pas orgasmique dans d'autres domaines, vous ne pouvez pas l'être dans le sexe. Si vous contrôlez votre colère, vous ne pouvez pas être orgasmique dans le sexe. Si vous pouvez être orgasmique dans la colère, alors seulement vous pourrez être orgasmique dans le sexe. L'homme est une totalité. Si vous ne pouvez pas entrer dans la colère, comment pouvez-vous entrer dans l'amour ?

Impossible.

L'avez-vous regardé ? Sciemment ou non, les couples se rendent compte que s'ils veulent faire l'amour, ils doivent impérativement se disputer avant de faire l'amour. Ainsi, chaque soir, les couples se disputent, se fâchent. Mm ? - cela devient un peu utile. Une bataille d'oreillers est utile. Vos énergies commencent à bouger, votre jus commence à couler. Et si vous pouvez être un peu bête et stupide dans la colère, alors vous pouvez aussi être bête et stupide dans l'amour. Alors, qui s'en soucie ?

L'homme naturel est orgasmique dans toutes ses émotions.

Quelqu'un a posé une question : "Si les gens deviennent authentiques comme vous dites qu'ils devraient le devenir, authentiques et naturels, et s'ils ne sourient pas parce qu'un sourire est faux, et s'ils continuent à crier et à hurler dans les rues, qu'arrivera-t-il au monde ?

De nombreuses choses vont se produire dans le monde. Tout d'abord, les guerres deviendront impossibles. Il n'y aura pas de Vietnam ni d'Israël, parce que les gens n'accumuleront jamais tant de colère en eux qu'ils devront tuer, et tuer des millions de personnes. Beaucoup de choses arriveront au monde si les gens sont naturels.

Ils ne crieront pas autant que vous le pensez. Pour l'instant, ils sont autorisés à crier et ils crieront - mais pour combien de temps ? Si on leur donne une liberté totale, les cris, les insultes, les condamnations et les bagarres commenceront à disparaître du monde. C'est un cercle vicieux. C'est comme si vous affamiez une personne et que vous ne lui permettiez pas de s'approcher du réfrigérateur. Et vous dites : "Si nous le laissons faire, il mangera trop".

Vous l'avez affamé et maintenant vous avez peur que si vous lui laissez un peu de liberté, il mange trop et tombe malade. Vous ne lui permettez donc pas de venir au réfrigérateur. Il doit vivre selon son quota - tout ce que vous lui donnez, il doit en vivre.

Maintenant, il fantasme, il rêve : Que faire ? Comment atteindre le frigo ? Comment manger davantage ? Toute son imagination se concentre sur la nourriture, il rêve de nourriture.

Une célèbre histoire soufie raconte : Trois personnes voyagent. Elles achètent une friandise soufie, le halvah. Mais elles n'avaient pas assez d'argent et le halvah était très cher. Il n'y en avait pas assez pour trois, alors il y eut un grand débat : qui devait le manger ? Ils décidèrent : "Nous devons faire une chose : nous devons tous dormir, et au matin, celui qui aura fait le meilleur rêve sera celui qui mangera tout". D'un commun accord, ils s'endormirent.

Tôt le matin, ils ont raconté leurs rêves. L'un d'eux a dit qu'il était chrétien et a déclaré : "J'ai rêvé de Jésus.

Et Jésus a dit : "Venez au ciel, j'ai préparé la place pour vous." Et il m'appelait, il m'invitait. C'était un rêve tellement beau, je n'ai jamais rêvé d'une telle chose. Et Jésus était si radieux, et je me sens si bien d'avoir été acceptée par Jésus".

Le second était un hindou. Il a dit : "Ce n'est rien. J'ai rêvé que j'étais devenu Krishna. Des milliers de gopis dansaient autour de moi, de belles demoiselles, et je jouais de la flûte. C'était un si beau rêve.

Et le troisième était un soufi mahométan. Ils lui ont demandé : "Et toi ?" Il a répondu : "Mahomet est apparu et a dit : "Espèce d'idiot ! Que fais-tu ici ? Va manger le halvah !" Je l'ai donc mangée !

Car comment pouvez-vous rejeter les ordres de Mahomet ?

Si vous avez faim, si on vous laisse mourir de faim, vous craignez d'entrer dans un restaurant, de tuer le propriétaire ou de faire quelque chose si on vous laisse en liberté dans les rues. Mais si vous êtes bien nourri, personne ne fait rien de tel. C'est ce qui s'est passé - pendant des milliers d'années, vous avez été réprimés, vous avez été rendus de plus en plus faux. Aujourd'hui, la peur apparaît. L'auteur de la question a raison - la peur surgit si les gens deviennent authentiques et commencent à crier et à faire les choses comme ils ont toujours voulu les faire et n'ont jamais été autorisés à le faire, le monde deviendra fou.

Oui, pendant quelques années, le monde deviendra fou. Mais cette folie sera thérapeutique, elle aidera énormément. Après cela, plus personne ne deviendra fou. Les névroses disparaîtront, les psychoses disparaîtront, les guerres disparaîtront, les hommes politiques deviendront insignifiants. Les nations et les armées deviendront inutiles - on n'aura plus besoin d'elles. C'est pourquoi les politiciens et les prêtres sont si favorables à la répression des gens, parce qu'ils dépendent de ces répressions. Les guerres n'existeront plus.

Les généraux ne l'aimeront pas, les militaires ne l'aimeront pas, mais s'il n'y a pas de Vietnam, ils perdent toute raison d'être. S'il n'y a pas de nations, à quoi bon avoir des premiers ministres et des présidents ? Ils ne sont pas pertinents.

Le gouvernement n'a plus de raison d'être si les gens sont naturels. Les gouvernements seront de moins en moins nécessaires. Ainsi, de nombreuses personnes ont investi. Et leur peur semble juste, logique, parce que pendant tant de siècles l'homme a été réprimé qu'ils ont peur que les choses explosent. Oui, pendant quelques années, pendant une génération au moins, il y aura une grande explosion. Puis les choses disparaîtront.

Bertrand Russell a écrit que lorsqu'il était enfant, même les pieds des chaises étaient recouverts de tissu.

Les jambes, parce qu'elles ont un aspect sexuel. Et il dit : "Je n'ai jamais vu de jambes de femme". Les vêtements devaient être si longs qu'on ne pouvait pas les voir. Bertrand Russell raconte qu'à l'époque, les gens fantasmaient sur les jambes, rêvaient de jambes. Le simple fait de rêver d'une jambe suffisait à provoquer l'excitation, l'extase. Aujourd'hui, plus personne ne se préoccupe des jambes. Une fois que l'on a vu des hommes et des femmes nus, on cesse de se préoccuper de leur nudité et d'en rêver. Les rêves changent.

Le monde doit être plus naturel. Il y aura alors moins d'anxiété, moins de peur, moins d'inquiétude. Mais pendant une génération, il y aura une grande explosion - après cela, les choses se calmeront. Nous devons prendre ce risque, seul ce risque peut sauver l'humanité. Sinon, tout le monde devient fou.

L'attitude du Tantra à l'égard du sexe est que le sexe n'est pas un besoin. C'est une expérience cosmique, une expérience de méditation. C'est un retour instinctif à notre réalité ultime, l'une des formes les plus élevées de méditation.

En quinze minutes à une heure ou plus de coït ininterrompu, le Tantra recherche une perte totale de l'ego. Voyez la différence. Freud dit qu'il s'agit d'une gratification pour l'ego. C'est ce qu'il est devenu, et Freud n'a pas tort. Si vous observez l'homme moderne, vous verrez qu'il a raison.

Les gens continuent à faire l'amour juste pour prouver qu'ils sont des hommes ou des femmes, ou qu'ils sont charmants ou beaux. Les gens continuent à trouver de nouvelles femmes, de nouveaux hommes, juste pour prouver qu'ils sont des hommes ou des femmes, ou qu'ils sont des personnes charmantes, des personnes belles.

Je suis toujours séduisant". Mon observation des gens est qu'ils ne tombent pas amoureux. Leur joie n'est pas l'amour, leur joie est la conquête. Une fois qu'ils ont conquis une femme, ils ne s'intéressent plus à elle. Ce n'est pas de l'amour.

Aujourd'hui, ils cherchent de nouveaux pâturages, ils veulent une nouvelle femme. Ils veulent prouver à nouveau qu'ils sont encore jeunes, qu'on les regarde, qu'ils ont encore du charisme, du magnétisme. Et plus il y a de femmes avec lesquelles il peut faire l'amour, plus son ego est satisfait. Ce n'est pas de l'amour. Et Freud a raison de dire que le sexe est une source de satisfaction pour l'ego.

Mais regardez le Tantra. Le Tantra a une idée totalement différente. Le Tantra dit : L'attrait du sexe réside dans le fait qu'il vous offre un moment d'absence d'ego, d'intemporalité, de méditation. À cause de la satisfaction de l'ego, le sexe est devenu très superficiel, il ne fait qu'effleurer la peau. Il ne va pas au fond des choses, il n'a pas de profondeur. Beaucoup de gens s'inquiètent de l'éjaculation précoce. La raison ? Ils n'aiment pas. S'ils aiment, ils peuvent naturellement faire l'amour plus longtemps - plus vous êtes amoureux, plus la période sera longue. On peut être amoureux pendant des heures, parce qu'on n'est pas pressé, parce que l'ego ne contrôle pas.

Dans un coït Tantra, on peut rester des heures. C'est une sorte de fusion avec la femme ou avec l'homme, c'est une sorte de relaxation dans l'être de l'autre. Et c'est méditatif, parce qu'il n'y a pas d'ego, aucune pensée ne s'agite. Et le temps s'arrête. C'est un aperçu de Dieu. Le Tantra est la voie naturelle vers Dieu, la voie normale vers Dieu. L'objectif est de devenir si complètement instinctif, si insouciant, que nous fusionnons avec la nature ultime - que la femme disparaisse et devienne une porte pour l'ultime, que l'homme disparaisse et devienne une porte pour l'ultime.

C'est la définition tantrique de notre sexualité : Le retour à l'innocence absolue, à l'unité absolue.

Le plus grand frisson sexuel n'est pas la recherche de sensations fortes, mais une attente silencieuse. On est totalement détendu, totalement insouciant. On est conscient, conscient seulement d'être conscient. On est conscience. On est satisfait, mais il n'y a pas de satisfaction. Et puis il y a une grande beauté, une grande bénédiction.

L'auteur de la question s'interroge : QU'EST-CE QUE LE SEXE TANTRIQUE... UN SEXE QUI EST UNE MÉDITATION BASÉE SUR CERTAINES TECHNIQUES ?

Si vous êtes trop axé sur la technique, vous passerez à côté du mystère du Tantra. Il s'agit d'un pseudo-tantra basé sur des techniques. Parce que si les techniques sont là, l'ego sera là, contrôlant. Vous serez alors en train de FAIRE. Et c'est l'action qui est le problème, l'action amène celui qui l'accomplit. Le Tantra doit être un non-faire ; il ne peut pas être technique. Vous pouvez apprendre des techniques - vous pouvez apprendre une certaine respiration pour que le coït soit plus long. Si vous respirez très lentement, si vous respirez sans vous presser, alors le coït sera plus long. Mais vous contrôlez la situation. Ce ne sera pas sauvage et ce ne sera pas innocent. Et ce ne sera pas non plus de la méditation. Ce sera l'ESPRIT - comment pourrait-il s'agir de méditation ? L'esprit contrôlera tout. Vous ne pouvez même pas respirer rapidement, vous devez garder une respiration lente - si la respiration est lente, l'éjaculation prendra plus de temps, car pour que l'éjaculation se produise, la respiration doit être rapide et chaotique. Il s'agit là d'une technique, mais pas d'un tantra.

Le véritable Tantra n'est pas une technique mais de l'amour. Ce n'est pas une technique mais une prière. Il n'est pas axé sur la tête, mais sur la détente du cœur. Souvenez-vous-en. De nombreux livres ont été écrits sur le Tantra, ils parlent tous de technique. Mais le véritable Tantra n'a rien à voir avec la technique. On ne peut pas écrire sur le véritable Tantra, il faut s'en imprégner. Comment s'imprégner du véritable Tantra ? Vous devrez transformer toute votre approche.

Priez avec votre femme, chantez avec elle, jouez avec elle, dansez avec elle, sans penser au sexe. Ne vous dites pas : "Quand allons-nous nous coucher ? Oubliez cela. Faites autre chose,

et s'y perdre. Et un jour, l'amour naîtra de cet égarement. Soudain, vous verrez que vous faites l'amour et que vous ne le faites pas. C'est en train de se produire, vous êtes possédé par lui. C'est alors que vous avez votre première expérience du Tantra - possédé par quelque chose de plus grand que vous. Vous étiez en train de danser, de chanter, de psalmodier, de prier ou de méditer ensemble et, soudain, vous vous apercevez que vous êtes tous les deux entrés dans un nouvel espace. Et lorsque vous avez commencé à faire l'amour, vous ne savez pas, vous ne vous souvenez pas non plus. Vous êtes alors possédés par l'énergie du Tantra. Et pour la première fois, vous vivrez une expérience non technique.

Lorsque vous faites l'amour, ne vous contrôlez pas. Allez vers l'incontrôle, allez vers le chaos. Ce sera effrayant, effrayant, parce que ce sera une sorte de mort. Et l'esprit dira : "Contrôlez ! Et l'esprit dira : "Sautez et gardez le contrôle, sinon vous serez perdus dans l'abîme". N'écoutez pas le mental, perdez-vous. Abandonnez-vous complètement. Et sans aucune technique, vous en viendrez à voir une expérience intemporelle. Il n'y aura pas de deux en elle : c'est l'unité. Une conscience sera là, une conscience passive lucide sera là, vous saurez ce qui se passe, parce que vous serez pleinement conscient .... Mais vous ne serez pas là. La conscience sera là.

Il faut s'imprégner de l'esprit du Tantra - ce n'est pas une technique à apprendre.

Et la dernière question :

Question 3 :

SI EN CE MOMENT MÊME JE PEUX DEVENIR ÉVEILLÉ OU ILLUMINÉ, POURQUOI ALORS AUTORISEZ-VOUS

TOUS CES GROUPES CHAOTIQUES DE LAVAGE DE CERVEAU, CES CHEFS DE GROUPE ET CES THÉRAPEUTES À SE PRODUIRE À L'ASHRAM ET QUEL LIEN Y A-T-IL ENTRE EUX ET MON ILLUMINATION ?

Il n'y a pas de connexion du tout. Mais ils détruisent votre "si". Ils sont nécessaires pour vous faire prendre conscience que rien n'est nécessaire. Et vous ne pouvez devenir conscient que par la manière forte ; vous ne pouvez pas devenir facilement conscient. Vous avez dormi si longtemps. Votre sommeil a duré des siècles, des millénaires. Ces groupes de thérapie ne font que frapper fort sur votre tête, ils sont une sorte de marteau pour détruire votre "si". En passant par tous ces voyages ardus et difficiles, vous réaliserez un jour que rien n'est nécessaire, que l'illumination n'a pas besoin d'être recherchée. Que vous perdiez le désir de l'illumination - c'est leur but.

Et dès que vous ne désirez plus l'illumination, elle est là. Elle vient lorsque le désir disparaît.

Le cauchemar de l'empereur

La première question :

Question 1 :

QU'EST-CE QUE LE REPLI SUR SOI ?

Tourner vers l'intérieur n'est pas tourner du tout. Se tourner vers l'intérieur n'est pas du tout un retournement. Se tourner vers l'intérieur signifie simplement que vous avez couru après tel ou tel désir, que vous avez couru et couru encore, et que vous êtes arrivé encore et encore à la frustration. Que chaque désir apporte la misère, qu'il n'y a pas d'accomplissement par le désir. Que vous n'arrivez jamais à rien, que le contentement est impossible. Voyant cette vérité, que courir après les désirs ne mène nulle part, vous vous arrêtez. Non pas que vous fassiez le moindre effort pour vous arrêter. Si vous faites un effort pour arrêter, vous courez à nouveau, d'une manière subtile. Vous continuez à désirer - peut-être que maintenant c'est l'absence de désir que vous désirez.

Si vous faites un effort pour entrer, vous sortez toujours. Tout effort ne peut que vous faire sortir, vers l'extérieur.

Tous les voyages sont des voyages vers l'extérieur, il n'y a pas de voyage vers l'intérieur. Comment pouvez-vous voyager vers l'intérieur ? Vous y êtes déjà, il est inutile d'y aller. Lorsque la marche cesse, que le voyage disparaît, que le désir n'obscurcit plus votre esprit, vous êtes à l'intérieur. C'est ce qu'on appelle se tourner vers l'intérieur. Mais ce n'est pas du tout un retournement, c'est simplement ne pas sortir.

Mais dans la langue, il est toujours difficile d'exprimer ces choses.

Il existe une parabole ancienne : Par un bel après-midi, une tortue se promenait sur la terre.

Il se reposait sous les arbres ensoleillés et se promenait dans les buissons pour le plaisir. Puis il revint à l'étang. Un de ses amis, un poisson, lui demanda : "Où étais-tu ? Il répondit : "Je me suis promené sur la terre". Le poisson lui dit : "Que veux-tu dire par "promenade sur la terre" ? Tu veux dire nager". La tortue rit et dit : "Non, ce n'était pas de la natation, ça n'avait rien à voir avec la natation. C'était une marche sur la terre ferme. Et le poisson dit : "Tu plaisantes ou quoi ? J'ai été partout, on peut nager partout. Je n'ai jamais vu un endroit où l'on ne peut pas plonger et nager. Tu dis n'importe quoi. Es-tu devenu fou ?

Vous comprenez la difficulté du poisson ? Elle n'a jamais été sur la terre, marcher sur la terre n'a aucun sens. Si la tortue veut donner un sens à sa déclaration, elle devra dire : "J'ai nagé sur la terre ferme". Ce qui est absurde. Mais seul le mot "nager" peut être compris par le poisson.

Un esprit plein de désirs ne peut comprendre que le désir. D'où le désir de Dieu. C'est absurde, vous ne pouvez pas désirer Dieu. Dieu vient à vous lorsque le désir disparaît. La cessation du désir est la venue de Dieu à vous. Encore une fois, j'utilise le mot "venir", ce qui n'est pas vrai. Parce que Dieu est déjà là - vous ne le reconnaissez que lorsque le désir a cessé. Rien ne vient jamais, rien ne s'en va jamais, tout est comme il est.

C'est ce que Bouddha veut dire lorsqu'il affirme : YATHA BHUTAM - les choses sont telles qu'elles sont. Rien ne s'est mal passé, rien n'a besoin d'être corrigé. Les choses sont telles qu'elles sont, et elles resteront toujours telles qu'elles sont. Les arbres sont verts, les roses sont rouges et les nuages flottent dans le ciel. Tout est là où il a toujours été, comme il a toujours été. C'est le sens du mot "nature" - YATHA BHUTAM.

Mais l'homme a la capacité de rêver, de désirer. Cette capacité à rêver est le problème. Ensuite, vous commencez à vous projeter dans l'avenir, vous commencez à planifier l'avenir. Vous restez ici, mais votre esprit peut se déplacer dans le futur. C'est comme un rêve. Vous vous endormez à Poona, mais vous pouvez rêver de Calcutta, de Chicago, de Washington ou de Moscou. Vous êtes ici toute la nuit - le matin, vous ne vous réveillerez pas à Moscou ou à Chicago, vous vous réveillerez à Poona. Vous rirez alors en vous disant : "J'ai trop voyagé". Pendant que vous rêvez de Moscou, vous n'y êtes pas arrivé, vous êtes resté ici.

Vous restez toujours ici. Ici et maintenant est la seule réalité, il n'y en a pas d'autre. Mais le désir peut créer un rêve. Et dans le désir, vous continuez à vous déplacer vers l'extérieur.

Maintenant, que signifie se tourner vers l'intérieur ? La question de Tao est importante, elle est très pertinente. Que signifie se tourner vers l'intérieur ? Cela signifie voir la futilité du désir, voir la futilité du rêve, voir l'illusion du rêve. Dans cette vision même, le désir disparaît. Dans cette clarté, le désir ne peut exister. Et lorsque vous n'avez plus de désir, vous êtes à l'intérieur. Ce n'est pas qu'il faille entrer. Non pas qu'il faille d'abord cesser de désirer, puis entrer. L'arrêt du désir est le tournant, la transformation - ce que Jésus appelle la "metanoia", la conversion. Soudain, une autre gestalt s'ouvre. Elle était là, mais vous n'en étiez pas conscient parce que vous étiez trop obsédé par le désir. Le désir d'argent, le désir de pouvoir, le désir de prestige ne permettent pas à votre méditation de s'épanouir. Parce que toute l'énergie se perd dans les désirs.

Une fois que l'énergie ne se déplace nulle part... Rappelez-vous, je le répète encore une fois, tourner vers l'intérieur n'est pas se déplacer vers l'intérieur.

Lorsque l'énergie ne bouge plus du tout, lorsqu'il n'y a plus de mouvement, lorsque tout est immobile, lorsque tout s'est arrêté - parce qu'en voyant la futilité du désir, on ne peut bouger nulle part, il n'y a nulle part où aller - l'immobilité s'installe. Le monde s'arrête. C'est ce que l'on entend par "se tourner vers l'intérieur". Tout à coup, vous êtes dedans.

Vous avez toujours été là, maintenant vous êtes éveillé. La nuit est finie, le matin est arrivé, vous êtes éveillé. C'est ce que signifie la bouddhéité - devenir conscient, éveillé, de ce qui est déjà le cas.

Rappelez-vous la phrase de Hakuin : Depuis le tout début, tous les êtres sont des bouddhas. Du tout début à la toute fin. Au début, au milieu, à la fin, tous sont des bouddhas. Pas un seul instant vous n'avez été quelqu'un d'autre. Mais l'empereur fait un cauchemar dans lequel il se voit devenir un mendiant, et il est torturé par ce cauchemar.

La deuxième question :

Question 2 :

EXISTE-T-IL UN CHEMIN INTELLECTUEL VERS L'ILLUMINATION ?

Premièrement, il n'y a pas de chemin. L'idée même de chemin est fallacieuse. Le chemin vous éloigne nécessairement - le chemin vous emmène nécessairement de ceci à cela, d'ici à là, de maintenant à maintenant. Il n'y a pas besoin de chemin pour atteindre l'illumination, parce que l'illumination, c'est d'être ici. Le chemin sera une distraction ; tous les chemins sont des distractions. Suivez n'importe quel chemin et vous suivrez un mauvais chemin - et il n'y a pas de chemin qui soit un bon chemin.

Laissez-le s'enfoncer profondément dans votre cœur : Il n'y a pas de bons chemins, les chemins en tant que tels sont mauvais. Être sur un chemin, c'est aller dans une mauvaise direction, parce qu'on s'éloigne de plus en plus de soi-même. Pas vraiment, mais en désir, en rêve. C'est pourquoi toutes les religions sont devenues d'un autre monde - elles sont toutes des chemins. Pour être un chemin, il faut que le Dieu soit loin. Plus il est éloigné, mieux c'est, car c'est alors que le chemin peut être créé. Christianisme, hindouisme, mahométanisme, bouddhisme - des chemins peuvent être créés. Dieu doit être très éloigné - si éloigné que le chemin est sans fin et que le prêtre peut continuer à exploiter.

Dans Dostoïevski, il y a une parabole : Jésus revient après dix-huit cents ans, juste pour voir comment les choses se passent maintenant. Et il pense que les choses doivent aller très bien maintenant, parce que presque la moitié du monde est chrétienne. Il apparaît sur la place du marché de Bethléem, les gens l'entourent, rient et plaisantent. Il se sent un peu gêné : Qu'est-ce qu'il y a ? Pourquoi rient-ils ?

Il demande et on lui répond : "Tu ressembles à Jésus, tu as presque réussi à ressembler à Jésus".

Et il dit : "Mais je suis Jésus". Et ils rient encore plus. Et ils disent : "Qui que tu sois, soit tu es un imposteur, soit tu es un fou. Mais échappe-toi d'ici. Si le prêtre l'apprend, tu seras en difficulté.

C'est un dimanche, Jésus a dû choisir le dimanche, et les gens sortent de l'église.

Mais il reste là, sous l'arbre, à attendre le prêtre. Parce qu'il pense : "Si les gens ordinaires ne peuvent pas me reconnaître, au moins mon prêtre me reconnaîtra". Et le prêtre arrive. Et il est tellement en colère - en colère comme l'étaient les rabbins juifs dix-huit cents ans plus tôt. Il fait descendre Jésus et dit aux gens de l'emmener dans l'église - cet homme semble être soit fou, soit dangereux, un imposteur.

Jésus n'en croit pas ses yeux. Mon propre prêtre... a, quelques minutes auparavant, prêché sur mes paroles". Et voilà que le même drame se reproduit. Et il commence à sentir qu'il va être crucifié à nouveau. Le prêtre l'emmène à l'intérieur et l'enferme dans une petite cellule.

Et il se demande, assis là, ce qui va se passer. Mais quel genre de chrétiens sont ces gens ? S'ils ne peuvent pas me reconnaître, qui vont-ils reconnaître ? Ils m'ont attendu, ils m'ont prié sans cesse : "Reviens !", "Nous avons besoin de toi !". Et maintenant, je suis là ! Cela semble incroyable.

Il reste toute la journée dans la cellule. Au milieu de la nuit, le prêtre arrive avec une lampe.

Le prêtre touche les pieds du Christ et dit : "Je t'ai reconnu. Mais je ne peux pas te reconnaître sur la place du marché. On n'a plus besoin de toi, nous faisons si bien ton travail. Et vous êtes une grande perturbation - vous l'avez toujours été. Vous n'avez pas besoin de venir, nous nous occupons de vos affaires ici. Tout s'est stabilisé, et vous allez le déstabiliser et détruire tout ce que nous avons fait au cours de ces dix-huit siècles. Le voyage a été ardu, mais nous sommes maintenant établis. La terre entière nous appartient, ou presque. Chaque ville a son église et des millions de missionnaires et de prêtres parcourent le monde pour convertir tout le monde au christianisme. Tôt ou tard, à la fin de ce siècle, nous aurons converti la terre entière. Vous n'avez pas besoin de venir - parce que vous êtes un perturbateur, un ancien perturbateur. Vous recommencerez à dire des choses dangereuses et tous nos efforts seront réduits à néant.

Je te reconnais dans cette obscurité de la nuit. Mais le matin, devant les gens, je ne peux pas te reconnaître. Tu ferais mieux de t'échapper, sinon je devrais te crucifier.

Jésus-Christ si proche est dangereux pour le prêtre. Parce qu'alors le prêtre n'est plus du tout nécessaire. Le médiateur n'est pas nécessaire, l'agent n'est pas nécessaire, le médium n'est pas nécessaire. Lorsque le Christ se tient à vos côtés, personne n'a besoin de devenir un lien. Dieu doit être loin, très loin, pour que le prêtre puisse jouer le rôle de messager. Il peut donc devenir le pont entre vous et Dieu.

Tous les chemins sont créés par le prêtre. Les bouddhas n'ont donné aucun chemin. Ils vous ont fait comprendre qu'il n'est pas nécessaire d'aller où que ce soit. Il suffit d'être silencieux, d'être à l'intérieur, et tout est à votre disposition. Dieu n'est pas à l'extérieur, il est à l'intérieur. Dieu n'est pas un objet, il est votre subjectivité. Dieu est VOUS ! Alors, où allez-vous ? Quel est le chemin à suivre ?

Aucun chemin n'est nécessaire. Aucun chemin n'est le bon chemin.

Vous demandez s'il existe un chemin intellectuel vers l'illumination.

Premièrement, il n'y a pas de chemin. Et deuxièmement, Dieu ne peut être reconnu et réalisé par aucune de vos parties.

Dieu ne peut être réalisé qu'à travers votre totalité. Il n'y a pas de chemin intellectuel ni de chemin émotionnel, ni de tête ni de cœur. Vous venez à Dieu en tant qu'être total, tout y est inclus.

Votre intellect, vos émotions, votre logique, votre amour, votre sang, vos os, vos tripes. Tout y est inclus, vous en tant que totalité. Mais les chemins sont forcément fragmentaires, aucun chemin ne peut être total. Il existe donc des voies intellectuelles - en Inde, on les appelle GHYANA yoga, la voie de la connaissance. Il y a ensuite les voies émotionnelles - BHAKTI yoga, la voie de la dévotion. Enfin, il y a les voies de l'action - KARMA yoga.

L'homme a trois couches dans son être : savoir, sentir, faire. Or, ces trois voies évoluent en raison de ces trois couches de l'être humain. L'intellect peut savoir mais ne peut pas sentir. L'émotion peut sentir mais ne peut pas savoir. L'action peut faire mais ne peut pas savoir, ne peut pas sentir. La connaissance ne peut pas faire, le sentiment ne peut pas faire. L'homme est cette trinité, ce triangle : action, connaissance, sentiment. Et ils doivent tous être intégrés dans une seule unité. Ce n'est qu'alors que l'on connaît Dieu.

Non seulement l'homme a divisé l'homme, mais l'homme a aussi divisé Dieu - Dieu le père, Dieu le fils, Dieu le Saint-Esprit. Ou, dans la mythologie indienne, TRIMURTI - les trois visages de Dieu. Dieu n'a pas de visage, Dieu est sans visage. Dieu n'a pas de forme, comment peut-il avoir un visage ? Dieu n'est pas trois, Dieu est un. Même dire "un" n'est pas correct, parce que le un crée l'idée du deux et le deux crée l'idée du trois, et ainsi de suite.

Dieu est tout simplement. Ni un, ni trois, ni un, ni plusieurs. Dieu est un simple être. Et lorsque vous êtes dans votre état d'être, vous êtes Dieu. Rappelez-vous, vous ne venez pas voir Dieu, vous ne rencontrez pas Dieu, vous ne vous rendez pas compte que "c'est Dieu". Lorsque vous venez à Dieu, vous êtes Dieu. Dieu n'est pas quelque chose d'extérieur à vous, mais votre noyau le plus profond, le centre du cyclone.

Il n'y a donc pas de chemin, tout d'abord. Et il n'y a pas d'intellectuel, d'émotionnel ou autre. Il n'y a pas de chemin, il faut devenir une totalité. C'est dans cette totalité que l'on devient divin.

L'intellect peut analyser à l'infini. Il est sec, c'est l'analyse, c'est la logique, il ne peut pas sentir. C'est pourquoi la science ne peut pas dire que Dieu est. La science doit nier l'existence de Dieu. Cette négation est due à ses présupposés. Parce que la science ne croit qu'en la raison, et elle croit en une raison très détachée. Vos sentiments ne doivent pas entrer en ligne de compte. Vous devez rester distant, détaché, indifférent à ce que vous regardez. Vous ne devez être qu'un observateur, sans sentiment, sans cœur. Votre cœur ne doit pas battre, votre connaissance doit être dépourvue de sentiments.

Naturellement, la science bute sur la matière. Non pas qu'il n'y ait que de la matière, mais la science bute sur la matière en raison de sa méthodologie. La méthodologie est telle que la conscience ne peut être saisie. La conscience est exclue dès le départ, la méthode l'exclut.

Par exemple, si vous commencez à voir par les oreilles, vous ne rencontrerez que des sons. Vous ne verrez pas de fleurs, de couleurs, d'arcs-en-ciel, de soleil, de lune et d'étoiles. Et tôt ou tard, vous conclurez que seuls les sons existent, qu'il n'y a pas de fleurs ni de couleurs.

La logique a donné la science. L'amour a donné les soi-disant religions - les religions d'hier, les religions qui ne sont plus d'actualité. Elles étaient aussi partiales que la science. C'est pourquoi il y a eu tant de conflits entre la science et la religion - ce conflit n'était pas accidentel. Le conflit portait sur la méthodologie. La religion était essentiellement émotionnelle, fondée sur le sentiment. La logique était refusée, la raison était interdite.

Les larmes étaient acceptables, les prières étaient acceptables, mais pas l'intellect. L'intellect était l'ennemi. Ainsi, lorsque la science a commencé à se développer, il était naturel que l'église et les religieux soient en conflit avec elle.

La religion d'hier était aussi partiale que la science d'aujourd'hui.

Personne n'a jamais pu voir l'être humain dans sa totalité. Mais ce moment est venu. L'homme n'est plus un enfant. Ce moment est venu - le moment où cette idée, l'idée de la totalité, doit être acceptée, est venu. Et lorsque le moment de l'acceptation d'une idée est venu, rien ne peut l'empêcher. Tous les efforts partiels ont échoué. La science a échoué, la religion a échoué, la politique a échoué - la politique signifie l'action. Tous ont échoué. En fait, la partialité a échoué.

L'Orient a souffert de s'être trop penché sur la partie sentimentale. D'où la pauvreté, d'où la misère, parce que la science n'a pas pu se développer. Et sans la science, il y aura la pauvreté, sans la science, il y aura mille et un problèmes sur le plan matériel. L'Occident a développé la technologie. La pauvreté a disparu, de nombreuses maladies ont disparu, c'est une bénédiction. Mais d'un autre côté, l'homme a également disparu. Et l'homme s'est transformé en machine. Le cœur ne fonctionne plus, l'amour ne coule plus, le jus des sentiments s'est tari et l'homme devient un désert. L'homme se sent dépourvu de sens et est à deux doigts de se suicider. Des individus se sont suicidés, leur nombre augmente chaque jour. Et tôt ou tard, si l'équilibre n'est pas rétabli, si la partialité n'est pas abandonnée et si la totalité n'est pas apportée, il est tout à fait possible que l'homme commette un suicide global. Il y a de grands préparatifs en ce sens.

L'amour a disparu de l'Occident, comme la logique a disparu de l'Orient. C'est une situation déséquilibrée.

Mon approche est celle de la totalité, de l'intégralité. Et tout ce qui est entier, je l'appelle saint. Avec moi, vous devez apprendre cette chose. Vous ne devez pas en choisir une, vous devez choisir la totalité. Tu dois être un homme entier. Rien ne doit être rejeté. Vous devez être ce que vous êtes, avec une grande acceptation. Il est difficile d'accepter tout, parce que si vous acceptez la logique, il devient contradictoire d'accepter l'amour. Si vous acceptez l'amour, il est difficile d'accepter la logique. Mais que peut-on faire ? Les choses sont ainsi. Ce n'est pas une question de choix ; c'est ainsi que vous êtes faits, c'est ainsi que l'existence fonctionne.

L'existence est paradoxale. Et l'homme a véhiculé l'idée stupide qu'il ne devait pas être paradoxal. Ainsi, lorsqu'il choisit l'intellect, il détruit les sentiments, parce que les sentiments ne s'accordent pas avec l'intellect. Mais quel est le besoin de s'adapter ? Ou bien, lorsqu'il choisit le sentiment, il devient antagoniste de la logique et de la raison. Il devient superstitieux. Parce qu'il craint que si la logique entre en jeu, où sera la foi ? La foi sera alors détruite.

Mais je vous dis qu'il n'y a pas lieu d'avoir peur. Vous pouvez tout accepter. Une seule chose doit être comprise : la vie est paradoxale. Et la vie est d'autant plus riche que l'on est paradoxal. Si vous pouvez contenir les contradictions, vous serez vaste. Si vous pouvez contenir des contradictions, vous aurez de la variété, vous aurez de la multiplicité en vous, vous aurez toutes les dimensions en vous. Et ce sera la véritable naissance de l'homme.

L'homme n'est pas encore venu, l'homme est encore une promesse. Nous ne faisons que trébucher et tâtonner en attendant la venue de l'homme.

L'homme n'est pas encore né, nous sommes dans le ventre de notre mère. D'où tant d'inquiétude. Et il semble que le jour de la naissance soit très proche. D'où la crise. Pour la première fois, l'homme va naître - l'homme au sens de la totalité, au sens du paradoxe. Au sens de l'immensité qui contient des contradictions. Un homme doit être un poète et un amoureux, un homme rationnel et un homme actif. Un homme doit être tout cela. Et cela ne pose aucun problème. En fait, s'il y a à la fois de la logique et de l'amour, la logique soutiendra l'amour et l'amour soutiendra la logique. Votre logique ne se desséchera jamais, le jus de l'amour la gardera verte. Elle aura son vert, son rouge et son or. Et si la raison est là, votre amour ne deviendra jamais une sorte de folie, il conservera une certaine qualité de raisonnabilité. Il ne vous conduira pas à des extrêmes. Vous resterez au milieu, vous resterez équilibrés et symétriques.

Il n'y a donc pas de voie intellectuelle, ni de voie émotionnelle. L'intégralité, la totalité, est requise. Rien de moins que cela n'est possible. Il faut prendre le risque d'être total.

Troisième question :

Question 3 :

MAÎTRE, PROFESSEZ-VOUS LA LICENCE DANS LA VIE ?

Je ne professe rien. Je vous apporte simplement des éclaircissements, je ne professe rien. Je ne vous donne aucune idéologie, je ne fais que vous éclairer. Notez bien la différence. Une idéologie doit être professée, une vision doit être transmise. Je ne fais que clarifier les choses, je ne fais que vous aider à clarifier les choses. Je ne vous donne pas un dogme. Je ne vous donne pas une théorie qui résoudra tous vos problèmes - il n'y en a pas. Je vous le dis simplement : Ouvrez les yeux, devenez plus conscient. Et cette conscience vous aidera dans toutes les difficultés, dans tous les problèmes. Cette conscience sera comme une lumière dans la nuit noire. Et où que vous alliez, cette lumière restera avec vous, vous pourrez voir.

Je ne vous donne pas de théorie. Vous avez trop dépendu des théories. Les théories sont bon marché, car elles n'exigent aucune transformation de votre part. Les dogmes sont très faciles à accepter. Vous avez alors une idée que vous essayez d'intégrer partout dans votre vie, et vous commencez à dépendre de cette idée.

Cette dépendance à l'égard de l'idée vous rend de plus en plus aveugle. Si vous êtes chrétien, vous êtes aveugle, si vous êtes hindou, vous êtes aveugle, si vous croyez en un dogme quelconque, vous êtes aveugle. Car seuls les aveugles croient.

Un aveugle croit en la lumière. Mais un homme qui a des yeux ne croit pas à la lumière, ce n'est pas nécessaire.

Il SAIT la lumière - pourquoi devrait-il croire ? Vous ne croyez pas à la lumière, vous ne croyez pas au soleil, vous ne croyez pas à ces arbres, vous SAVEZ. Mais un aveugle, lui, croit que les arbres sont verts, que l'arc-en-ciel a sept couleurs, que le soleil se lève le matin et se couche le soir, qu'il y a des couleurs dans le monde. Un sourd croit aux sons ; vous ne croyez pas. Croire est un vilain mot.

Je vous aide à voir. C'est ce que dit Bouddha : "IHI PASSIKA - Viens et vois". Vous voyez la différence ?

Jésus dit "Venez et suivez-moi". Bouddha dit "Venez et voyez". Tous deux sont éclairés, mais Jésus doit s'adresser à un niveau de conscience très bas, il doit dire "Viens et suis-moi". Le mot "suivez-moi" signifie croire. Bouddha doit s'adresser à des personnes dont la conscience est très évoluée, il dit "Venez et voyez". Il n'est pas question de suivre quoi que ce soit, de croire en quoi que ce soit. Il dit simplement : "J'ai vu, venez voir à travers mes yeux. Approchez-vous de moi et regardez par ma fenêtre. Peut-être que cela vous donnera une idée et que vous pourrez ouvrir votre propre fenêtre.

Je vous le dis aussi : IHI PASSIKA - Venez et voyez. Voir est une chose totalement différente. Je n'enseigne rien, je ne suis pas un enseignant. En fait, je détruis les enseignements. Je ne vous aide pas à apprendre quoi que ce soit, je vous aide à désapprendre. Vous avez déjà trop appris.

Mais la question est pertinente. Beaucoup de gens m'interprètent ainsi, ils pensent que je professe la licence. Je ne professe ni la licence ni la répression. Le christianisme a créé une atmosphère très répressive en Occident. Cela a engendré la licence. Vos pécheurs sont responsables de vos saints. Le monde ne sera jamais sans pécheurs s'il ne décide pas d'être sans saints. Le saint crée le pécheur, le saint ne peut exister sans le pécheur. Ils sont partenaires, ils sont ensemble.

Le Vatican soutient profondément le playboy. Si vous êtes répressif, vous créerez de la pornographie. Si vous êtes répressif, les gens commenceront à trouver des moyens d'aller à l'autre extrême. Parce que la normalité n'est pas autorisée. La vie a été forcée d'être soit blanche, soit noire - soit être un saint, soit être un pécheur. Les prêtres ne vous ont pas laissé la possibilité d'être autre chose. La vie est vraiment grise. Elle n'est ni noire ni blanche. Le noir et le blanc sont deux extrêmes du gris, mais la vie reste grise.

Je n'enseigne ni la licence ni la répression. Je vous aide simplement à devenir sain d'esprit.

C'est votre vie, ce n'est la vie de personne d'autre. Et vous devez être sains d'esprit, sinon vous manquerez la grande opportunité, la grande bénédiction, le grand don de Dieu. Ne soyez pas répressif, sinon un jour, dans cette vie ou dans une autre, vous deviendrez licencieux. Et ne soyez pas licencieux, sinon, dans cette vie ou dans une autre, vous deviendrez répressif. Le pendule va dans ce sens. Le pendule doit s'arrêter au milieu. Et avez-vous observé ? Si le pendule s'arrête au milieu, l'horloge s'arrête.

Lorsque l'esprit s'arrête au milieu, le temps s'arrête. Lorsque l'esprit s'arrête au milieu, le monde s'arrête.

Et c'est dans ce silence que l'on connaît Dieu.

Mais en m'écoutant - et vous portez tous mille et une répressions - vous écoutez à travers l'écran de vos répressions et vous interprétez que c'est de la licence. Votre inconscient est trop chargé de refoulements. Je n'enseigne rien de tel, je dis simplement qu'il suffit d'être un homme.

Vous n'avez pas besoin d'être un saint et vous n'aurez pas besoin d'être un pécheur. Soyez naturel. N'interférez pas avec votre nature, ne la moulez pas pour en faire un modèle. Ne soyez pas idéologique et ne cherchez pas à être quelqu'un d'autre. Ne cherchez pas à vous améliorer, soyez simplement naturel et détendez-vous dans votre être. Et tout ce qui est naturel est bon.

C'est le sens du Tao, c'est le sens du Zen. Mais vous avez votre inconscient refoulé.

Et lorsque vous m'entendez, vous entendez naturellement l'inconscient refoulé. Cet inconscient refoulé donne immédiatement des couleurs, change les significations, interprète.

Je l'ai entendu :

Un cockney avait beaucoup de mal à déterminer laquelle de ses deux petites amies il devait épouser. L'une s'appelait Margaret et l'autre Maria. La première était riche mais très laide, et la seconde était pauvre mais immensément belle. Il était donc divisé. Le chef disait : "Épouse la fille riche et tu n'auras pas de problèmes". Et qu'est-ce que la laideur ? Tu t'y habitueras. Et même la beauté est si fragile - aujourd'hui elle est là, demain elle ne sera peut-être plus là. Et si vous obtenez même la plus belle des femmes, au bout de quelques jours, vous vous y habituerez et la beauté disparaîtra. Ce n'est qu'une question de quelques jours. Épousez la fille riche". Mais son cœur aspirait à la beauté. Et il devenait fou.

Un ami lui a dit : "Bert, pourquoi ne vas-tu pas à Lourdes ?

Lourdes ? dit Bert. Où est-ce que c'est ?

C'est en France", dit son ami. C'est une sorte de sanctuaire où les gens vont pour se faire soigner. Mais peut-être que tu pourrais y trouver la réponse à ton problème - tu sais, une sorte de miracle venu du ciel !

Bert a donc économisé et s'est rendu à Lourdes. Une semaine plus tard, il était de retour et son ami lui a demandé comment il s'en était sorti. Super ! dit Bert. J'ai eu la bonne réponse. Je suis entré dans la grande église - et là, sur l'autel, il y avait une statue de Notre-Dame de Lourdes avec une grande bannière à côté, disant "Ave Maria".

Il a donc épousé Maria, la belle fille.

Lorsque vous entendez, cela dépend de la couleur que vous lui donnez. Vous êtes déjà trop plein de répressions, vous êtes prêt à devenir licencieux - alors quand vous m'entendez, vous l'interprétez comme de la licence. Il n'en est rien. Soyez très prudents avec moi.

Je l'ai entendu :

Cela faisait un certain temps que Patrick et Michael ne s'étaient pas rencontrés, aussi Michael était-il impatient de savoir si la famille de Patrick s'était agrandie.

Pas un seul", répond Patrick avec tristesse. Il nous reste les quatre.

Toujours quatre ? dit Michael. Tu es au contrôle des naissances ou quelque chose comme ça ?

Pas tout à fait, répond Patrick. Tu vois, c'est lié à ce nouvel appareil auditif.

Qu'est-ce que vous voulez dire par ce nouvel appareil auditif ?

Quand Bridget et moi allions au lit, je lui disais : "Chérie, tu dors ou quoi ?". Et Bridget répondait : "Quoi ?" Et nous faisions l'amour. Mais maintenant, avec son nouvel appareil auditif, quand je lui dis "Eh bien, ma chérie, c'est le sommeil ou quoi ?", elle se tourne sur le côté et dit "Dormir", et elle s'en va.

Ce "quoi" .... Vous avez déjà une idée, et l'interprétation suit. Écoutez-moi directement, mettez votre esprit de côté.

C'est pourquoi de nombreux groupes de thérapie sont organisés ici. Pour vous aider à mettre votre esprit de côté. Pour vous aider à voir votre inconscient, à le catharter, à le vomir. Pour que vous puissiez devenir de plus en plus vides et que vous puissiez m'écouter à travers votre vide. Sinon, vous transportez tellement de déchets, les déchets des siècles passés. Vous avez traversé tant d'idéaux, d'idéologies, vous avez accumulé tant d'absurdités. Et lorsque vous m'écoutez, ces absurdités s'interposent.

Je ne suis ni pour la répression ni pour la licence, ce sont les deux aspects d'une même pièce. La pièce entière doit être jetée dans le Gange. Il faut devenir naturel, il faut accepter tout ce que l'on est.

C'est dans cette acceptation que l'on fleurit. Tout est bon dans ce que Dieu vous a donné. Comment pourrait-il en être autrement ? - C'est un don de Dieu.

Alors écoutez-moi, pas à travers vos pensées, vos préjugés. Écoutez-moi sans vos préjugés, mettez votre esprit de côté. Pendant que vous m'écoutez, ne continuez pas à interpréter, pendant que vous m'écoutez, entrez en relation avec moi. Ne soyez pas pressés de conclure ; cette hâte est nuisible. Vous êtes tellement pressés de conclure, vous voulez obtenir des résultats si rapidement, c'est pourquoi vous passez à côté de beaucoup de choses. Il n'y a pas d'urgence et il n'est pas nécessaire de conclure tout de suite. Lorsque vous m'écoutez, écoutez d'abord TOTALEMENT.

Et plus tard, vous pourrez y réfléchir. Si vous avez écouté correctement, vos pensées ne pourront pas déformer le sens, elles ne pourront pas vous distraire. Une fois que vous avez écouté correctement, sans aucune interprétation, sans aucune réflexion, vous pouvez plus tard y consacrer tout votre esprit. Il n'y aura pas de problème, vous aurez suivi ce que je vous ai dit.

Sinon, tout en m'écoutant, vous ne cessez de penser à côté. Pendant que vous m'écoutez, vous pensez - de nombreuses pensées vont et viennent. Elles sont très dangereuses.

Alors, quelle que soit la conclusion à laquelle vous parviendrez grâce à eux, ce sera votre conclusion, et non la mienne.

Mais cela fait du bien de rejeter la responsabilité sur moi. Tu es devenu si irrespectueux envers toi-même que tu rejettes toujours la responsabilité sur quelqu'un d'autre. Tu as oublié que tu es responsable de toi-même. De vous seul. Tout ce qui vous arrive et tout ce qui vous arrivera passera par vous. Vous êtes entièrement et uniquement responsable de votre vie. Personne d'autre n'est le sauveur.

Et vous ne pouvez pas vous défausser de vos responsabilités sur moi. Si vous voulez être licencieux, SOYEZ licencieux. Je ne suis personne pour interférer - qui suis-je ? Si vous voulez être répressifs, soyez répressifs. Mais n'imposez pas de sens à ce que je dis.

La troisième question :

Question 4 :

LORSQUE VOUS SEREZ PARTI, COMMENT LE SANNYAS PEUT-IL ÉVITER DE DEVENIR UNE AUTRE ÉGLISE VIDE ? Y A-T-IL QUELQUE CHOSE QUE L'ON PUISSE FAIRE À CE SUJET, SI CE N'EST QUE VOUS REVIENDREZ ?

Je ne reviendrai pas. Vous devez en être absolument certain : je ne reviendrai pas. C'est aussi un espoir par lequel vous voulez reporter, par lequel vous voulez créer un avenir, afin de pouvoir continuer à éviter le présent. Je ne reviendrai pas. Si vous voulez avoir un contact avec moi, c'est maintenant qu'il faut le faire. Personne ne sait ce que sera le lendemain, je ne serai peut-être pas là. Et je ne reviendrai pas. Ne jouez pas au plus fin avec moi. Vous l'avez fait avec Jésus, Bouddha et tout le monde. Vous avez été rusés avec Jésus, Bouddha et tous les autres. Vous continuez à espérer que Jésus va venir, qu'il va venir et qu'il va vous délivrer. Pourquoi viendrait-il vous délivrer ?

Ne pouvez-vous pas vous tenir debout ? Ne pouvez-vous pas devenir responsable de votre propre personne ? Si vous n'êtes pas responsable de votre propre personne, vous n'aurez pas d'âme, car l'âme ne naît qu'en prenant des responsabilités. La responsabilité a une valeur immense, elle vous permet de vous intégrer.

Et pourquoi vous inquiétez-vous ? QUAND VOUS NE SEREZ PLUS LÀ, COMMENT LE SANNYAS PEUT-IL ÉVITER DE

DEVENIR UNE AUTRE ÉGLISE VIDE ? Pourquoi devrait-il l'éviter ? Et comment peut-il l'éviter ? Ce n'est pas nécessaire. Quand je serai parti, ce sera une église vide.

Il s'agit à nouveau d'une ruse. Vous aimeriez que l'église vide vous offre encore la protection et l'abri.

Vous voudriez que l'église vide vous aide à croire qu'elle n'est pas vide. C'est ce qui se passe. Jésus n'est plus là. Le jour où il est parti, le jour où il a été crucifié, le christianisme est mort avec lui - pas seulement le Christ.

Comment peut-il y avoir un christianisme sans Christ ? C'est une tromperie. Comment le bouddhisme peut-il exister sans Bouddha ? Lorsque la fleur disparaît, le parfum disparaît.

On ne demande pas à un rosier : "Quand tes roses sont parties, comment faire pour que le rosier continue à paraître comme si les roses n'étaient pas parties ? Le buisson aura l'air vide, comment l'éviter ? Oui, vous pouvez l'éviter.

Vous pouvez aller au marché et acheter des fleurs en plastique et les accrocher au rosier. C'est ce que sont vos papes, des fleurs en plastique. La rose est partie, la rose est morte. Et toutes les vraies roses doivent mourir. Seules les roses irréelles ne meurent pas. Les fleurs en plastique peuvent rester éternellement, elles ont une sorte d'éternité et de permanence. Les vraies fleurs ne peuvent pas avoir cette permanence, sinon elles seront en plastique.

La vraie fleur naît le matin, elle aura sa journée. Elle chuchotera avec les vents, libérera son parfum, dialoguera avec le soleil et les oiseaux, et le soir venu, elle aura disparu. Et c'est ainsi que les vraies fleurs devraient être. Elle ne peut pas continuer, continuer ; elle serait alors un cadavre.

Pourquoi s'inquiéter ? Lorsqu'un Bouddha disparaît, le Bouddha disparaît. Quand le Christ disparaît, le Christ disparaît. Mais il y a une raison pour laquelle vous posez la question. Vous ne pouvez pas être ici avec moi, vous ne pouvez pas être ici avec moi en ce moment. Vous aimeriez que je vous promette que je reviendrai, que l'Église restera vivante. Si je ne suis pas là, elle restera vivante - mes représentants seront là, je nommerai des papes et ils seront là, et ils continueront à vous guider. Vous n'avez donc pas à vous inquiéter pour moi. Si je disparais, rien ne disparaîtra, il y aura quelque chose de disponible.

Non, je veux qu'il soit absolument clair, je veux que l'on reconnaisse absolument que lorsque je serai parti, je serai parti.

Et l'église sera vide. Et je ne nommerai personne. Comment pouvez-vous nommer quelqu'un ? Les bouddhas ne sont pas nommés. Et personne ne peut me représenter. Comment quelqu'un d'autre peut-il me représenter ? Je ne représente personne, comment quelqu'un d'autre pourrait-il me représenter ? L'église sera vide. Donc, si vous voulez recevoir quelque chose de moi, si vous voulez la transmission de moi, si vous voulez enflammer votre vie à travers moi, si vous voulez participer à mon feu et à ma passion, alors ne remettez pas à plus tard.

Vous demandez : QUAND VOUS ÊTES PARTI, COMMENT LES SANNYAS PEUVENT-ILS ÉVITER ?

Il n'est pas nécessaire d'éviter. Tout évitement est dangereux. C'est ce que fait le christianisme depuis deux mille ans. Éviter le fait que Jésus n'est plus là, que l'église est vide. Mettre des Jésus en plastique à la place. Essayer de croire qu'il est toujours là. Il n'est pas là, il ne peut pas être là.

Il n'y a donc pas lieu d'éviter, l'église VA se vider. Avant qu'elle ne devienne vide, profitez-en.

Avant qu'il ne soit vide, priez-y. Avant qu'il ne soit vide, buvez-en, partagez-le.

Question 5 :

Y A-T-IL QUELQUE CHOSE À FAIRE À CE SUJET ?

Rien ne peut être fait et rien ne DEVRAIT être fait. Parce que tout cela sera faux. C'est ainsi que les religions meurent et deviennent des sectes, c'est ainsi que tout devient faux. Il n'y a plus rien de tout cela. Je suis là, tu es là, pourquoi se préoccuper de l'avenir ? Je frappe à votre cœur : écoutez-le tout de suite ! Et vous vous demandez : "Quand tu seras parti, qui frappera à mon cœur ? Et je frappe déjà, mais vous n'écoutez pas et vous planifiez l'avenir :

Quand tu seras parti, qui frappera à mon cœur ?

Je frappe. Écoutez-le.

Mais vous voulez m'éviter. Vous voyez le danger, alors vous remettez à plus tard. Vous dites "demain". Mais serez-vous là demain pour frapper à ma porte ? Et si vous n'êtes pas là, qui frappera à ma porte ? Demain ne vient jamais. Seuls les imbéciles vivent dans les lendemains. La personne sage, la personne intelligente, vit dans l'instant présent. Il ne connaît pas d'autre temps. Il ne vit ni dans le passé, ni dans l'avenir, ni dans les souvenirs, ni dans l'imagination. Il vit ce petit moment. Et ce petit moment est tout, il contient l'éternité.

La cinquième question :

Question 6 :

JE ME SENS ÉTOUFFÉ PAR MON AVARICE - ET POURTANT JE THÉSAURISE. POURQUOI ?

La question est posée par Amida.

Vous devez vous sentir vide. Et vous n'avez pas encore le courage d'accepter ce vide. C'est pourquoi on continue à se gaver de toutes sortes de façons. On se remplit de nourriture, on se remplit de connaissances, on se remplit de beaucoup de choses : argent, pouvoir.... Au fond, tout le monde est vide. Et ce vide est divin, ce vide est Dieu. Bouddha l'appelle SUNYATA - le néant. Tôt ou tard, il faut accepter ce vide intérieur.

Il n'y a que deux types de personnes, les mondains et les autres. Le mondain est celui qui continue à remplir le vide. Et l'autre est celui qui se rend compte qu'il n'y a aucun moyen de le remplir. Il reste vide. Alors pourquoi ne pas y faire face ? Pourquoi ne pas l'ÊTRE ?

Pourquoi ne pas l'accepter ? C'est dans cette acceptation même que se produit la révolution. La transformation radicale. La métamorphose.

Et c'est là tout l'art de la méditation. Mais les gens ont peur - le vide ressemble à la mort.

Je vais donc suggérer à Amida ce que je devrais lui suggérer : Remplissez un peu plus. Accumulez un peu plus. Continuez d'empiler. Pour que vous puissiez voir la bêtise de la chose. Il semble que vous n'ayez pas encore été capable de voir que le vide est éternel et qu'il ne peut être comblé par quoi que ce soit. Poursuivez ce cauchemar un peu plus, rendez-le encore plus cauchemardesque. Les gens ne changent qu'à l'extrême.

Il semble qu'Amida ait fait les choses modérément. Seulement tiède. Le saut ne se fait qu'à partir du point à cent degrés. Continuez à vous empiffrer autant que vous le pouvez. Mettez toute votre énergie dans l'empaillage.

Dans ce même bourrage, il arrive un moment où l'on voit clairement que le vide est éternel, que le vide est notre nature même, qu'il n'y a aucun moyen de le bourrer. Vous pouvez l'oublier un instant en le remplissant, mais il reste là et s'affirme encore et encore.

En voyant cela, le bourrage s'arrête - non pas que vous l'arrêtiez. En voyant cela, le bourrage s'arrête. Et soudain, la bénédiction du vide se répand sur vous. Être vide, c'est être divin. Être vide, c'est être rentré à la maison. Mais faites-en un peu plus.

J'ai entendu une belle histoire :

Un homme est venu voir son rabbin pour lui demander conseil. Il lui dit : "Oh, Rabbin, ma vie est si misérable. J'ai une petite maison, une seule pièce, et elle est beaucoup trop encombrée. Il y a ma femme et moi, nos douze enfants, ses vieux parents et les miens, mon oncle sourd et ma sœur infirme. Je ne peux pas payer une maison plus grande - que faire ?

Le rabbin réfléchit un moment et dit : "Avez-vous des animaux ?

Oui", répond l'homme. Il y a cinq chèvres, trois vaches, dix poulets, deux chats, deux chevaux et un chien.

Le rabbin dit : "Fais-les tous entrer dans ta maison et laisse-les y vivre pendant une semaine.

L'homme était très perplexe, mais comme il respectait beaucoup son rabbin, il est parti et a fait ce qu'on lui a dit. La vie devint un cauchemar. Il devait dormir debout, tellement il y avait de monde. Et il était impossible de respirer, tant l'atmosphère était nauséabonde. Au bout d'une semaine, il courut chez le rabbin, complètement fou, et le rabbin lui dit : "Je vois que vous avez fait ce que je vous ai dit. C'est très bien. Maintenant, rentre chez toi et sors tous les animaux. Vous serez surpris de voir l'espace qu'il y a maintenant !

Amida, fais-le.

Un seul cri

La première question :

Question 1 :

EXISTE-T-IL UNE PREUVE DE L'EXISTENCE DE DIEU ?

JE SUIS. Vous êtes. Tout le monde l'est. Dieu n'est rien d'autre que la totalité. Les arbres sont, les rivières sont, les montagnes sont. Ce sont les preuves. Le soleil se lève le matin et la lune est dans la nuit, ainsi que les étoiles. Telles sont les preuves. Les fleurs, les papillons et l'herbe en sont la preuve.

Dieu n'est pas un syllogisme. Dieu n'est pas une conclusion. Dieu est une expérience de beauté, de vérité, de bien, de conscience. Où cherchez-vous les preuves ? Votre être même est la seule preuve. Le chercheur est le recherché. Dieu réside en vous en tant que vous. Dieu est un arbre dans un arbre, un chien dans un chien et un homme dans un homme. Dieu est toutes ces choses. Dieu est ce tout.

Mais vous voulez une conclusion intellectuelle ; vous continuerez à passer à côté de Dieu. Il n'y a pas de preuve - en ce sens, il n'y a pas de preuve. Il n'y a jamais eu de preuve dans ce sens. Et les personnes qui ont fourni des preuves pour Dieu ne savent tout simplement pas ce qu'elles font. Les personnes qui ont essayé d'argumenter en faveur de Dieu sont des personnes qui ne connaissent pas Dieu. Sinon, ils n'argumenteraient pas. Il vaut mieux chanter si l'on connaît Dieu, il vaut mieux danser si l'on connaît

Dieu, il vaut mieux rire si l'on connaît Dieu. Il vaut mieux pleurer, crier, si l'on connaît Dieu, plutôt que de se disputer.

Les philosophes ont débattu de Dieu, pour et contre, les deux à la fois. Et les philosophes sont les plus éloignés de Dieu. Car plus on s'enferme, plus on est obsédé par les théories, les systèmes de pensée, plus on s'éloigne de la vie elle-même. Et Dieu est la vie.

La deuxième question :

Question 2 :

TANT DE PLATS DANS LA CUISINE DE L'ASHRAM CONTIENNENT DES OIGNONS. ME RAPPELANT QUE RAMAN MAHARSHI A DIT D'ÉVITER LES PIMENTS, L'EXCÈS DE SEL, LES OIGNONS, ETC., JE SUIS FRAPPÉ PAR LA QUESTION SUIVANTE : LA CUISINE SABOTE-T-ELLE NOS POSSIBILITÉS D'ILLUMINATION ?

C'est tout mon travail ici. Saboter toutes vos possibilités d'illumination. Si votre désir d'illumination n'est pas saboté, vous ne deviendrez jamais illuminé.

Mais ne vous fâchez pas contre les pauvres oignons, ce sont des innocents. Et ils sont aussi spirituels que vous, et bien plus profondément dans la méditation que vous ne pourrez jamais l'être. Et je ne crois pas qu'un homme aussi compréhensif que Raman Maharshi ait pu dire cela. Mais s'il l'a dit, c'est qu'il plaisante.

Mais les soi-disant personnes spirituelles ont été obsédées par de telles choses. Les soi-disant personnes spirituelles sont obsédées par l'absurdité absolue. Comment l'oignon, les piments ou le sel peuvent-ils vous empêcher de devenir illuminé ? Des idées stupides. Au lieu de regarder profondément dans votre être, et au lieu d'affronter les vrais problèmes, vous créez de faux problèmes. Ce sont de faux problèmes. C'est une stratégie de l'esprit qui permet de contourner les vrais problèmes. Le vrai problème, ce ne sont pas les oignons, c'est l'avidité. Le vrai problème n'est pas le piment, c'est la colère. Le vrai problème n'est pas le sel, c'est la possessivité.

Le vrai problème n'est pas de savoir ce qu'il faut manger et ce qu'il ne faut pas manger. Le vrai problème est de savoir ce que l'on doit être.

Pour éviter les vrais problèmes, nous créons de faux problèmes. Et les faux problèmes ont quelque chose de magnifique : ils peuvent être résolus, facilement résolus. Quel est le problème ? Vous arrêtez de manger des oignons. Et vous devenez spirituel et éclairé parce que vous ne mangez pas d'oignons. C'est si simple. Mais ne pas être avide sera difficile, ardu. Ne pas être égoïste sera une tâche ardue. Vous aurez besoin d'une immense compréhension, d'une grande conscience. Ce n'est que dans le feu de la conscience que les vrais problèmes seront résolus.

Vous savez que vous ne pouvez pas résoudre ces vrais problèmes. Le meilleur moyen est donc de créer de faux problèmes et de commencer à les résoudre. C'est l'une des astuces les plus fondamentales de l'esprit humain.

Par exemple, l'Inde souffre depuis des siècles de la pauvreté. Et Morarji Desai pense que la prohibition résoudra les problèmes. Or, il s'agit d'un faux problème. La prohibition n'a rien à voir avec cela. Prohibition ou pas, la pauvreté demeurera. Les pauvres deviendront encore plus misérables, c'est tout.

Parce que l'alcool lui permet parfois d'oublier sa souffrance, parfois de se noyer.

Une fois l'interdiction en vigueur, il n'aura même pas la possibilité de se noyer. Sa souffrance sera alors totale.

Ou encore, Morarji Desai pense que si les vaches ne sont pas tuées, si les vaches ne sont pas égorgées, alors tous les problèmes seront résolus. Ce sont là des tours de passe-passe. Et c'est ainsi que l'on peut continuer à se tromper soi-même, pendant des siècles.

L'Inde souffre à cause de ces faux prophètes. Et les faux prophètes sont ceux qui s'attaquent à de faux problèmes. Ils créent d'abord un problème, puis ils commencent à le résoudre. Ils en font tout un plat et semblent beaucoup trop actifs. S'ils échouent, il est certain que rien n'est fait. S'ils réussissent, rien n'est fait non plus. Mais une chose est sûre : ils peuvent camoufler le vrai problème. Ils peuvent concentrer votre attention sur quelque chose de faux, comme un jouet. Cela ressemble à un vrai problème, mais ce n'en est pas un.

Voyez-y maintenant. Comment les oignons peuvent-ils vous empêcher de devenir méditatif ? Comment les oignons peuvent-ils vous empêcher de devenir silencieux ? Il n'y a pas de problème. Mais si vous voulez être spirituel et être reconnu comme tel, vous commencez à faire des choses insensées.

Dans ma nouvelle commune, j'aurai aussi un bar. Et un fumoir. Si le thé peut devenir une cérémonie, pourquoi pas le tabac ? Si les gens peuvent boire du thé et en faire un processus méditatif, ils peuvent aussi fumer. Je ne dis pas qu'il faut fumer, je ne dis pas qu'il faut boire, mais je dis que ce ne sont pas des choses qui vous empêchent de devenir spirituel. Jésus buvait, Gurdjieff buvait. Cela ne les a pas empêchés de devenir illuminés.

Rappelez-vous que tout ce qui vous empêche de devenir éclairé est votre connaissance, votre processus de pensée, rien d'autre. Et c'est là qu'est la véritable tâche - comment abandonner le processus de pensée. Et parce que vous vous sentez impuissant, vous créez de petits problèmes : comment ne manger qu'une fois par jour, comment manger sans sel, comment manger sans ghee, comment manger de telle ou telle façon. Les moines jaïna mangent debout. Si vous mangez assis, l'illumination est sabotée. Les moines jaïns ne mangent qu'une fois par jour. Si vous mangez deux fois, l'illumination est sabotée.

Un moine jaïna est venu me voir et m'a dit : "Manger deux fois n'est pas bon". J'ai dit : "Manger une fois ? Il m'a répondu : "Manger une fois, c'est bien". Je lui ai dit : "La moitié de l'illumination est sabotée".

Et l'illumination ne vient pas en pièces détachées. Soit elle vient en entier, soit elle ne vient pas. Si manger deux fois par jour est dangereux, manger une fois par jour l'est à cinquante pour cent. Vous pouvez manger trois fois par jour, cela ne fait aucune différence. Je ne dis pas qu'il faut manger trois fois par jour, car cela ne vous aidera pas non plus à devenir illuminé. Cela ne vous affecte pas, d'une manière ou d'une autre ; cela n'a pas d'importance.

N'introduisez pas d'éléments non pertinents dans votre spiritualité. Sinon, vous deviendrez obsédés par les modes. Et ces modes sont une sorte de folie, de psychose.

Mais ces personnes deviennent des mahatmas - Morarji Desai est un mahatma. Il ne boit pas de vin, mais il boit sa propre urine. Et c'est très bien, cela favorise l'illumination. Il aimerait que tout le monde boive son urine, cela semble être le remède à toutes les maladies de ce pays. Je pense qu'il est temps qu'il obtienne son diplôme et qu'il accède à l'ultime mahatmahood, il devrait commencer à manger son... Et cela résoudra le problème de la nourriture.

Les gens deviennent des fanatiques. Cela montre simplement qu'il y a une névrose, une psychopathologie.

Il y a soixante ans, il a appris qu'un jeune homme, complètement ivre, avait tenté de violer sa propre sœur. Tel a été son antagonisme à l'égard de l'alcool. Il faut maintenant comprendre cela. Même dans son antagonisme contre l'alcool, il y a une part de sexe. Et boire sa propre urine... il a besoin d'une psychanalyse freudienne. Il doit y avoir une certaine répression sexuelle, il s'agit en quelque sorte d'une obsession de la sexualité. Et pendant près de cinquante ans, il a essayé de rester célibataire. Cette préoccupation excessive crée toutes sortes de problèmes. Rien n'est résolu, d'autres problèmes sont créés. Mais les gens pensent qu'il est un mahatma.

Je ne voudrais pas que vous deveniez un mahatma. Si vous pouvez devenir de simples êtres humains innocents, c'est plus que nécessaire. Mangez ce qui vous semble bon. Prenez soin de votre corps, respectez-le. Respectez la quantité de nourriture que vous mangez, ne surchargez pas le corps, car c'est une sorte de colère, de violence. Et la violence est si subtile qu'il faut la surveiller. Lorsqu'une personne s'empiffre, elle est violente avec son propre corps, elle est destructrice. Ou bien il peut faire un jeûne, et là encore, il est violent. Il suffit de voir l'intérêt de la chose. On peut manger trop et être violent, on peut jeûner et être violent. Manger ou jeûner n'est pas la question : Ne soyez pas violent.

Aimez votre corps, respectez-le, c'est le sanctuaire de Dieu.

Mais il est très facile de passer de l'excès de nourriture au jeûne, car l'esprit passe toujours facilement d'un extrême à l'autre, d'une obsession à une autre obsession. Tout d'abord, vous continuez à bourrer votre corps et à le blesser, à le charger inutilement. Puis, un jour, on se retourne contre lui, on devient l'ennemi du corps. Comme si c'était la faute du corps. Puis vous commencez à jeûner, et vous recommencez à torturer votre corps. Mais c'est de la violence.

Et la violence est si profondément ancrée dans l'homme qu'il faut la surveiller en permanence, sinon elle surgira d'une autre manière.

Morarji Desai se rend dans d'autres pays - il est contre l'innoculation, toute forme d'innoculation. C'est violent. Il peut transporter des maladies de son pays vers un autre pays et il peut transporter des maladies d'un autre pays vers le sien. Mais il insiste. C'est un homme non violent, un grand adepte du Mahatma Gandhi. Mais il se montre très violent, irrespectueux envers les gens. Cet homme seul peut créer des problèmes pour tout un pays. En fait, il ne devrait être le bienvenu dans aucun pays du monde.

L'un d'entre eux peut être très subtilement violent. Regardez-le.

Si vous n'aimez pas les oignons, c'est très bien, ne les mangez pas. Mais vous ne devez pas les condamner. Et si d'autres les aiment, vous ne devez pas penser qu'ils ne sont pas spirituels ou quelque chose comme ça. Ne devenez pas spirituel si facilement, ne dépendez pas de ces choses bidon. La spiritualité n'a qu'un seul goût, celui de la conscience.

Oignon ou pas oignon, piment ou pas piment, sel ou pas sel. La spiritualité n'a qu'un seul goût, celui de la conscience. Tenez-vous y ! Et ne vous laissez pas distraire par de petites choses.

La troisième question :

Question 3 :

JE ME SENS TRÈS JOYEUX APRÈS VOTRE DISCOURS DU MATIN ET VOTRE DANSE SOUFIE, MAIS JE NE PEUX PAS LE CONCILIER AVEC LA MISÈRE DES GENS QUE JE VOIS QUAND JE SORS DE L'ASHRAM. QUE FAIRE ?

Elle est là, la misère est là. Mais il n'est pas nécessaire de se réconcilier. Tout mon enseignement consiste à être total, où que vous soyez. En m'écoutant, si vous vous sentez joyeux, soyez totalement joyeux. Danser à l'ashram, participer à une danse soufie ou méditer, si vous êtes en extase, soyez totalement en extase. Lorsque vous sortez et que la misère est là, que la laideur est là, que les mendiants sont là, que la pauvreté est là et que la maladie est là, soyez totalement malheureux.

La seule chose à retenir est la totalité. Si tu vois un mendiant, pleure. Si vous pouvez faire quelque chose, faites-le. Si vous ne pouvez rien faire, vous pouvez lui tenir la main, vous pouvez vous asseoir à ses côtés. Vous pouvez sentir, vous pouvez regarder.

Et vous pouvez continuer à vous rappeler qu'il ne faut pas faire n'importe quoi pour rendre les gens pauvres.

Il n'est pas nécessaire de se réconcilier. La réconciliation signifiera que vous avez trouvé un moyen de vous consoler.

Par exemple, vous pouvez vous appuyer sur la théorie du karma. Vous pouvez dire que cet homme souffre à cause de son karma. Maintenant que vous êtes réconciliés, vous n'avez plus à vous en préoccuper, vous n'avez plus à vous en préoccuper. Ce n'est pas votre affaire, il souffre à cause de son karma. C'est ce que font les Indiens depuis des siècles. Un pauvre homme souffre de son karma, il doit souffrir, il a fait quelque chose de mal dans ses vies antérieures. C'est une punition, il ne doit pas recommencer. Vous n'en êtes alors plus perturbé, vous pensez que vous ne participez pas à sa misère.

Non, je ne dirai pas cela. Nous faisons tous partie, nous sommes tous ensemble ici. Aucun homme n'est une île, nous formons un vaste continent. Nous sommes liés les uns aux autres. Si vous êtes heureux, le monde qui vous entoure participe à votre bonheur. Si vous êtes malheureux, le monde qui vous entoure participe à votre malheur. Nous ne sommes pas séparés.

Ainsi, lorsque vous voyez la misère à l'extérieur, vous vous sentez malheureux. Pourquoi penser à la réconciliation ? Il n'y a rien de mal à être malheureux, si vous ne pouvez vous souvenir que d'une seule chose : soyez totalement malheureux. Alors, à l'intérieur ou à l'extérieur de l'ashram, vous aurez une chose en commun, c'est-à-dire la totalité. Et c'est ce qui est nécessaire. Lorsque vous pleurez, pleurez totalement. Lorsque les larmes vous montent aux yeux, ne soyez pas avare, ne les retenez pas. Débordez-les, laissez-les prendre tout votre être, laissez-les vous posséder.

En dansant, dansez en étant totalement possédé, en étant fou. En riant, laissez le rire s'exprimer. Mais soyez total.

Encore une chose : L'Inde et le peuple indien souffrent de leurs notions stupides. Ayez pitié d'eux. Depuis toujours, les soi-disant religieux prêchent la pauvreté. C'est la cause première. Ils ont fait l'éloge de la pauvreté comme n'importe quoi, comme si la pauvreté était une valeur en soi. La pauvreté n'est pas une valeur en soi. L'inconfort n'est pas une valeur en soi, les désagréments ne sont pas une valeur en soi. La maladie n'est pas une valeur. Mais au fil des siècles, les soi-disant mahatmas indiens ont prêché aux gens que la pauvreté avait une valeur spirituelle. Si vous êtes pauvre, vous êtes spirituel, si vous êtes riche, vous êtes matérialiste.

C'est pourquoi les Indiens ne cessent de dire que les Américains sont matérialistes. Parce qu'ils sont riches. Pour l'esprit indien, être riche et être matérialiste sont synonymes. Et les Indiens sont spirituels parce qu'ils sont pauvres. Pauvreté et spiritualité sont synonymes. C'est absurde. Un homme peut être pauvre et matérialiste, et un homme peut être riche, religieux et spirituel.

Selon moi, l'homme riche a plus de possibilités d'être religieux que l'homme pauvre. Il peut s'offrir la religion. Le pauvre ne peut même pas y penser. Le pauvre est OBLIGÉ à être matérialiste. L'homme riche a la possibilité de sortir du matérialisme - parce qu'il a tout vu, tout vécu, et qu'il en est venu à reconnaître que le matérialisme ne donne pas ce que l'on cherche. Qu'il ne comble pas. Que le cœur douloureux reste douloureux. Que le vide dans l'esprit reste le même - aucune richesse ne peut le combler, aucune richesse ne peut vous donner le sentiment d'accomplissement et d'épanouissement. Seul l'homme riche peut connaître l'absurdité de la richesse. Le pauvre ne peut pas savoir - il espère encore, il a encore beaucoup à arranger.

Ce n'est que dans un monde vraiment riche que la religion deviendra un phénomène universel. Dans un monde pauvre, la seule religion qui puisse avoir un attrait est le communisme. Aucune autre religion ne peut avoir d'autre attrait.

Si vous examinez en profondeur l'esprit indien, vous constaterez qu'il est absolument matérialiste. Je l'ai observé, c'est l'un des esprits les plus matérialistes au monde. La raison en est sa pauvreté.

Mais le problème, c'est que tout l'héritage soutient la pauvreté, tout l'héritage fait l'éloge de la pauvreté. C'est pourquoi je suis un outsider ici, un étranger. Il y a un fossé entre moi et l'esprit indien, parce que je ne soutiens pas son héritage. Je ne peux pas le soutenir. Je ne suis pas violent - comment puis-je soutenir son héritage ? C'est son héritage qui l'a rendu pauvre. Je suis contre son passé, je veux qu'il abandonne tout son passé. Et à moins que la conscience indienne ne se libère de son passé, la pauvreté restera là, la souffrance restera là.

La seule chose que vous puissiez faire est donc d'aider les gens à comprendre qu'ils doivent se débarrasser de leur passé. Leur attitude obstinée est devenue leur emprisonnement. Si vous êtes contre la richesse, il est évident que vous ne produirez pas de richesses. Si vous êtes contre la richesse, vous ne créerez pas la technologie qui peut produire la richesse. Si vous êtes contre la richesse, vous pouvez désirer au fond de vous être riche, mais votre attitude même vous en empêchera. Vous continuerez à faire des choses qui vous maintiendront dans la pauvreté. Et le problème, c'est que si vous soutenez l'héritage de l'esprit indien, vous soutenez sa pauvreté. Et l'esprit indien vous suivra.

Morarji Desai poursuit en disant que le seul moyen d'empêcher l'explosion démographique est d'enseigner le célibat. Pas le contrôle des naissances, mais le célibat. Or, le célibat ne peut empêcher l'explosion démographique. Mais cela plaît à l'esprit indien. L'esprit indien dira : "C'est juste".

Parce que toutes les écritures soutiennent le célibat, BRAHMACHARYA.

Ils sont forcément contre moi. Je suis pour le contrôle des naissances, je suis pour l'avortement, ils sont forcément contre moi. L'avortement ? Un homme spirituel ne peut pas soutenir l'avortement. Les gens viennent me voir et me disent : "Je soutiens l'avortement ? Je soutiens le meurtre ? L'avortement est un meurtre. Je leur réponds : "Vous savez que l'âme est immortelle : Vous savez que l'âme est immortelle. Alors comment le meurtre peut-il se produire ? Avez-vous oublié Krishna et sa Bhagavad Gita ? Il dit à Arjuna : "Tu peux tuer tous ces gens, personne ne sera jamais tué. Parce que l'âme est immortelle.

Si je soutiens l'avortement, si je soutiens le contrôle des naissances, je ne suis pas spirituel. Il est évident que je ne le suis pas, selon leur définition. Ce n'est pas par hasard que l'esprit indien ressent un antagonisme à mon égard. Il est très simple pour moi de ne pas les contrarier, mais je serai alors leur ennemi. Vous voyez le paradoxe ? Le problème est que si je les aime, je dois les contrarier. Mais alors, ils ne viendront pas à moi. Si je ne les aime pas, je peux continuer à soutenir leurs idées. Ils viendront alors par milliers, par millions. Mais je serai alors leur ennemi. J'entretiendrai alors leur pauvreté, leur souffrance, leur laideur.

Je sais donc que lorsque vous sortez, vous devez faire face à un monde hideux. Tout ce que vous pouvez faire, faites-le. Si vous ne pouvez rien faire, vous pouvez pleurer et pleurer, vous pouvez aider les gens. C'est le message que j'adresse à mes sannyasins :

Il faut toujours aller à la racine. Je ne vous dis pas de donner de l'argent au mendiant, car cela ne servira à rien. L'argent a été donné à travers les âges, et cela n'a pas aidé. En fait, cela a enraciné la mendicité dans le sol. Je ne dis pas qu'il faut donner de l'argent au mendiant, je ne dis pas qu'il ne faut pas donner d'argent au mendiant, cela n'a rien à voir. Que vous donniez ou non de l'argent, cela ne servira à rien. Donner de l'argent peut vous aider. Mm ? Vous trouverez une réconciliation, vous aurez fait quelque chose. Vous vous sentirez bien. Vous pouvez aller au Blue Diamond et vous endormir, en vous sentant bien, saint, saint, en pensant que vous avez fait quelque chose. Mais cela ne vous aidera pas.

Je ne dis pas qu'il ne faut pas donner d'argent. Mais n'oubliez pas que cela ne servira à rien. Si vous vous sentez bien, c'est tout à fait normal de vous sentir bien.

Mais ce qui va vraiment aider, ce sont les gens éclairés. Il faut les aider à comprendre POURQUOI ils sont malheureux. Ils ont fait de la pauvreté une religion. Ce n'est pas à cause de leurs karmas passés qu'ils souffrent, c'est à cause de leurs philosophies passées qu'ils souffrent. Ce n'est pas parce que dans leur vie passée, ils ont commis des meurtres, des suicides et des vols qu'ils souffrent. C'est simplement parce qu'on leur a enseigné la pauvreté tout au long de leur passé. La pauvreté a été tellement louée.

Mm ? Ces questions me viennent à l'esprit. L'autre jour, une question a été posée : Pourquoi est-ce que je me déplace dans une voiture Impala ? J'y pense aussi : pourquoi est-ce que je me déplace en Impala ? Parce que je n'ai pas de Rolls Royce, voilà pourquoi. Je comprends, vous compatissez...

Mais mon approche est différente de ce que l'on appelle l'esprit spirituel. Pour moi, ce n'est pas spirituel. La vie doit être vécue de la manière la plus belle possible. La pauvreté n'est pas une valeur, et l'inconfort n'est pas une spiritualité.

Mais c'est là le problème. Les pauvres aimeraient me voir dans le même état d'inconfort. Ils se sentiraient alors heureux. Et si je suis dans la même situation d'inconfort, je dois naturellement faire l'éloge de l'inconfort.

C'est la seule façon de rester dans l'inconfort, il faut en faire l'éloge. Il faut en faire grand cas, se dire que l'on fait quelque chose de grand.

Si vous avez l'air en bonne santé, si vous êtes belle, si vous avez l'air gracieuse, si vous vivez une vie naturelle, les gens ne sont pas heureux. Que faites-vous alors ? Vous êtes un homme ordinaire. Je le répète : être tout à fait ordinaire, c'est être spirituel. Pour moi, être tout à fait ordinaire est le sens de la spiritualité. Essayer d'être extraordinaire est un voyage de l'ego. La façon dont vous y parvenez est différente, mais essayer d'être extraordinaire, c'est faire un voyage de l'ego.

Détendez-vous. Ici, sentez-vous aussi joyeux que possible. J'essaie de créer un monde alternatif, un petit monde.

Mais au-delà de la porte, l'ancien monde existe. Vous allez y aller et vous devrez le rencontrer.

Et en fait, lorsque vous commencez vraiment à vous sentir joyeux, vous voyez davantage la misère, parce que le contraste existe.

D'ordinaire, on n'est pas tellement conscient de la misère. Les Indiens ne sont pas tellement conscients de la misère. Ils ont vécu dans la misère, ils y sont habitués. Lorsque les Occidentaux arrivent, ils la ressentent davantage.

J'ai entendu deux voyageurs américains à l'aéroport Santa Cruz de Bombay. L'un disait à l'autre : "Regardez ! Ils ont aussi du pain". Ils devaient penser que l'Inde est si pauvre qu'il n'y a pas de pain, pas de beurre, rien. Il a été surpris de voir du pain. Il a été surpris de voir du pain. Ils ont aussi du pain.

Lorsque vous venez de l'Occident, de sociétés riches, il est naturel que vous preniez conscience de la pauvreté, de la dégradation de cette société. Puis vous venez me voir, et ici, tout l'effort consiste à créer un climat de célébration. Vous commencez alors à vous sentir très joyeux, à vous épanouir. Avec cette joie et votre conscience occidentale, il est difficile de sortir, je le comprends. Tout fait mal, tout est une horreur.

Mais la réconciliation n'est pas possible. Nous devons l'accepter. La seule chose possible est de ressentir. Ressentir la misère. Et aider les gens à se débarrasser de leur dangereux passé empoisonné. Ce n'est qu'à ce moment-là qu'un jour, il est possible que les gens ne soient plus aussi malheureux.

La troisième question :

Question 4 :

COMMENT VOIR QUELLE EST MA VOLONTÉ ET CELLE DE DIEU ?

Un proverbe chinois dit : "L'homme est une marionnette lorsqu'il agit, un poète lorsqu'il décrit : L'homme est une marionnette quand il agit, un poète quand il décrit. Tout ce que vous pensez être votre liberté n'est rien d'autre que votre poésie. Un homme inconscient ne peut pas être libre, ne peut pas avoir de liberté. La liberté est la conséquence de la conscience, la liberté est la fonction de la conscience. Un homme inconscient existe comme une machine, comme un robot. Vous ne le savez peut-être pas, mais vous fonctionnez continuellement comme un robot.

Quelqu'un vous maltraite et la colère naît. C'est un peu comme si vous appuyiez sur un bouton et que le ventilateur se mettait en marche. Quelqu'un appuie sur le bouton et vous vous mettez en colère. De quelle sorte de liberté s'agit-il ?

Vous n'avez pas le choix, d'être en colère ou de ne pas l'être. Si le choix n'existe pas, il n'y a pas de liberté. La liberté signifie la liberté de choisir - vous pouvez décider d'être en colère ou non, alors vous êtes libre. Mais pouvez-vous décider ? Tout au plus pouvez-vous décider de montrer votre colère ou non - c'est une autre chose. Mais être en colère ou ne pas l'être, avez-vous une décision à prendre, un choix à faire ?

Dès que quelqu'un appuie sur votre bouton, vous vous mettez en colère INSTANTANÉMENT, sans perdre un instant.

Vous pouvez ne pas le montrer, c'est une autre chose. Vous pouvez la contrôler, la réprimer, c'est une autre chose. Mais la colère a jailli dans votre être. Et vous n'avez pas le choix. Vous fonctionnez comme une machine.

Une parabole :

Il était une fois un aimant, et dans son voisinage immédiat vivait de la limaille d'acier. Un jour, deux ou trois petites limailles eurent l'envie soudaine d'aller rendre visite à l'aimant et se mirent à parler du plaisir qu'il y aurait à le faire. D'autres limailles qui se trouvaient à proximité entendirent leur conversation et furent elles aussi gagnées par le même désir. D'autres encore se joignirent à eux, jusqu'à ce que tous les limons se mettent à discuter de la question, et que leur vague désir se transforme de plus en plus en impulsion.

Pourquoi ne pas y aller aujourd'hui ? dit l'un d'eux ; mais d'autres étaient d'avis qu'il valait mieux attendre jusqu'à demain.

Pendant ce temps, sans qu'ils s'en aperçoivent, ils s'étaient involontairement rapprochés de l'aimant, qui restait là, immobile, ne semblant pas faire attention à eux. Ils continuèrent donc à discuter, tout en se rapprochant insensiblement de leur voisin. Et plus ils parlaient, plus ils sentaient l'impulsion se renforcer, jusqu'à ce que les plus impatients déclarent qu'ils partiraient ce jour-là, quoi que fassent les autres. On entendit certains dire que c'était leur devoir de visiter l'aimant et qu'ils auraient dû y aller depuis longtemps.

Et pendant qu'ils parlaient, ils se rapprochaient de plus en plus, sans se rendre compte qu'ils s'étaient déplacés.

Finalement, les impatients l'ont emporté et, dans un élan irrésistible, tout le corps s'est écrié : "Il ne sert à rien d'attendre. Nous partirons aujourd'hui. Nous partons maintenant. Nous partons tout de suite. Et alors, dans une masse unanime, ils s'élancèrent et, en un instant, ils s'accrochèrent à l'aimant de tous les côtés.

L'aimant sourit alors, car la limaille d'acier n'a aucun doute sur le fait qu'elle rendait cette visite de son plein gré.

Inconscient, tu n'as pas de volonté. Inconscient, tu n'as pas de liberté. Alors n'y pensez pas. Vous demandez : COMMENT VOIR QUELLE EST MA VOLONTÉ ET LA VOLONTÉ DE DIEU ? VOUS n'en avez aucune. Dieu est l'aimant et vous êtes la limaille.

Mais vous continuez à croire que vous avez votre volonté, vous continuez à croire que c'est votre choix. Que vous avez choisi cette femme pour être votre épouse. Pensez-y à nouveau, souvenez-vous de cette parabole. Avez-vous choisi cette femme ? Ou n'était-ce qu'un accident ? Avez-vous choisi ? Y avait-il vraiment un choix à faire ? Ou avez-vous été victime d'une certaine impulsion appelée amour ? Était-il possible pour vous de ne pas choisir ?

Était-ce votre décision ? Vous verrez alors qu'il n'en a pas été ainsi. Tout ce qui s'est passé dans votre vie est arrivé plus ou moins accidentellement. Et ne riez pas de cette limaille de fer - c'est la situation de l'humanité.

Mais vous pouvez sortir de votre inconscience. Vous aurez alors la volonté. Mais vous ne serez pas là, vous disparaîtrez. Parce que vous ne pouvez pas rester dans la conscience, vous ne pouvez rester que dans l'inconscience. Permettez-moi d'être clair : lorsque vous êtes, vous n'avez pas de volonté. Dans l'inconscience, l'ego existe mais il n'y a pas de volonté. Dans la conscience, la volonté existe mais l'ego disparaît. Il est alors inutile de demander "...ma VOLONTE ET LA VOLONTE DE DIEU". Il n'y a alors aucune distinction entre vous et Dieu. Vous êtes Dieu et Dieu est vous.

Tout le problème peut être réduit à une chose simple : être conscient ou ne pas être conscient.

L'homme inconscient existe sans volonté. Il rêve seulement qu'il a une volonté. Avec la conscience, l'ego commence à disparaître d'une part, et la volonté apparaît d'autre part. Mais ce ne sera pas votre volonté, ce sera toujours la volonté de Dieu. Quelle est donc la différence entre l'homme inconscient et l'homme conscient ? La différence est que c'est toujours la volonté de Dieu - l'homme inconscient pense "C'est ma volonté" et l'homme conscient sait "Je ne le suis pas, seul Dieu l'est".

La cinquième question :

Question 5 :

MAÎTRE, EST-IL POSSIBLE DE DEVENIR UN IMBÉCILE EN RESTANT ICI PLUS LONGTEMPS ? JE RESSENS PARFOIS UN MANQUE DE LOGIQUE DANS MON ESPRIT.

Vidya, ce n'est pas seulement possible, c'est certain. Vous deviendrez un imbécile. Mais la folie a sa propre sagesse.

Vous deviendrez à la fois fou et sage. Les soi-disant sages qui ne sont jamais fous ne sont pas vraiment sages. Car la sagesse est paradoxale. La sagesse n'est pas seulement sérieuse, elle est aussi ludique. Et la folie est un jeu. La sagesse n'est pas seulement une connaissance intellectuelle, c'est une célébration existentielle. La sagesse n'est pas cérébrale - elle n'est pas de la tête, elle est de l'être total. Et l'être total a des émotions, des sentiments, des sensations. Et l'être total est bien plus grand que le pauvre petit intellect.

Et tout ce qui dépasse l'intellect, l'intellect dit que c'est de la folie : Attention, ne bougez pas, ne faites pas un pas de plus, sinon vous deviendrez un imbécile. Les gens restent donc confinés dans l'intellect. Ils restent instruits mais ne deviennent jamais sages.

Un homme sage est enjoué. Il peut se permettre d'être fou, il a tellement confiance en la vie. Il n'a pas besoin de prouver qu'il est toujours sage, il n'a pas besoin de convaincre les autres que "je suis toujours sage". Ce besoin n'existe que parce que vous avez peur de votre folie. Le vrai sage est celui qui est détendu. Oui, il peut jouer comme un fou, il peut rire comme un fou.

Il suffit de penser au Christ, à Lao Tseu, à Bodhidharma. Ces personnes sont vraiment des sages, mais elles peuvent agir de manière insensée. Lao Tzu a dit : "Tout le monde semble si sage, sauf moi". Et c'est lui le sage. Lao Tzu dit : "Tout le monde semble si confiant et je suis si hésitant. Tout le monde semble avoir une vision claire de la vie. Et moi, je suis si peu clair, entouré d'un nuage".

Qu'est-ce qu'il dit ? Il dit que la clarté sans nuages est une clarté médiocre. Parce qu'elle ne contient pas de mystère. Sans brume, comment peut-on avoir du mystère ? Elle sera simple, superficielle, creuse, elle n'aura aucune profondeur.

N'as-tu pas entendu dire que, dans le passé, chaque cour de roi avait un fou ? Pour une raison bien précise : pour que le fou maintienne l'équilibre. Sinon, tous les vizirs et les premiers ministres sont si bien informés qu'ils créent un déséquilibre. Il fallait un fou, un fou parfait. Et le fou était indispensable. Si les gouvernements modernes se comportent de manière insensée, c'est parce que le fou a disparu. Jimmy Carter a besoin d'un imbécile au sein de son cabinet, d'un département spécial pour l'imbécile - qui peut faire rire les gens, qui peut dissiper le sérieux, qui peut vous faire ressembler à des enfants. Qui peut vous faire prendre conscience du mystère de la vie, qu'il ne s'agit pas d'un problème à résoudre mais d'un mystère à vivre.

Il existe une histoire célèbre à propos de Mulla Nasruddin. L'empereur lui parlait et lui dit : "J'ai décidé d'éliminer tout ce qui est faux dans mon pays". Nasruddin rit. L'empereur lui dit : "Pourquoi ris-tu ? Nasruddin répondit : "C'est insensé. Personne ne peut détruire le mensonge, car le mensonge et la vérité existent ensemble. Si vous détruisez le mensonge, la vérité sera détruite, Monsieur. Ils sont comme le jour et la nuit.

Mais le roi était un logicien. Il dit : "Quelle absurdité ! Ils n'existent pas ensemble. La vérité est contre le mensonge, ce sont des ennemis. Et j'ai décidé, et tu verras que je détruirai le mensonge.

À partir de demain matin, je vais pendre chaque jour un homme convaincu de mensonge. Il sera pendu sur la place du marché pour que toute la capitale le sache. Et chaque jour, un homme sera pendu, pour que les gens aient peur".

Nasruddin demanda : "Où allez-vous trouver cet homme ? Le roi répondit : "À la porte de la ville. Je serai présent à la porte de la ville et si quelqu'un ment, il sera immédiatement attrapé. Nasruddin dit : "Alors je vous verrai demain à la porte de la ville".

Le premier homme qui entra fut Nasruddin sur son âne. Le roi lui demanda : "Nasruddin, où vas-tu ?" Il répondit : "Au gibet".

Maintenant, il a créé un problème. Si vous l'envoyez à la potence, il a affirmé la vérité, et un homme vrai a été tué. Si vous ne l'envoyez pas au gibet, il a affirmé un mensonge, mais vous.... avez été tué. Que faire maintenant ?

Nasruddin répondit : "Je suis là, Monsieur. Maintenant, faites ce que vous voulez. Je vais à la potence !

Le roi s'inclina. Il dit : "Vous avez raison. La vie est si vaste que la logique ne peut la contenir.

Vidya, n'aie pas peur. Devenez un imbécile, et il en résultera une sagesse totalement nouvelle qui n'est accessible qu'aux imbéciles. La logique en elle-même n'est pas très logique, la raison seule n'est pas très raisonnable. La raison doit faire une place à l'irrationalité, et la logique doit faire une place à l'amour. Et votre sérieux doit être teinté d'espièglerie. C'est ainsi que l'on obtient un être total. Vous êtes alors l'obscurité et la lumière, l'été et l'hiver, la vie et la mort.

Cet ensemble est source de joie.

La sixième question :

Question 6 :

SI, COMME VOUS LE DITES, ON EST RESPONSABLE DE SOI-MÊME ET QU'AUCUN CHEMIN N'EST NÉCESSAIRE, POURQUOI FAUT-IL QUE LES SANNYASINS PORTENT UNE COULEUR DE ROBE UNIFORME, UN MALA AVEC VOTRE IMAGE ET UN NOM CHOISI PAR VOUS ?

La question est posée par Lawrence Melkin.

Il n'y a pas de chemin. Si vous comprenez cela, il n'est pas nécessaire d'emprunter quelque chemin que ce soit, y compris le mien.

Mais si vous ne comprenez pas cela, si cette révélation ne vous rend pas immédiatement éclairé....

Je suis prêt à vous éclairer dès maintenant. Mais vous dites : "Attendez, Monsieur. Je ne suis pas prêt pour l'instant.

Demain". Vous devrez alors devenir un sannyasin. Et c'est alors que toutes les absurdités s'enchaînent.

C'est votre responsabilité. Je suis prêt à vous éclairer en ce moment même, sans condition. Il n'y a alors plus besoin de changer de nom, plus besoin de mala, plus besoin d'orange.

Mais vous dites : "Demain - pas aujourd'hui. Après-demain - pas aujourd'hui, pas maintenant". Alors, je vous suggère de le faire : Devenez un sannyasin. Et quand vous serez devenu un sannyasin, alors tout l'abracadabra s'arrêtera.

Mais c'est VOTRE décision. J'étais prêt à vous déclarer illuminé, mais vous avez dit : "Non, Monsieur, je veux devenir sannyasin. Je veux suivre un chemin. Je ne veux pas devenir illuminé maintenant".

Dans ce cas, tout va bien. Je vous donne alors un chemin. C'est juste pour vous consoler, c'est un jouet. Le jour où vous comprendrez, vous n'aurez plus besoin de rien. Mais ceux qui n'ont pas pris le sannyas ne devraient pas commencer à penser qu'ils sont éclairés. Ceux qui n'ont pas pris le sannyas ne doivent pas commencer à penser "Alors, c'est bien - c'est bien que nous ne l'ayons pas encore pris". Mais il faut devenir illuminé à l'instant même. Si vous ne devenez pas illuminé et ne devenez pas un sannyasin, vous resterez où que vous soyez, qui que vous soyez.

Le sannyas est un pont. Le pont n'est pas le but. Le sannyas est un moyen, le moyen n'est pas la fin. Il vaut mieux devenir un sannyasin que de ne pas le devenir. Mais si vous pouvez rassembler tant de passion et de feu que vous pouvez brûler en un seul instant, que vous pouvez vous enflammer en un seul instant, instantanément - alors il n'y a pas besoin de sannyas ou de quoi que ce soit d'autre.

Et en plus, je suis un homme de contradictions. Je suis paradoxal. Un jour je dis une chose, un autre jour je dis tout le contraire. C'est ma façon de détruire votre esprit. D'un côté, je dis qu'il n'y a pas de chemin.

Et chaque soir, je vous donne le chemin. D'une part, je dis qu'il n'est pas nécessaire d'appartenir à quoi que ce soit, à aucune église. Chaque soir, je vous donne accès à l'église. La raison en est que je voudrais que vous vous rapprochiez de plus en plus de moi. Plus vous êtes proche, plus vous avez la possibilité de comprendre l'instantanéité de l'illumination. Plus vous êtes loin, plus il est difficile de la comprendre.

L'esprit humain fonctionne de manière logique. Grâce à la logique, la progressivité est naturelle. Vous dites : "Un jour, nous ferons quelque chose, un autre jour quelque chose de plus, et encore plus, étape par étape". Vous pensez, par le biais de la logique, que la vie est une échelle - "Nous irons d'un échelon à l'autre, d'un échelon à l'autre, d'un échelon à l'autre, de CELA à CELA". Mais la vie n'est pas une échelle, c'est un abîme. Et il n'est pas nécessaire d'avancer lentement, lentement, progressivement. Vous pouvez faire un saut, un bond, un saut quantique. Un pas suffit alors si vous faites un saut. Le reste du travail sera fait par la gravitation, vous n'avez rien d'autre à faire.

Je continue donc à vous éclairer chaque matin. Quelques personnes deviennent éclairées, du moins pour le moment. Ils oublient au-delà de la porte - c'est leur problème. Je dois à nouveau les éclairer, ils oublient à nouveau, je dois à nouveau les éclairer. Je ne cesserai de vous répéter que vous êtes éclairés, que vous n'avez jamais été autrement. Un jour, au moment opportun, vous serez peut-être en mesure de l'entendre.

Alors quel est le but du sannyas ? Le but du sannyas est que vous puissiez continuer à me fréquenter jusqu'au moment opportun, jusqu'au moment mûr où un simple cri de ma part, un simple regard dans vos yeux ou un simple contact de ma main vous ramènera à vous-même.

La septième question :

Question 7 :

POURQUOI LES GENS ONT-ILS TELLEMENT PEUR D'ÊTRE AIMÉS ?

Krishna Gopa a posé la question.

Les gens ont peur d'être aimés. Parce que l'amour apporte la misère, l'amour apporte le mensonge. L'amour emprisonne, l'amour rend esclave, l'amour détruit la liberté. C'est pourquoi les gens ont peur.

Et les gens ne peuvent pas rester sans amour, parce que l'amour est aussi une nourriture nécessaire. Ils ont donc soif d'amour, ils désirent être aimés et aimer. Ils ne peuvent pas rester seuls. Mais dès qu'ils rencontrent la personne, l'autre - la femme, l'homme - ils ont peur. Parce qu'ils savent maintenant qu'ils entrent dans une cage.

Parce que l'amour n'est pas encore inconditionnel, c'est pourquoi les gens ont peur de l'amour. Et parce que l'amour apporte tant de compromis. Ils doivent faire tellement de compromis qu'ils en perdent presque leur visage d'origine.

C'est pourquoi les gens ont peur. Et ils ne peuvent pas non plus s'en passer, car c'est une nourriture nécessaire pour l'âme. C'est d'ailleurs parce qu'elle est nécessaire à l'âme que les gens ont appris à l'exploiter. Si ce n'était pas une telle nécessité, il n'y aurait pas eu d'exploitation.

L'amour est une telle nécessité que l'on peut l'exploiter, poser des conditions. Vous pouvez dire : "Je ne t'aimerai que si tu fais ceci. Je ne t'aimerai que si tu n'aimes que moi et personne d'autre, jamais. Et je ne t'aimerai que si tu acceptes mes conditions.

Ce sont les conditions. Et un homme affamé est obligé d'accepter les conditions. Il commence à mentir, il commence à jouer, il commence à être faux. Il commence à faire des choses qu'il n'a jamais voulu faire, et il arrête de faire des choses qu'il a toujours voulu faire. Et tôt ou tard, il se dit que le prix de l'amour est trop élevé, qu'il vaut mieux ne pas être amoureux, qu'il vaut mieux être seul.

Les gens passent donc de la solitude à l'amour, de l'amour à la solitude. Lorsqu'ils sont seuls, la faim se fait sentir. Lorsqu'ils sont ensemble, la laideur est au rendez-vous.

Je l'ai entendu :

Le vieux prêtre fatigué arrive au Ciel devant Saint Pierre : "Plus de service. Reposez-vous enfin.

Saint Pierre : "Choisis-toi le nuage le plus doux et dors. Tu as bien mérité ton repos.

Avec un profond soupir, le prêtre s'enfonce dans un nuage de laine céleste et s'assoupit. Mais le repos n'est pas vraiment au rendez-vous. De temps en temps, de petites cloches sonnent et le réveillent. Au bout de quelques heures, dans un état de névrose totale, il se lève de son nuage, court vers saint Pierre et se plaint : Qu'entends-tu par "je peux me reposer" ? C'est un enfer. Entendez ces cloches pénétrantes, qui sonnent chaque fois que je m'endors !

Oh, je suis vraiment désolée, mais je ne peux rien y faire. Vous vous y habituerez. Ils font seulement partie du système d'enregistrement lorsqu'un mensonge grave est proféré sur Terre. Maintenant que vous le savez, ils ne vous dérangeront plus. Dormez bien.

Et les paroles de Pierre se réalisent. Après s'être retiré sur son nuage, le prêtre s'endort profondément.

Mais au milieu de la nuit, il sursaute en criant, se prend la tête et devient fou en une seconde.

Des milliers de cloches sonnent tout autour dans un bruit de tonnerre. Peter, Peter, sauve-moi. Que se passe-t-il ? Pierre est déjà là et couvre les oreilles du pauvre prêtre de ses mains aimantes.

Pauvre homme, c'est l'heure où les amoureux se rencontrent et se disent de belles choses.

L'amour apporte mille et un mensonges dans la vie. Il est humiliant. On se sent en cage, emprisonné, compromis. On se sent paralysé, estropié. On se sent enchaîné de mille et une façons.

C'est pourquoi, Gopa, les gens ont peur de l'amour.

L'un de mes principaux messages est le suivant : "N'exploitez jamais l'amour : N'exploitez jamais l'amour. Ce sera une grande révolution religieuse dans votre vie. N'exploitez jamais l'amour. Si quelqu'un vous aime, n'y mettez pas de conditions. Si vous aimez quelqu'un, n'en faites pas un infirme. Faites en sorte que votre amour devienne spacieux. Donnez plus d'espace à la personne qu'elle n'en avait lorsqu'elle était seule. Donnez-lui de la nourriture. Mais n'empoisonnez pas sa nourriture, ne la possédez pas. Laissez-le être libre. Plus libre qu'elle ne l'a jamais été. C'est alors que l'amour se transforme en une profonde intimité.

Lorsque l'amour apporte la liberté, alors l'amour va plus loin. Lorsque l'amour fait en sorte que l'autre se sente respecté, pas humilié, pas détruit mais amélioré. Lorsque l'amour se sent nourrissant, libérateur, alors l'amour va au plus profond. L'amour devient alors une prière. Il devient le summum, l'expérience ultime de la vie.

N'exploitez pas l'amour. Chaque fois que vous êtes amoureux, souvenez-vous. Et vous devrez vous en souvenir durement, car pendant des milliers d'années, l'homme a exploité l'amour, et c'est devenu une habitude.

Pour finir, je voudrais répéter le chant de méditation de Hakuin.

TOUS LES ÊTRES SONT, DÈS LE DÉBUT, DES BOUDDHAS.

C'EST COMME L'EAU ET LA GLACE :

EN DEHORS DE L'EAU, PAS DE GLACE, EN DEHORS DES ÊTRES VIVANTS, PAS DE BOUDDHAS.

NE SACHANT PAS QU'IL EST PROCHE, ILS LE CHERCHENT AU LOIN.

QUELLE PITIÉ !

IL EST COMME CELUI QUI, DANS L'EAU, CRIE SA SOIF ; IL EST COMME L'ENFANT D'UNE MAISON RICHE QUI S'EST ÉGARÉ PARMI LES PAUVRES.

SI NOUS TOURNONS EN ROND DANS LES SIX MONDES, C'EST PARCE QUE NOUS SOMMES SUR LES CHEMINS OBSCURS DE L'IGNORANCE.

CHEMIN SOMBRE SUR CHEMIN SOMBRE, QUAND ÉCHAPPERONS-NOUS À LA NAISSANCE ET À LA MORT ?

LA MÉDITATION ZEN DU MAHAYANA EST AU-DELÀ DE TOUT ÉLOGE.

LE DON DE SOI, LA MORALITÉ ET LES AUTRES PERFECTIONS, LA PRISE DU NOM, LE REPENTIR, LA

DISCIPLINE ET LES NOMBREUSES AUTRES ACTIONS JUSTES SE RAMÈNENT TOUS À LA PRATIQUE DE LA MÉDITATION.

PAR LE MÉRITE D'UNE SEULE SÉANCE, IL DÉTRUIT D'INNOMBRABLES PÉCHÉS ACCUMULÉS.

COMMENT POURRAIT-IL Y AVOIR DE MAUVAISES VOIES POUR LUI ?

LE PARADIS DE LA TERRE PURE N'EST PAS LOIN.

LORSQUE, DANS LE RESPECT, CETTE VÉRITÉ EST ENTENDUE NE SERAIT-CE QU'UNE SEULE FOIS, CELUI QUI LA LOUE ET L'EMBRASSE VOLONTIERS A UN MÉRITE SANS FIN.

COMBIEN PLUS CELUI QUI SE TOURNE VERS L'INTÉRIEUR ET CONFIRME DIRECTEMENT SA PROPRE NATURE, QUE SA PROPRE NATURE EST SANS NATURE - CELUI-LÀ A TRANSCENDÉ LES VAINS MOTS.

LA PORTE S'OUVRE, ET LA CAUSE ET L'EFFET NE FONT QU'UN ; LA VOIE EST DROITE - NI DEUX, NI TROIS.

PRENANT COMME FORME LA FORME DU SANS-FORME, ALLANT OU REVENANT, IL EST TOUJOURS CHEZ LUI.

PRENDRE COMME PENSÉE LA PENSÉE DE LA NON-PENSÉE, CHANTER ET DANSER, TOUT EST LA VOIX DE LA VÉRITÉ.

LARGE EST LE CIEL DU SAMADHI ILLIMITÉ, RADIEUSE LA PLEINE LUNE DE LA QUADRUPLE SAGESSE.

QUE RESTE-T-IL À RECHERCHER ?

LE NIRVANA EST CLAIR DEVANT LUI, CE LIEU MÊME EST LE PARADIS DU LOTUS,

www.ingramcontent.com/pod-product-compliance
Lightning Source LLC
LaVergne TN
LVHW041155150826
845673LV00001B/169

9798230716853